数字化财务活页式系列丛书

服务业财务综合实训

主编 ◎ 李良霄　肖彧萍　吕晓慧

华中科技大学出版社
http://www.hustp.com
中国·武汉

图书在版编目（CIP）数据

服务业财务综合实训/李良霄，肖彧萍，吕晓慧主编．—武汉：华中科技大学出版社，2020.8
ISBN 978-7-5680-6484-2

Ⅰ．①服⋯　Ⅱ．①李⋯　②肖⋯　③吕⋯　Ⅲ．①服务业－财务管理　Ⅳ．①F719

中国版本图书馆 CIP 数据核字(2020)第 150758 号

服务业财务综合实训　　　　　　　　　　　　　　　　李良霄　肖彧萍　吕晓慧　主编
Fuwuye Caiwu Zonghe Shixun

策划编辑：聂亚文
责任编辑：白　慧
封面设计：孢　子
责任监印：朱　玢
出版发行：华中科技大学出版社（中国•武汉）　　电话：（027）81321913
　　　　　武汉市东湖新技术开发区华工科技园　　　邮编：430223
录　　排：华中科技大学惠友文印中心
印　　刷：湖北新华印务有限公司
开　　本：787mm×1092 mm　1/16
印　　张：42
字　　数：100 千字
版　　次：2020 年 8 月第 1 版第 1 次印刷
定　　价：98.00 元（含教学票样）

本书若有印装质量问题，请向出版社营销中心调换
全国免费服务热线：400-6679-118　　竭诚为您服务
版权所有　侵权必究

前言

十九大报告指出，完善职业教育和培训体系，深化产教融合、校企合作。基于此，建设产教融合下的实训基地是职业教育提升应用型人才培养质量的重要途径，而高度仿真的活页式、工作流程式实训教材成为实训基地不可缺少的教学工具。"数字化财务活页式系列丛书"正是基于会计毕业实习实训的需要而推出的。

近几年，随着大数据、人工智能、移动互联网、云计算、物联网等新技术的快速发展，企业对人才的需求从核算型会计逐步向管理型会计转变，企业财务部门也在由传统财务向价值创造中心转型，但是在现阶段会计核算仍旧是会计职业中一个最基本的能力，它是原理和方法。虽说财务机器人（RPA）已经在很多企业广泛使用，但是，财务机器人的流程和规则还是需要熟悉财务业务的人员去定义，例如报销机器人、报税机器人、开票机器人等，这些流程自动化的业务随时会因为相关而系统的变化需要重新定义流程和规则。因而，编者认为财务人员是不会被机器取代的，但财务一定要转化成"智能化"的财务，这个"智能"不仅仅指智能识别、智能审核、智能分析等技术，更指财务人员观念的转变。财务人员要始于感知、精于计算、巧于决策、勤于执行、善于学习，而不仅仅把自己当成流水线上的工具。

未来的财务人员除了要精通财务核算以外，还要擅长管理、熟悉IT、洞察业务、了解公司战略，成为兼备会计、信息化、管理、金融等领域知识的复合型人才，以满足时代的要求和企业的需求。而这一切，都有赖于对最基础的财务业务的熟悉和把握。

本书为"数字化财务活页式系列丛书"之一，以九州华问国际酒店有限公司为主体，设计了对酒店综合服务业的业务认知，会计政策的掌握，企业管理制度的了解，以及日常业务单据处理、成本归集核算、管理报表编制、行业税费差异等现代服务业常见的业务处理基础与过程。学习者通过对整套课程的学习，能够加深对会计实践应用操作的理解和认知，迅速积累一定的工作经验，尽快熟练上岗，促进对口就业。

经而觉，历而悟，作为会计职业教育和财务数字化应用领域中的积极践行者，北京华问教育科技有限公司基于十八年来的实践经验，不断将经验沉淀、总结和分享，以"培养数字化会计应用人才"为使命，凭借全球化的视野、前瞻性的IT规划能力、创新的产品架构、强大的课程开发与教学交付能力，致力于帮助院校搭建业财一体的数字化应用实训场景，建立智能化、数字化的会计实习实训基地。

书中所涉及的业务单位和人员均为虚构，如有雷同，纯属巧合；所涉及行政事业单位的票据和印章均为实现单据真实化而编制的，如有不妥请及时告知，我们将及时做出修正（若想索取平台半年免费使用权，请发送邮件至135141@qq.com）。

目 录

第一部分　企业开办工商注册流程 …………………………………………… 1

第二部分　企业基本情况 ……………………………………………………… 31

第三部分　酒店财务管理制度 ………………………………………………… 36
    第一节　概述 ……………………………………………………………… 36
    第二节　财务部组织结构和职位介绍 …………………………………… 37
    第三节　工作程序及标准 ………………………………………………… 44
    第四节　财务管理制度 …………………………………………………… 52

第四部分　经济业务原始单据及操作指导 …………………………………… 63

第一部分

企业开办工商注册流程

一、办理执照需要准备材料清单

办理执照需要准备材料清单如表 1-1 所示。

表 1-1　办理执照需要准备材料清单

序号	材料	提示
1	内资公司设立登记申请表	由法定代表人亲笔签署
2	公司章程	全体股东共同签署,其中自然人股东亲笔签字,法人股东加盖公章
3	企业名称预先核准通知书	通过九州市工商行政管理局网站网上申办预先名称登记的,可以不领取纸质的"企业名称预先核准通知书"
4	股东资格证明	自然人股东提交身份证复印件,企业法人股东提交加盖公章的营业执照复印件。其他类别股东资格证明的提交方式请参见《投资办照通用指南及风险提示》中"如何准备投资人(股东、发起人)资格证明文件"的详细说明
5	指定委托书	应由全体股东共同签署
6	住所使用证明	产权人签字或盖章的房产证复印件,产权人为自然人的应亲笔签字,产权人为单位的应加盖公章
7	许可项目审批文件	仅限经营项目涉及前置许可的,如危险化学品经营、快递业务等
8	补充信息登记表	

二、营业执照办理流程

1. 名称预先核准申请书

名称预先核准申请书

M01

敬 告

1. 请您认真阅读本表内容和有关注解事项。在申办登记过程中如有疑问，请您登录"九州工商"网站（www.xxx.gov.cn）—"网上办事"—"登记注册"模块查询相关内容，或直接到工商部门现场咨询。

2. 提交申请前，请您了解相关法律、法规，确知所享有的权利和应承担的义务。

3. 请您如实反映情况，确保申请材料的真实性。

4. 本申请书的电子版可通过上述网址获取。

5. 本申请书请使用正楷字体手工填写或打印填写。选择手工填写的，请您使用蓝黑或黑色墨水，保持字迹工整，避免涂改。选择打印填写的，请您填好后使用 A4 纸打印，按申请书完整页码顺序装订成册。

九州市工商行政管理局

（2018 第二版）

本人 <u>王云林</u>，接受投资人（合伙人）委托，现向登记机关申请名称预先核准，并郑重承诺：如实向登记机关提交有关材料，反映真实情况，并对申请材料实质内容的真实性负责。

委托人（投资人或合伙人之一）①　　　申请人（被委托人）②
　　（签字或盖章）　　　　　　　　　　（签字）王云林

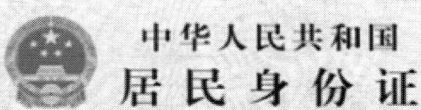

联系电话：<u>011-86663915</u>　　邮政编码：<u>100000</u>
通信地址：<u>九州市迎丰中路 98 号</u>

申请日期：2020 年 01 月 04 日

注：① 委托人可以是本申请书中"投资人（合伙人）名录"表中载明的任一投资人（合伙人）。委托人是自然人的，由本人亲笔签字；委托人为非自然人的，加盖其公章；委托人为外方非自然人的，由其法定代表人签字。

② 申请人（被委托人）是指受投资人委托到登记机关办理名称预先核准的自然人，也可以是投资人（合伙人）中的自然人，由后者亲自办理的，无须委托人签字。

名称预先核准申请表

申请名称	九州华问国际酒店有限公司			
备选字号	1		4	
	2		5	
	3		6	
主营业务①				
企业类型②	内资： 公司制： ☑有限责任公司　☐股份有限公司 非公司制：☐全民所有制企业　☐集体所有制企业　☐股份合作 　　　　　☐合伙企业（☐普通合伙　☐有限合伙　☐特殊普通合伙） 　　　　　☐个人独资企业　☐农民专业合作组织　☐个体工商户			
	外资： ☐外资企业（全部由外国投资者投资）☐合资经营企业 ☐合作经营企业　☐股份有限公司 ☐合伙企业（☐普通合伙　☐有限合伙　☐特殊普通合伙） ☐港澳台个体工商户			
	☐分支机构			
字号许可方式 （无此项可不填写）	☐投资人字号/姓名许可 ☐商标授权许可 ☐非投资人字号许可		许可方名称（姓名） 及证照或证件号码	
注册资本（金）或资金数额或出资额（营运资金）	（小写）＿＿＿3000＿＿＿万元（如为外币请注明币种）＿＿＿＿＿			
备注说明				

注：①"主营业务"是指企业所从事的主要经营项目。例如：信息咨询、科技开发等。企业名称中的行业用语表述应当与其"主营业务"一致。主营业务包括两项及以上的，以第一项主营业务确定行业用语。

②填写"企业类型"栏目时，请在相应选项对应的"☐"内打"√"。"√"选"分支机构"类型的，请对其所从属企业的类型也进行"√"选。例如：九州华达贸易有限公司分公司的"企业类型"请选择有限责任公司和分支机构两种类型。

③本申请表中所称企业均包括个体工商户。

④本页填写不下的可另复印填写。

投资人（合伙人）①名录

序号	投资人（合伙人）名称或姓名②	投资人（合伙人）证照或身份证件号码	投资人（合伙人）类型③	拟投资额（出资额）（万元）	国别（地区）或省市（县）④
1	九州华问金属制品有限公司	91110168MA008ULDHW	有限责任公司	1800	九州
2	华问集团有限公司	916666087398813177	有限责任公司	1200	九州
3					
4					
5					
6					

注：①请您认真阅读《投资办照通用指南及风险提示》中有关投资人资格的说明，避免后期更换投资人给您带来不便。

②投资人（合伙人）名称或姓名应当与资格证明文件上的名称或身份证明文件的姓名一致，境外投资人（合伙人）名称或姓名应翻译成中文，填写准确无误。申请设立分支机构，请在"投资人（合伙人）名称或姓名"栏目中填写所隶属企业名称。

③"投资人（合伙人）类型"栏，填自然人、企业法人、事业法人、社团法人或其他经济组织。

④"国别（地区）或省市（县）"栏内，外资企业的投资人（合伙人）填写其所在国别（地区），内资企业投资人（合伙人）填写证照核发机关所在省、市（县）。

⑤本页填写不下的可另复印填写。

一次性告知单

您提交的文件、证件还需要进一步修改或补充，请您按照第_____号一次性告知单中的提示部分准备相应文件，此外，还应提交下列文件：

被委托人：　　受理人：　　2020 年 1 月 4 日

2. 内资公司设立登记申请书

K01

内资公司设立登记申请书

公司名称：<u>九州华问国际酒店有限公司</u>

敬　　告

　　1. 请您认真阅读本表内容和有关注解事项。在申办登记过程中如有疑问，请您登录"九州工商"网站（www.xxx.gov.cn）—"网上办事"—"登记注册"模块查询相关内容，或直接到工商部门现场咨询。

　　2. 提交申请前，请您了解相关法律、法规，确知所享有的权利和应承担的义务。

　　3. 请您如实反映情况，确保申请材料的真实性。

　　4. 本申请书的电子版可通过上述网址获取。

　　5. 本申请书请使用正楷字体手工填写或打印填写。选择手工填写的，请您使用蓝黑或黑色墨水，保持字迹工整，避免涂改。选择打印填写的，请您填好后使用 A4 纸打印，按申请书完整页码顺序装订成册。

九州市工商行政管理局

（2018 第二版）

郑 重 承 诺

本人 __王晓华__ 拟任 __九州华问国际酒店有限公司__ （公司名称）的法定代表人，现向登记机关提出公司设立申请，并就如下内容郑重承诺：

1. 如实向登记机关提交有关材料，反映真实情况，并对申请材料实质内容的真实性负责。

2. 经营范围涉及照后审批事项的，在领取营业执照后，将及时到相关审批部门办理审批手续，在取得审批前不从事相关经营活动。需要开展未经登记的后置审批事项经营的，将在完成经营范围变更登记后，及时办理相应审批手续，未取得审批前不从事相关经营活动。

3. 本人不存在《公司法》第一百四十六条所规定的不得担任法定代表人的情形。

4. 本公司一经设立将自觉参加年度报告，依法主动公示信息，对报送和公示信息的真实性、及时性负责。

5. 本公司一经设立将依法纳税，自觉履行法定统计义务，严格遵守有关法律法规的规定，诚实守信经营。

法定代表人签字：王晓华

2020 年 01 月 04 日

登记基本信息表

公司名称	九州华问国际酒店有限公司		
住　　所①	九州市迎丰中路98号		
生产经营地②	九州市迎丰中路98号		
法定代表人③	王晓华	注册资本④	3000万元
公司类型	有限责任公司		
经营范围	从事酒店及其相关配套设施的经营，包括客房、餐饮、健身娱乐。		
营业期限	长期/__10__年	申请副本数	___1___份
股东（发起人）名称或姓名	九州华问金属制品有限公司		
	华问集团有限公司		

注：①填写住所时请列明详细地址，精确到门牌号或房间号，如"九州市××区××路（街）××号××室"。

②生产经营地用于核实税源，请如实填写详细地址；如不填写，视为与住所一致。发生变化的，由企业向税务主管机关申请变更。

③公司"法定代表人"：指依据章程确定的董事长（执行董事或经理）。

④"注册资本"：有限责任公司为在公司登记机关登记的全体股东认缴的出资额；发起设立的股份有限公司为在公司登记机关登记的全体发起人认购的股本总额；募集设立的股份有限公司为在公司登记机关登记的实收股本总额。

⑤本页不够填的，可复印续填。

法定代表人、董事、经理、监事信息表①

股东在本表的盖章或签字视为对下列人员职务的确认。如可另行提交下列人员的任职文件，则无须股东在本表盖章或签字。

姓 名	现 居 所②	职务信息			是否为法定代表人⑤	法定代表人移动电话
		职务③	任职期限	产生方式④		
王晓华	九州	总经理	三年	选举	√	
蔡寿权	九州	监事	三年	选举		

全体股东盖章（签字）⑥：

注：① 本页不够填的，可复印续填。
② "现居所"栏，中国公民填写户籍登记住址，非中国公民填写居住地址。
③ "职务"栏，中国公民填写户籍登记住址（执行董事），副董事长、董事、经理、监事会主席、监事。
④ "产生方式"按照章程规定填写，董事、监事一般应为"选举"或"委派"，经理一般应为"聘任"。
⑤ 担任公司法定代表人员的，请在对应的"是否为法定代表人"栏内填"√"，其他人员勿填此栏。
⑥ "全体股东盖章（签字）"处，股东为自然人的，由股东签字；股东为非自然人的，加盖股东单位公章。不能在此页盖章的，应另行提交有关选举、聘用的证明文件。

请将董事、经理、监事人员的身份证件复印件粘贴在本页，本页如不够粘贴可复印使用。

身份证件复印件粘贴处（请正反面粘贴）

住所证明

公司名称	九州华问国际酒店有限公司
住　　所①	九州市迎丰中路98号
产权人证明②	同意将上述地址提供给该公司使用。 产权人盖章（签字）：（九州茂苑物业管理有限公司 盖章） 2020 年 01 月 04 日
需要证明情况③	上述住所产权人为 九州茂苑物业管理有限公司 ，房屋用途为 商用 。特此证明。 证明单位公章：（九州茂苑物业管理有限公司 盖章） 证明单位负责人签字： 2020 年 01 月 04 日

注：① 请在"住所"一栏写清详细地址，精确到门牌号或房间号，如"九州市××区××路（街）××号××室"。

② 产权人为单位的，应在"产权人证明"一栏内加盖公章；产权人为自然人的，由产权人亲笔签字。同时需提交由产权人盖章或签字的"房屋所有权证"或"不动产权证书"复印件。

③ 若住所暂未取得"不动产权证书"，可由有关部门在"需要证明情况"一栏盖章，视为对该房屋权属、用途合法性的确认。具体可出证的情况请参见《投资办照通用指南及风险提示》。

自然人股东（发起人）身份证明粘贴页

请将自然人股东的身份证件复印件粘贴在本页，本页如不够粘贴可复印使用。

身份证件复印件粘贴处（请正反面粘贴）

身份证件复印件粘贴处（请正反面粘贴）

身份证件复印件粘贴处（请正反面粘贴）

非自然人股东（发起人）资格证明夹页

请将非自然人股东（发起人）的资格证明①复印件夹在 A 面和 B 面之间（复印件大小控制在 A4 页面之内）。

编号：No.1 03518999

营业执照

（副　本）(1-1)

统一社会信用代码 91565508T308813177

名　　　称	华问集团有限公司
类　　　型	有限责任公司（自然人投资或控股）
住　　　所	九州市高新路888号
法定代表人	王云林
注 册 资 本	10000万元
成 立 日 期	2001年1月18日
营 业 期 限	2001年1月18日至2031年1月17日
经 营 范 围	金属制品加工及销售；酒店及相关配套设施的经营；国内贸易等。（依法须经批准的项目，经相关部门批准后方可开展经营活动）**。

登记机关

2001年01月18日

提示：每年1月1日至6月30日通过企业信用信息公示系统报送上一年度年度报告并公示。

中华人民共和国国家工商行政管理总局监制

A 面

注：① 非自然人股东（发起人）资格证明有关要求参见《投资办照通用指南及风险提示》以及相应的设立登记一次性告知单。

非自然人股东（发起人）资格证明夹页

编号：No.1 01689888

营业执照

(副 本)(1-1)

统一社会信用代码91110168MA008ULDHW

名　　称	九州华问金属制品有限公司
类　　型	有限责任公司（自然人投资或控股）
住　　所	九州市高新大道98号华问大厦
法定代表人	王晓华
注册资本	4000万元
成立日期	2008年9月20日
营业期限	2008年9月20日至长期
经营范围	金属制品加工；批发及零售

在线扫码获取详细信息

登记机关

2019 年12 月6 日

提示：每年1月1日至6月30日通过企业信用信息公示系统报送上一年度年度报告并公示。

中华人民共和国国家工商行政管理总局监制

B面

财务负责人①信息

姓　　名	徐向明	移动电话	13072806312

企业联系人信息②

姓　　名	蔡寿权	移动电话	18756942349

企业公共联系方式	固定电话	011-86663915
	电子邮箱	

敬请留意：

① **财务负责人**：一般由总会计师或财务总监担任，全面负责企业的财务管理、会计核算与监督工作。发生变化的，由企业向税务主管机关申请变更。

② **企业联系人**：负责本企业与工商等部门的联系沟通，及时转达工商部门对企业传达的信息及相关的法律、法规、规章及政策性意见；向工商部门反映企业的需求或意见。联系人凭本人个人信息登录企业信用信息公示系统，依法向社会公示本企业有关信息。联系人应了解登记相关法规和企业信息公示有关规定，熟悉操作企业信用信息公示系统。企业联系人一经确认应当保持相对稳定，发生变化的，可以在企业申办变更登记时向登记机关进行备案。

③ 以上各项为必填项，请据实填写。

核发营业执照情况

发照人员签字		发照日期	年　月　日
领执照情况	本人领取了执照正本一份，副本　　　份。 签字：　　　　　　　　　　　　　　　　　年　月　日		
备　注			

一次性告知单

　　您提交的文件、证件还需要进一步修改或补充，请您按照第_____号一次性告知单中的提示部分准备相应文件，此外，还应提交下列文件：

被委托人：　　　　　　　受理人：　　　　　　年　月　日

一次性告知单

　　您提交的文件、证件还需要进一步修改或补充，请您按照第_____号一次性告知单中的提示部分准备相应文件，此外，还应提交下列文件：

被委托人：　　　　　　受理人：　　　　　　年　　月　　日

　　您提交的文件、证件还需要进一步修改或补充，请您按照第_____号一次性告知单中的提示部分准备相应文件，此外，还应提交下列文件：

被委托人：　　　　　　受理人：　　　　　　年　　月　　日

3. 公司章程

九州华问国际酒店有限公司章程

第一章 总 则

第一条 依据《中华人民共和国公司法》（以下简称《公司法》）及有关法律、法规的规定，由 九州华问金属制品有限公司和华问集团有限公司 双方共同出资，设立九州华问国际酒店有限公司（以下简称华问国际酒店），特制定本章程。

第二条 本章程中的各项条款与法律、法规、规章不符的，以法律、法规、规章的规定为准。

第二章 公司名称和住所

第三条 公司名称：九州华问国际酒店有限公司。

第四条 住所：九州市迎丰中路98号。

第三章 公司经营范围

第五条 公司经营范围：从事酒店及其相关配套设施的经营，包括客房、餐饮、健身娱乐（不含游戏、游艺等娱乐经营项目）、医疗保健等相关配套服务，食品、饮料和烟酒的零售，工艺品、日用品的零售。

第四章 公司注册资本及股东的姓名（名称）、出资额、出资时间、出资方式

第六条 公司注册资本： 3000 万元人民币。

第七条 股东的姓名（名称）、认缴的出资额、出资时间、出资方式如下：

股东姓名或名称	认缴情况		
	认缴出资额	出资时间	出资方式
九州华问金属制品有限公司	1800万元	2020年1月6日	货币
华问集团有限公司	1200万元	2020年1月6日	货币
合计	3000万元		货币

第五章 公司的机构及其产生办法、职权、议事规则

第八条 股东会由全体股东组成，是公司的权力机构，行使下列职权：

（一）决定公司的经营方针和投资计划；

（二）选举和更换非由职工代表担任的执行董事、监事，决定有关执行董事、监事的报酬事项；

（三）审议批准执行董事的报告；

（四）审议批准监事会的报告；

（五）审议批准公司的年度财务预算方案、决算方案；

（六）审议批准公司的利润分配方案和弥补亏损的方案；

（七）对公司增加或者减少注册资本作出决议；

（八）对发行公司债券作出决议；

（九）对公司合并、分立、解散、清算或者变更公司形式作出决议；

（十）修改公司章程。

第九条　股东会的首次会议由出资最多的股东召集和主持。

第十条　股东会会议由股东按照出资比例行使表决权。

第十一条　股东会会议分为定期会议和临时会议。

召开股东会会议，应当于会议召开五日以前通知全体股东。

定期会议按年定时召开。代表十分之一以上表决权的股东、执行董事、监事会提议召开临时会议的，应当召开临时会议。

第十二条　股东会会议由执行董事会召集和主持。

执行董事不能履行或者不履行召集股东会会议职责的，由监事召集和主持；监事不召集和主持的，代表十分之一以上表决权的股东可以自行召集和主持。

第十三条　股东会会议作出修改公司章程、增加或者减少注册资本的决议，以及公司合并、分立、解散或者变更公司形式的决议，必须经代表三分之二以上表决权的股东通过。

第十四条　公司不设董事会，设执行董事一人，由股东会选举产生。执行董事任期3年，任期届满，可连选连任。

第十五条　执行董事行使下列职权：

（一）负责召集股东会，并向股东会报告工作；

（二）执行股东会的决议；

（三）审定公司的经营计划和投资方案；

（四）制订公司的年度财务预算方案、决算方案；

（五）制订公司的利润分配方案和弥补亏损方案；

（六）制订公司增加或者减少注册资本以及发行公司债券的方案；

（七）制订公司合并、分立、变更公司形式、解散的方案；

（八）决定公司内部管理机构的设置；

（九）决定聘任或者解聘公司经理及其报酬事项，并根据经理的提名决定聘任或者解聘公司副经理、财务负责人及其报酬事项；

（十）制定公司的基本管理制度。

第十六条　公司设经理，由董事会决定聘任或者解聘。经理对董事会负责，行使下列职权：

（一）主持公司的生产经营管理工作，组织实施股东会决议；

（二）组织实施公司年度经营计划和投资方案；

（三）拟订公司内部管理机构设置方案；

（四）拟订公司的基本管理制度；

（五）制定公司的具体规章；

（六）提请聘任或者解聘公司副经理、财务负责人；

（七）决定聘任或者解聘除应由股东会决定聘任或者解聘以外的负责管理人员；

（八）股东会授予的其他职权。

经理列席董事会会议。

第十七条　公司不设监事会，设监事一人，由股东会选举产生。

第十八条　监事行使下列职权：

（一）检查公司财务；

（二）对执行董事、高级管理人员执行公司职务的行为进行监督，对违反法律、行政法规、公司章程或者股东会决议的执行董事、高级管理人员提出罢免的建议；

（三）当执行董事、高级管理人员的行为损害公司的利益时，要求执行董事、高级管理人员予以纠正；

（四）提议召开临时股东会会议，在执行董事不履行本章程规定的召集和主持股东会会议职责时召集和主持股东会会议；

（五）向股东会会议提出提案；

（六）依照《公司法》第一百五十二条的规定，对执行董事、高级管理人员提起诉讼。

第六章　公司的法定代表人

第十九条　经理为公司的法定代表人。

第七章　股东会会议认为需要规定的其他事项

第二十条　股东之间可以相互转让其部分或全部出资。

第二十一条　股东向股东以外的人转让股权，应当经其他股东过半数同意。股东应就其股权转让事项书面通知其他股东征求同意，其他股东自接到书面通知之日起满三十日未答复的，视为同意转让。其他股东半数以上不同意转让的，不同意的股东应当购买该转让的股权；不购买的，视为同意转让。

经股东同意转让的股权，在同等条件下，其他股东有优先购买权。两个以上股东主张行使优先购买权的，协商确定各自的购买比例；协商不成的，按照转让时各自的出资比例行使优先购买权。

第二十二条　公司的营业期限为10年，自公司营业执照签发之日起计算。

第二十三条　有下列情形之一的，公司清算组应当自公司清算结束之日起30日内向原公司登记机关申请注销登记：

（一）公司被依法宣告破产；

（二）公司章程规定的营业期限届满或者公司章程规定的其他解散事由出现，但公司通过修改公司章程而存续的除外；

（三）股东会决议解散或者一人有限责任公司的股东决议解散；

（四）依法被吊销营业执照、责令关闭或者被撤销；

（五）人民法院依法予以解散；

（六）法律、行政法规规定的其他解散情形。

第八章　附　则

第二十四条　公司登记事项以公司登记机关核定的为准。

第二十五条　本章程一式四份，并报公司登记机关一份。

全体股东亲笔签字、盖公章：

2020年01月04日

4. 企业名称预先核准通知书

受理号：105201510100056

企业名称预先核准通知书

【平高】名称预核（内）字【2019】第 0057894 号

王晓华：

根据《企业名称登记管理规定》、《企业名称登记管理实施办法》及有关法律、行政法规规定，准予预先核准下列由两个投资人出资设立的企业名称为：九州华问国际酒店有限公司

投资人姓名或名称：

九州华问金属制品有限公司

华问集团有限公司

以上预先核准的企业名称有效期6个月，至 2019 年 06 月 01 日 有效期届满自动失效。在有效期届满前30日，申请人可向登记机关申请延长有效期，有效期延长不超过6个月。

预先核准的企业名称不得用于经营活动，不得转让。经登记机关设立登记，颁发营业执照后企业名称正式生效。

核准日期：2020 年 01 月 08 日

注：1. 本通知书不作为对出资人出资资格的确认文件，申请人应当认真阅读《一次性告知单》有关投资人出资资格的规定。投资人应符合法定出资资格，不具备出资资格的应当更换出资人。

2. 设立登记时，有关事项与本通知书不一致的，登记机关不得以本通知书预先核准的企业名称登记。

3. 企业名称涉及法律、行政法规规定的必须报经审批，未能提交审批文件的，登记机关不得以预先核准的企业名称登记注册。

5. 股东资格证明

1）九州华问金属制品有限公司

2）华问集团有限公司

编号:No.I 03518999

营业执照

(副 本)(1-1)

统一社会信用代码916666087398813177

名　　称	华问集团有限公司
类　　型	有限责任公司（自然人投资或控股）
住　　所	九州市高新路888号
法定代表人	王云林
注 册 资 本	10000万元
成 立 日 期	2001年1月18日
营 业 期 限	2001年1月18日至2031年1月17日
经 营 范 围	金属制品加工及销售；酒店及相关配套设施的经营；国内贸易等。（依法须经批准的项目，经相关部门批准后方可开展经营活动）**。

登记机关

2001年01月18日

提示：每年1月1日至6月30日通过企业信用信息公示系统
报送上一年度年度报例并公示。

中华人民共和国国家工商行政管理总局监制

6. 指定委托书

注意：填写本文件之前，请您仔细阅读背面"注意事项"。

指定（委托）书

兹指定（委托） __王云林__（代表或代理人姓名⁽¹⁾⁽²⁾）向工商行政管理机关办理 __九州华问国际酒店有限公司__（单位名称）的登记注册（备案）手续。

委托期限自 2020 年 1 月 4 日至 2020 年 3 月 31 日。

委托事项：（请在以下选项□内划"√"）

☑报送登记文件　　　☑领取营业执照和有关文书　　　□其他事项：请确认代表或代理人更正下列内容的权限：（请在以下选项□内划"√"）

1. 修改文件材料中的文字错误：　　　同意☑　　　不同意□
2. 修改表格的填写错误：　　　　　　同意☑　　　不同意□

指定（委托）人签字或加盖公章⁽³⁾：_____

代表或代理人郑重承诺：本人了解办理工商登记的相关法律、政策及规定，确认本次申请中所提交申请材料真实，有关证件、签字、盖章属实，不存在协助申请人伪造或出具虚假文件、证件，提供非法或虚假住所（经营场所）等违法行为，否则将依法承担相应责任。

代表或代理人签字：__王云林__

2020 年 01 月 04 日

九州市工商行政管理局

（2018第二版）

注意事项：

（1）代表或代理人是指受申请人指定（委托）到工商机关办理工商登记手续的自然人。

（2）办理外国企业常驻代表机构登记注册手续的代表或代理人应当是机构代表或雇员。

（3）"指定（委托）人签字或加盖公章"处，按以下要求填写：

①办理内资企业（股份有限公司除外）设立登记的，由全体股东（投资人、合伙人）签字或盖章，其中自然人股东（自然人投资者、合伙人）由本人签字，法人股东（法人投资者）加盖本单位公章。

②办理股份有限公司设立登记的，由董事会成员签字。

③办理外商投资企业设立的，自然人投资者由本人签字，中方法人投资者加盖单位公章，外方法人投资者由其法定代表人签字。

④办理外国企业常驻代表机构设立的，由首席代表签字。

⑤办理个体工商户开业的，由经营者或主持经营者签字。

⑥办理农民专业合作社设立的，由全体设立人签字或盖章。

⑦办理各类企业分支机构设立的，加盖所从属企业公章。

⑧办理变更登记、注销登记或申请备案的，可加盖本单位公章或由法定代表人（投资人、执行事务合伙人或委派代表、个体工商户经营者）亲笔签字。

（4）委托登记注册代理机构办理登记注册的，不使用本委托书，应提交代理机构专用委托书。

7. 住所使用证明

九州 市　　　字第		20131021　　　号	
房地产权利人	九州茂苑物业管理有限公司		
身份证明名称		身份证明号码	
房地坐落	九州市迎丰中路98号盘古大厦A栋		
共有情况	单独所有		
登记时间	2013年6月20日		
房屋状况	建筑面积	2203.45	套内建筑面积(m²)	2000.19
	规划用途	商用	房屋性质	
	地号	0201300032004000	土地用途	商用
	取得方式	划拨	使用年限	2053年6月20日 至止

房屋租赁合同

出租方（甲方）：九州茂苑物业管理有限公司
承租方（乙方）：王晓华

甲、乙双方就房屋租赁事宜，达成如下协议：

一、甲方将位于 九州市迎丰中路98号盘古大厦A栋 的房屋出租给乙方使用，租赁期限自 2019 年 07 月 01 日至 2029 年 06 月 30 日，计 120 个月。

二、本房屋月租金为人民币 277,500.00 元，按月交。每月月初15日内，乙方向甲方支付全月租金，租金每年递增5%。

三、乙方租赁期间，水费、电费、取暖费、燃气费、电话费以及其他由乙方使用而产生的费用由乙方负担。租赁结束时，乙方须交清欠费。

四、租赁期满后，如乙方要求继续租赁，则须提前1个月向甲方提出，甲方收到乙方要求后7天内答复。如同意继续租赁，则续签租赁合同。同等条件下，乙方享有优先租赁的权利。

五、租赁期间，任何一方提出终止合同，需提前1个月书面通知对方，经双方协商后签订终止合同书。若一方强行中止合同，须向另一方支付违约金 5,000,000.00 元。

六、发生争议，甲、乙双方友好协商解决。协商不成时，提请当地人民法院仲裁。

七、因九州华问国际酒店有限公司尚在注册中，待公司成立之后，由九州华问国际酒店有限公司代王晓华履行合同中的权利义务。

八、本合同一式两份，甲、乙双方各执一份，自双方签字之日起生效。

甲方： 张明　　　　　　　　　　　乙方： 王晓华

日期：2019 年 7 月 1 日　　　　　日期：2019 年 7 月 1 日

8. 补充信息登记表

补充信息表

申请人：您好！请如实填写本表内容。属于选择填写的，请在对应的□处打"√"。

企业（个体工商户）名称： 九州华问国际酒店有限公司

名称预核准号或营业执照注册号或统一社会信用代码：91110168MC001YIDHV

一、企业是否属于以下类型：
□总部企业　□研发中心　　□投资人为上年度世界500强企业　☑其他

二、投资人中是否含中央单位：
　☑否
　□是（选择"是"请继续填写，投资人性质：
　□中央企业　□中央国家机关或事业单位　　□驻九州部队　　□其他中央单位）

三、经营面积：
使用面积 2203.45m² ，提供方式 租赁 ，使用期限 2 年。

四、党员（含预备党员）人数：＿＿＿＿＿＿＿＿＿＿＿人
法定代表人（负责人、执行合伙事务人、投资人）是否党员：□是　　☑否

（注："法定代表人"指代表企业法人行使职权的主要负责人，公司为依据章程确定的董事长（执行董事或经理）；全民、集体企业的厂长（经理）；集体所有制（股份合作）企业的董（理）事长（执行董事）；"负责人"指各类企业分支机构的负责人；"执行事务合伙人"指合伙企业的执行事务合伙人；"投资人"指个人独资企业的投资人。）

是否建立党组织：　　□是　　　　☑否（选择"是"请继续填写下列党建情况）
党组织建制：　　　　□党委　　　□党总支　　□党支部　　□其他
党组织组建方式：　　□单独组建　□联合组建　□挂靠　　　□其他
党组织是否本年度组建：□是　□否
法定代表人（负责人、执行合伙事务人、投资人、经营者）是否担任党组织书记：□是
☑否

五、是否建立团组织：　　□是　☑否　团员人数：＿＿＿＿＿＿＿人
　　是否建立工会组织：　□是　☑否　工会会员人数：＿＿＿＿＿人

六、从业人数：__69__人，其中：

本市人数：__20__人　　　　　　外地人数：__49__人

安置下岗失业人数：__9__人　　女性从业人数：__32__人

七、投资人中是否有本年度应届高校毕业生：

☐否　☑是（选择"是"请继续填写：该毕业生是否为九州生源：☑是　☐否）

八、企业是否实施股权激励：

☑否　　　☐是（选择"是"请继续填写：

股权激励方式：☐科技成果入股　　☐科技成果折股　☐股权奖励

☐股权出售　☐股票期权　　股权激励金额：_____万元）

九、以下仅由个体工商户填写：经营地所处地域：☐城镇地区　　☐农村地区

经营地与经营者户籍地关系：

☐同一区（县）　　☐本市其他区（县）　　☐其他省（区、市）　　☐境外

十、以下仅由外国（地区）企业在中国境内从事生产经营活动企业填写：

境外住所：_____

境外注册资本：_____万美元（折合）

境外经营范围：_____

第二部分
企业基本情况

一、企业背景资料

九州华问国际酒店有限公司（简称：华问国际酒店），是新成立的主要从事客房、餐饮、娱乐等的现代服务业企业，是增值税一般纳税人，法定代表人为王晓华。

开户银行：招商银行九州市支行

银行账号：362117211290009

统一社会信用代码：91110168MC001YIDHV

地址：九州市迎丰中路98号

华问国际酒店是严格按照五星级标准装修的豪华大型酒店。酒店位于九州市商业区核心地段——迎丰中路98号，地理位置优越，交通极为便利。酒店主楼10层，内设大型停车场，共有车位100个。客房拥有豪华套房及商务客房等210间（套），所有客房均由名家设计，布置完善细致，设施齐备高档，风格典雅温馨，环境舒适自由；酒店设有中央空调、冷热饮设备、私人保险箱、电话留言系统、卫星闭路电视、国际国内直拨电话、多媒体宽带网络、迷你吧、电子门匙系统等，令起居倍感愉悦。

酒店餐厅共有餐位近200个，极具人性化的设计风格，可迎合客人的不同需求，让客人自由选择，能为客人提供正宗鱼翅燕窝、鲍参翅肚、珍贵海鲜等。所有珍馐美食均由名师主理，让阁下全方位品味中西饮食文化精粹，倍感轻松惬意。

酒店另设有桑拿部，让客人在舟车劳顿及工作闲暇之余，充分享受无微不至的呵护。酒店设有行政人事部、财务部、采购部、工程部、保安部、客房部、餐饮部、桑拿部、商超部，在职员工60余人。酒店倡导"以人为本"的管理模式，引进全新管理服务理念，由资深酒店管理专家管理，拥有一支敬业精神强、专业素质高的员工队伍，以"成就至尊服务，打造行业品牌"为服务宗旨，是酒店不懈努力的目标，更是对所有客人的郑重承诺，我们将用积极的态度、求实的精神、高效的行动来打造酒店，使之在九州地区成为有口皆碑的名牌酒店。

编号:No.1 01689888

营 业 执 照

(副 本)(1-1)

统一社会信用代码91110168MC001YIDHV

名　　　称	九州华问国际酒店有限公司
类　　　型	有限责任公司（自然人投资或控股）
住　　　所	九州市迎丰中路98号
法定代表人	王晓华
注 册 资 本	3000万元
成 立 日 期	2020年1月8日
营 业 期 限	2020年1月8日至2030年1月6日
经 营 范 围	从事酒店及其相关配套设施的经营，包括客房、餐饮、健身娱乐（不含游戏、游艺等娱乐经营项目）、医疗保健等相关配套服务，食品、饮料和烟酒的零售，工艺品、日用品的零售。

登记机关

2020年01月08日

提示：每年1月1日至6月30日通过企业信用信息公示系统
报送上一年度年度报告并公示。

中华人民共和国国家工商行政管理总局监制

二、部门档案

部门编码	部门名称
01	办公室
02	餐饮部
03	客房部
04	商超部
05	桑拿部

三、部分人员档案信息

人员编码	姓名	部门	职位
01	王晓华	办公室	总经理
02	徐向明	办公室	副总经理
03	郑武	办公室	副总经理
04	余慧	办公室	副总经理
05	李小路	办公室	副总经理
06	段菲	人事部	经理
07	蔡寿权	财务部	经理
08	刘云萍	餐饮部	经理
09	陈文佳	客房部	经理
10	郑国平	桑拿部	经理
11	徐娇	商超部	收银员
12	张小佳	餐饮部	收银员
13	王芳	客房部	收银员
14	李丽	桑拿部	收银员

四、客户档案信息

客户编码	客户名称	统一社会信用代码	住所	电话	开户银行	银行账号
112201	北京易彩旅行社	91112722000587036	北京市东城区安定门东大街58号	010-61972414	工商银行安定门支行	6010260106550802301
112202	光明科技有限公司	91360400852080662T	江西省九江市南湖支路16号景丰大厦	0792-60573679	九江银行滨江支行	6223077201000175859

五、供应商档案信息

供应商编码	供应商名称	统一社会信用代码	住所	电话	开户银行	银行账号
220201	九州昌盛食品有限公司	91110167MA2MQB846G	九州市火炬大街796号	011-83122222	中国银行青湖支行	401678654611
220202	九州仲祥商贸有限公司	91110166MA5K90EF6D	九州市南京东路166号	011-80671846	建设银行恒茂花园分理处	44031840360223565059
220203	九州诚泰商贸有限公司	911101690055409270	九州市顺外路8号	011-83837931	邮政储蓄顺外支行	91300637134295142
220204	九州永盛水产有限公司	91110168MA6R87FE5K	九州市鑫维大道99号	011-2052923	交通银行小蓝开发区支行	310066663099113201696
220205	九州丰盛果蔬批发部	91110168581625817K	九州市朱桥东路2号	011-62971834	农业银行佛塔分理处	60003789504462133

六、酒店业务流程

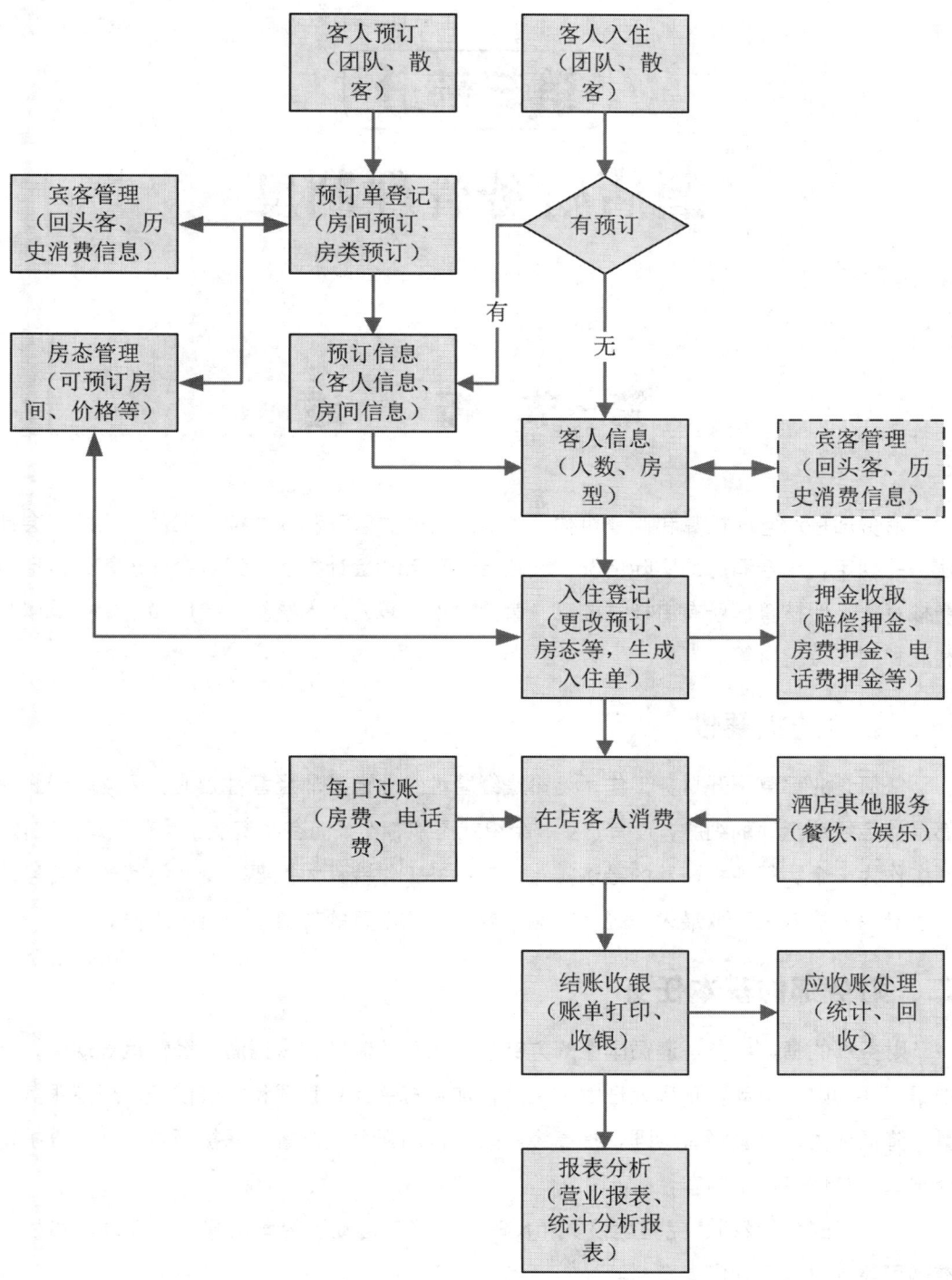

第三部分 酒店财务管理制度

第一节 概述

财务部是酒店的核算和监督机构，负责日常收支管理和成本控制工作。根据《会计法》的规定，结合酒店的实际情况，设置会计科目和会计报表，组织会计核算，包括资产核算、负债核算、所有者权益核算、营业收入核算、成本核算、费用和税金核算以及利润和利润分配核算。

一、部门的重要性

任何企业都离不开财务工作，无论是经营性企业还是非经营性企业。因为每个企业都是社会经济活动的细胞，没有资金，组织就不能存在，而有了资金，就有了财务工作。酒店作为一个实行独立核算的经济实体，其财务工作就尤为重要。企业经营的最终目的是以最少的投入，获取最大的经济效益，要达到这个目的就离不开财会工作。

二、财务部的基本任务

财务部的基本任务是遵循国家的方针政策和会计制度，依据酒店经营运筹规律，合理组织各项财务活动，正确处理财务关系，加强资金计划管理和经济核算，规范服务质量，降低成本，改善经营管理，提高经济效益，加强财务监督，保护酒店财产，维护财经纪律。具体有以下内容：

（1）正确、及时、完整地核算和反映酒店经济活动和经营成果，为管理人员提供准确可靠的财务会计信息资料。

（2）加强资金计划管理，认真编制年度财务计划，做好财务预算和各项经济指标的分解。

（3）加强成本费用的核算，做好各项指标控制工作，降低成本和费用，多创收，多创汇。

（4）加强财务分析，考核各项经营指标的内外情况，反映经营管理现状，通过深入实际的调查研究，总结经验教训，揭露矛盾，促进酒店改善经营管理。

（5）筹集和管理分配、运用资金、积累资金、监督资金的运用情况，加速资金周转，以尽量少的资金占用，取得较大的经济效益。

（6）坚持会计监督，维护财会纪律，保障酒店利益。

（7）协助指导各部门做好节支开源工作，加强成本核算。

（8）确保各部门的经营活动正常开展，做好服务工作。

第二节　财务部组织结构和职位介绍

一、财务部经理

1. 工作关系

上级：直属总经理室领导，向总经理负责。

下级：统领财务部、采购部及部属人员。

2. 岗位职责

（1）在总经理领导下，认真贯彻执行《会计法》和有关的法律、法规、制度。监督考核酒店有关部门的财务收支、资金使用和财产管理等计划的执行情况及其效果，保护酒店财产，维护财经纪律，对本酒店的财务状况负责。

（2）领导财务部的全体人员认真落实岗位责任制，健全和严格实施经济责任制，建立良好的财务工作秩序，并对其工作负责。

（3）有权向下级下达工作和生产任务，向他们发指示和进行工作策划。根据本部的实际情况和工作需要，有权增减员工和调动他们的工作。

（4）负责财务部、采购部的全面工作。加强财务部队伍的建设，制订各级人员培训计划，提高财务部全体员工的业务素质，拟订财务部各部门机构设置和人员配备方案，并实施各级人员的任免和奖惩方案。

（5）控制预算方案，指导制定酒店经营政策。根据董事会下达的任务和酒店领导要求测算和制订经营责任制方案。

（6）管理现金流量、货款及货币兑换。

（7）审查和批示各部门的营业报表和工作报告。

（8）协调与酒店各部门的关系，并负责与财政、银行、税务等机构联系。

（9）参加总经理召开的部门经理例会、业务协调会议，建立良好的工作关系。定期向总经理如实反映酒店经济活动和财务收支情况，正确及时地提供管理信息，作为改善酒店经营管理决策的依据。

3. 素质要求

（1）财务部经理属酒店高层管理人员，要求对酒店业务特别是财会、采购、仓库管理方面的业务非常熟悉。

（2）熟悉和掌握会计的基本理论及实际工作方面的知识。

（3）熟悉经济法、酒店法及本地的法律及法规。

（4）了解和掌握酒店经济活动的情况。

二、查核员

1. 工作关系

上级：财务部经理。

下级：收银员。

2. 岗位职责

（1）在财务部经理的指导下，负责酒店收银、结算、查核等具体管理工作。

（2）遵守有关财务规定和结算查核程序，保证酒店的资金安全。

（3）合理排班，遇有员工休假，主管必须顶班或对班次进行调整，并做好考勤。

（4）积极参加培训，遵守酒店规章制度，完成上级分配的其他工作。

3. 素质要求

（1）熟练掌握酒店会计的基本理论及实际工作方面的知识。

（2）熟悉酒店的收银管理软件系统，并能熟练操作。

（3）熟悉经济法、酒店法及本地的法律、法规。

（4）忠诚酒店事业，维护酒店利益。

4. 工作内容

（1）认真复核各收银点的营业报表、账单，发现错误，加以纠正，以保证酒店营业收入账目准确，对已复核过的报表，都必须签字，以示负责。

（2）复核夜班完成的收入晨报表：主要核对开房率、房租收入、散客和团体的平均房价是否正确，每个餐厅的平均消费、人数、总数是否正确，并签名确认。

（3）审核汇总前一天的营业收入情况，编制收入日报表，及时将日报呈酒店领导。

（4）复核早班所核的单据。

（5）对所属员工进行培训，以确保工作正常运转。

（在遵循"不相容职位分离"的原则下，查核员岗位不强制单人单岗，可一人多岗。）

三、收银员

1. 工作关系

上级：查核员。

下级：无。

2. 岗位职责

（1）负责客人在酒店消费的结算工作。

（2）遵守有关财务规定和结算程序，保证酒店的资金安全。

（3）积极参加培训，遵守酒店规章制度，完成上级分配的其他工作。

3. 素质要求

（1）熟练掌握酒店会计的基本理论及收银结算程序。

（2）熟悉酒店的收银管理软件系统，并能熟练操作。

（3）忠诚酒店事业，维护酒店利益。

4. 工作内容

（1）工作前检查收银设备，保证其工作正常。

（2）准确打印各项收费账单、发票；及时、快捷收妥客人应付费用；对各种外币必须认真验明真伪，切实按酒店公布的外汇牌价折算；对签单结账的客人，必须要对照预留的签名模式。

（3）对每日收入的现金，执行"长缴短补"的规定，发现长款或短款，如实向领导汇报。

（4）前厅收银还须按规定做好客用保险箱服务工作，按规定做好外币兑换服务，管好备用金。

（5）客人用信用卡支付时，按银行规定程序执行，确保无差错。

（6）负责打印有关报表，整理营业单据，移交查核员审核。将当天所收现金投放在酒店指定的保险箱后方可下班。

四、主办会计

1. 工作关系

上级：财务部经理。

下级：会计员、出纳员。

2. 岗位职责

（1）对财务部经理负责，全面负责会计部具体核算的业务管理。

（2）控制预算方案，指导制定政策、程序、和约等。

（3）管理现金流量，管理贷款、货币兑换及结算。

（4）管理会计部事务、费用、收入核算业务等。

（5）就财务的政策和法律问题与董事长和总经理研究和磋商。

（6）按时完成上级交办的其他工作，随时解答财务部经理提出的问题，正确、及时地提供一切数据资料。

3. **素质要求**

（1）熟练掌握酒店会计的基本理论及实际工作方面的知识，包括熟悉会计的基本原理、常规、假定、标准、原则及限制等方面的基础知识。

（2）熟悉经济法、酒店法及本地的法律、法规。

（3）掌握会计理论及实际工作的发展动向，忠诚酒店事业，维护酒店利益。

4. **工作内容**

（1）审核检查全部记账凭证和原始凭证是否合理、合法、正确、有效，审核其手续是否完整，列支科目是否正确。

（2）核对总账与各明细的电脑账，确保无误后进入总账，对所需调整的账项要附有凭证及说明，并经财务部经理批准后方可调整。

（3）督促检查各种财务报告的及时性、正确性，做好月度、年度财务决算，按时向酒店领导呈报会计报表。

（4）督促检查各项税金的计算申报，加强与财税部门的业务联系，协调外部关系，取得有关信息。

（5）督促检查应付账款金额是否正确，挂账是否准确，账务处理是否及时。

（6）及时检查银行存款未达账项余款调节表的编制情况，发现问题及时查找并纠正。

（7）及时检查各明细账项，督促检查应收账款的核对与催收工作。

（8）审核检查所有对外编报的数据及财务报表，确保无误方可报出。

（9）督促检查会计档案的妥善保管与存档，做到存档有记录，调档有手续，并做好经济资料的保密工作。

（10）督导酒店固定资产、低值易耗品的核算、管理。

（11）督导正确核算员工的薪金、费用及按规定划分各部门的工资、税金和费用，全面实施经营责任制和工效挂钩的绩效考核制度。

五、出纳员

1. **工作关系**

上级：主办会计。

下级：无。

2. 岗位职责

（1）遵守有关财务规定和工作程序，确保酒店的财产安全。

（2）积极参加培训，遵守酒店规章制度，完成上级分配的其他工作。

3. 素质要求

（1）熟练掌握酒店会计的基本理论及实际工作方面的知识。

（2）熟悉经济法、酒店法及本地的法律、法规。

（3）了解酒店经济活动情况及银行业务的操作规程，忠诚酒店事业，维护酒店利益。

4. 工作内容

（1）计算、汇集及验收收银员每天的现金收款总金额。

（2）负责收入的现金、支票和将每天营业收入存入银行，不得积压。

（3）使用电脑登记的现金日记账和银行存款日记账，按记账规定结出每日发生额和当天余额，要日清月结。

六、成本会计

1. 工作关系

上级：财务部经理。

下级：无。

2. 岗位职责

（1）负责酒店餐饮成本、物品成本控制的具体管理工作。

（2）监控酒店各经营部门的食品、饮料、客用品的消耗情况，为酒店领导及部门提供消息，杜绝浪费及遗失。

（3）遵守有关财务规定，按酒店制订的成本控制程序开展工作，以保证酒店财产安全。

（4）审核收货、发货、仓存情况，以保证各部门成本核算工作的准确性。

（5）向会计部提供相关数据，以保证会计核算准确。

（6）积极参加培训，遵守酒店规章制度，完成上级分配的其他工作。

3. 素质要求

（1）熟练掌握酒店会计的基本理论及实际工作方面的知识。

（2）基本了解酒店所需各种物资的名称、型号、规格、单价、用途和产地。

（3）了解同类产品不同供应商提供物资的质量及价格差别。

（4）熟悉酒店成本控制的方法，了解本酒店物资消耗的基本情况。

（5）忠诚酒店事业，维护酒店利益。

4. 工作内容

（1）了解副食品市场行情和仓库收货质量及价格。

（2）负责检查各部门酒吧、布草、生产器具的明细账，经常核对数量，正确计算内部调拨。

（3）及时反映仓库物品存量，控制补仓量，协助财务部经理控制储备资金周转。

（4）定期做好食谱成本估价表，根据销售价，估算毛利。

（5）每月负责盘点食品饮料、客用品、印刷品等，及时调整本月合理消耗，正确计算成本，编制盘点表和转账凭证。

（6）负责将每天的收、发单输入电脑，每月对仓库盘点一次，做到账物相符，并编写盘点报告。

（7）查核每日仓库申领单，并按成本项目汇集计算各部门领货成本，编制转账凭证。

（8）整理记录市场采购价格变动情况。

（9）查看领料单、入库单与收银报告表，编制餐饮饮食成本日报表。

（10）每月编制各部门领用物品报表，收、发、存报表和存货报表。

七、收货员、仓管员

1. 工作关系

上级：成本会计。

下级：无。

2. 岗位职责

（1）负责酒店物资验收、发放、仓存工作。

（2）认真执行酒店各项制度、操作程序和要求，以保证酒店财产安全。

（3）严格把好收货、保管关，将损耗降至最低限度，进行月底盘点工作。

（4）积极参加培训，遵守酒店规章制度，完成上级分配的其他工作。

3. 素质要求

（1）了解酒店会计的基本理论及实际工作方面的知识。

（2）基本了解酒店所需各种物资的名称、型号、规格、单价、用途和产地。

（3）熟悉酒店物资管理的方法，了解本酒店物资消耗的基本情况。

（4）忠诚酒店事业，维护酒店利益。

4. 工作内容

1）物品库

（1）严格遵守酒店各项规章制度，特别是物品库工作程序和物品库安全消防管理要求。

（2）确保所负责的库房干净、整齐，每天都要检查水、电、气是否有跑漏现象，处理不了的，马上向上级主管反映，一定要把事故消灭在萌芽状态中。

（3）对库房物品的使用要做到心中有数，量少、的要及时补充，对不用的物品（长期积压的）及时提出处理意见，供主管考虑。对于质量次、价格高的物品或与订货不符的物品要拒绝入库。

（4）出库时，一律凭领料单，没有领料单的不予发货。

2）食品库领班

（1）食品入库要严格把好质量关。根据批准的采购申请表验收入库。

（2）认真检查入库的食品、饮料的品名、数量、外观包装、生产厂家是否符合，杜绝假货入库。

（3）对入库的货物，要堆放整齐、安全摆放。

（4）出库要做到先进先出。

（5）食品、饮料入库和出库都要及时在登记卡上记录，随时做到账物相符。

（6）每天打印收货、发货汇总表并报成本会计。

3）仓管员

（1）随时检查库房各种物资的品名、数量，如库房物资存量不够，要填采购单，写明库存量、月用量、申购量及到货期限，确认无误后交成本控制经理。

（2）物品、食品、饮料到货入库必须严格检查，要根据申购的数量及规格，检查货物有效期、数量、质量，符合要求方可入库。

（3）物品、食品、饮料到货入库后要及时登记，并做到准确无误。

（4）发货时要根据规章制度办事，领货手续不全不发货，如有特殊原因需得到有关领导审批后方可办理。

（5）经常与使用部门保持联系，如有积压，要提醒各部门，以防浪费。

（6）积极配合成本部门做好每月的盘点工作，做到账物相符。

（7）下班前要对库房进行安全检查，切断电源，锁好库房。

第三节 工作程序及标准

一、查核

1. 前台收银基本运作程序

2. 前台结账程序

1）散客结账

（1）核对账目及确认：

①当客人到前台结账时，确认客人姓名是否正确，并准确称呼客人的姓名。

②收款人员主动收取房间钥匙，并讯问客人是否在近段时间内有其他消费。

③客人结账的同时，收款员要及时与客房服务中心联系，检查客房内酒水的使用情况。

④清楚打印客人账单，交由客人检查核对，经其认可后在账单上签字，确认付费方式。

⑤在结电脑账的同时要清理客人账袋，将入住登记单及各种单据整理，与账单一并钉好以备查（注：如客人需要消费明细单可交由客人保存）。

⑥客人要求提前付清账目，但要晚些离店时，收款员应特别注意客人的消费情况，待客人离店时应再通知客房服务中心。

（2）结账：

①在客人结账时要查看电脑中所注明的特殊注意事项。

②确认一切手续，如无特殊情况，应在2分钟内完成结账手续。

③有礼貌地为客人迅速准确办理离店手续，并表示欢迎客人再次光临本酒店，祝其旅途愉快。

（3）付款方式及方法：

①现金结算：前台不直接收取外币和旅行支票，客人需换取人民币现钞，然后再付清自己的账目。

②信用卡结算：应有礼貌地请客人出示信用卡及有关证件。

■ 验卡：

a. 辨别信用卡的真伪：检查信用卡的整体状况是否完整无缺，有无任何挖补、涂改的痕迹；检查防伪反光标记的状况；检查信用卡号码是否有改动的痕迹。

b. 检查信用卡的有效日期及适用范围。

c. 检查信用卡号码是否在被取消名单之列。

■ 收受：

a. 检查持卡人的消费总额是否超过该信用卡的最高限额，如超过规定限额，应向银行申请授权。申请授权时向银行或信用卡公司详述以下资料：单位号码和编号；持卡人姓名和卡号；信用卡有效期；消费总额；持卡人证件号码。

b. 压印签购单：要求将信用卡上全部资料清楚地压印在每联签购单上。

c. 填写签购单：按签购单上的各项要求进行填写，做到字迹清楚、数字准确。

d. 请客人签名：将签购单上的名字与信用卡背面的签样进行核对，如不符，可以请客人再签一次，如还不相符可向银行查询。

e. 将持卡人一联连同账单和发票一起放入信封交给客人。

③支票结算：

a. 检查支票的真伪：注意辨别那些银行已发出通知停止使用的旧版转账支票。

b. 检查支票是否过期，金额是否超过其限额，支票有效期自出票之日起十日内有效。

c. 检查支票上的印鉴是否清楚完整。

d. 请客人留下联系电话和地址，并请客人签名，如有怀疑请及时与出票单位联系核实，必要时请当班主管人员解决。

e. 设立支票登记簿，将有关资料登记入册以备查。

2）团队结账

将结账团队的名称、团号通知客房服务中心，以便检查客房酒水的使用情况。

查看团队预订单上的付款方式以及是否有特殊要求，做到公付、自付分开。

■ 电脑操作：

a. 使用团队结账程序，打印该团队所有客人账目。

b. 为有账目的客人打印账单、收款。

c. 客房消费的酒水应及时输入电脑，并打印账单。

■ 注意：

a. 结账过程中，如出现账目上的争议，及时请客房部经理协助解决。

b. 收银员应保证在任何情况下，不得将团队房价泄露给客人，客人若要求自付房费，应按当日门市价收取。

c. 团队延时离店，须客房部经理批准，否则按当日房价收取。

d. 凡不允许挂账的旅行社，其团队费用一律到店前现付。

e. 团队陪同无权私自将未经旅行社认可的账目转由旅行社支付。

二、现金装投放及交接程序

（1）每天所有的收银员及其他负责现金交款的人员应将所收到的现金放入现金袋中，并在收银袋上写明日期、班次、收银场所及收银员姓名。

（2）将现金装入收银袋封口前，应由第二位收银员清点现金金额是否和收银袋上注明金额一致，如果一致，将收银袋封口后，双方均在封口上签名。负责投款的收银员将收银袋送至大堂夜审办公室，在"收银员入账项目日报表"上填写清楚上面所规定的项目，并由前台收银员见证，将收银袋投入保险箱内，见证人也要在"收银员入账项目日报表"上签名。

（3）收银员或交款员应将各自的交款情况记录在现金袋投放登记报表上，登记报表应包含下列栏目：

日期　　　　　　营业点　　　　　　时间　　　　　　投款金额

收银员姓名及签章　　　　　　　　　见证人姓名及签字

（4）次日上班后，出纳应在有其它见证人在场监督下，清点列在现金袋投入登记报表上的现金袋数目。

（5）出纳应确保实收现金袋数目与列在现金袋投入登记报表上的现金袋总数相吻合。

（6）出纳应在收银主管在场监督下，打开所有的现金袋。

三、保证金的收取和退还程序

缴纳保证金是为了保障酒店的权益不受损害而向客人预收的款项。

1. 保证金的收取

根据客人结账方式选择保证金收取方式。

1）现金

计算方式：

$$应收保证金 =（房费 + 杂费）\times 房间数 \times 天数$$

2）支票

前台收款处一般不存放支票，凡以支票抵押，需经请示财务部经理，方可收受。

3）信用卡

客人最终以信用卡结账，请客人出示信用卡，预先取得POS机授权，并将卡面压印在客人入住登记表上，然后将卡纸和RC订在一起放入资料袋中。

4）免收保证金

免收保证金的客人，需经有关人员担保，在客人入住登记单上签字。

保证金的结算：结算的原则是"多退少补"，如客人的保证金不足以清偿在酒店的消费，应向客人收取补付的部分；如客人的保证金在清偿费用后尚有余额，应退给客人。

2. 保证金的退出

（1）退款的原则：收现金退现金，收支票通过银行退款（不到支票起点金额可退现金）。

（2）如需退给客人保证金，收款员应收回所押保证金收据，并请客人在账单上签名。按实际消费额开据正式发票。如遇收据丢失，请客人出示身份证件复印后，由客人在上面注明押金已退。

（3）退支票应在收入支票五天以后。

（4）电脑入账。

四、发票管理制度与程序

（1）每月根据发票使用量由会计人员前往税务局购买发票。

（2）根据所购入的发票进行登记管理，以便发票核销时的核对，保管好发票存根及购买发票的单据以备税务局查阅。

（3）严禁收银有多开、少开的行为出现。

五、关于延迟退房及前台杂项扣减的规定

1. 延迟退房

（1）酒店规定的退房时间为上午 12:00 前。上午 12:00 至下午 18:00 退房按半日收取半日租，下午 18:00 之后退房按全日租收取客人房费。

（2）根据客人退房的实际情况，若是在下午 13:00 之前退房的客人，前台收银员可以免收客人半日租，同时应该委婉地提醒客人酒店规定的退房时间。

（3）凡是超过下午 13:00 退房的客人，前台收银员应向客人收取半日租，半日租按客人住酒店房费的一半来收取。

（4）凡是超过下午 18:00 退房的客人，前台收银员应向客人收取全日租，全日租按客人入住酒店的实际房费来收取。

（5）客房部经理可以签署延迟退房的权限为下午 15:30 之前。

（6）免全日租必须经过客房部经理及以上人员批准同意后，才能减免。

（7）所有超过规定时间退房的客人，若有上述授权人签署的"延迟退房通知书"，前台收银员可以免收客人的半日租或全日租。若无授权，则按规定收取客人房费。

（8）若上述规定与酒店某些营销政策关于"延迟退房"有相抵触的情况，则按营销政策执行。

2. 杂项扣减

（1）对于住店客人退房时的投诉，客房部经理可以根据实际情况对客人的费用进行一定限额的减免。

（2）所有客人投诉要求减免费用，必须在认真调查之后，确认属酒店内部原因造成客人的不满意，方可扣减。

（3）客房部经理除上述扣减权限外可以根据实际情况，对客人的房费给予一定的扣减，扣减房费金额每间房不得超过人民币 100.00 元。

（4）超过上述扣减权限，必须经过酒店总经理的同意方可进行。

（5）在同意上述扣减费用后，前台收银员应开具"杂项扣减单"，注明扣减原因，并由授权人在扣减单上签名。

（6）由于员工操作原因或工作失误等造成少记或多记房租等情况，一概按 20% 由当事员工负责赔偿，余额用"杂项扣减单"扣除并由所属部门经理签字。

请各部门严格按此规定执行，若有任何违反规定的行为而造成酒店的损失，将由当事人赔偿。

六、关于挂账的控制规定与程序

1. 规定

挂账申请均由总经理、副总经理、财务部经理和挂账人员组成的挂账委员会检查、评审。

销售合同的签署必须在确保无任何法律争议的前提下进行,并由双方签署后发文。

客人应收款必须遵守财务规定。

应使外结和挂账的损失降到最低点,并使销售获得更大的利润。

2. 程序

1)控制住店客人挂账

挂账组管理人员有责任回顾当日报告及整改意见。

散客入住名单:

- 此名单由日审办公室、夜审办公室提供,提示这些客人预先无预定。
- 挂账管理人员应证明客人是否使用现金押金或被酒店允许使用的信用卡付款单。如不行,挂账管理人员应与客人联系商讨预付部分款项。

欠款最高限额报告:

当日欠款最高限额报告由夜审办公室提供,由挂账管理人员检查。最高限额欠款挂账的账户是指挂账限额超过 5000 元人民币者。

根据此报告,查核员对预先未能安排的挂账应特别注意。为了决定未来是否延期挂账,客人将被要求面谈,并检查如下数据:

- 预定的来源;
- 客史;
- 银行个人存款;
- 护照和其他旅行证件。

如客人挂账款额令人置疑,查核员应要求客人立即支付。如客人不能现付,其他有效付款凭证、个人旅行证件将被扣押,但执行前,应先通告财务部经理。

如客人拒绝,则通过财务部经理,经总经理批准,封存客人房间的客人物品。所有相关部门领导都应被通告此决定,并依此执行。

2)控制外客挂账

(1)挂账组同意有信誉的商业公司和机构延期挂账是很普遍的。这些公司的名单应由总经理、副总经理、财务部经理和挂账委员决定。

(2)为加强挂账控制,接受一个新的申请人时,应由挂账委员会评估。

如果客人认为旅行社的价格对他有利,在旅行社办理入住手续,一定要出示旅行社凭证。客人如不愿意出示这些凭证，则按满价付款。延住、超过凭证上标明的天数，应按满价付款。

3）挂账回顾会议

挂账回顾会议至少每月一次，由财务部经理主持召开。

（1）累计应收账报告；

（2）累计应收账的解决方式、方法（一件接一件）；

（3）销售挂账的平均挂账天数。

4）跟踪挂账

如果店内客人账目金额在欠款报告中超过他的挂账限额，应即时发送《缴款通知函》通知客人缴清欠款。但此类事宜，应首先征得财务部经理的同意。

（1）《缴款通知函》应抄送副总经理。

（2）在发函前，应先经客房部经理确认，根据每一情况进行数额估算，通过电话或面谈的形式已经得到解决的，可不发信函。

（3）过期的账目，在考虑是否能结回之前，应依据拖欠数额及程度转交法律顾问或结账公司处理。

5）处理坏账

（1）当挂账管理人员按程序催收欠款时（包括指定催账公司），他们应预先通知财务部经理。

（2）财务部经理检查文件证据后，将此款转交总经理审批。

（3）如果总经理同意注销此账，这笔欠款将被转入"呆账"。

6）不接受个人支票

酒店不接受个人支票。

七、旅行社订房和凌晨入住划分时间的规定

为了加强酒店内部控制，即日起，所有旅行社订房必须有旅行社传真的订房单附在"客人入住登记表"后，方可按旅行社合约价给客人办理入住。若有违反规定的行为，将由当事人按目前酒店推广价与旅行社合约价的差额赔偿损失。

关于客人凌晨入住酒店房费收取问题，凡在清晨 06:00 以前入住的，按昨日入住计算，夜审前入住的由电脑自动过房租，夜审后入住的由前台收银手工补入房费；清晨 06:00 以后入住的客人，按当日入住办理手续。

八、客人入住办理签单房卡的操作程序

为了完善住店客人在酒店各营业场所签单挂房账的操作程序，避免客人投诉，现特

做出如下规定。

（1）前厅接待员在发放钥匙卡的同时，应发放欢迎卡给客人。欢迎卡上必须清楚地注明住客姓名、房间号码、住宿日期、房租及住客签名。对于刷卡或交付足够杂费押金的客人，应在欢迎卡上盖"可挂账"的印章，办理入住手续的员工必须在印章旁签上自己的中文名，以便餐厅收银在账单上备注发签单卡的员工姓名。特别要注意的是，欢迎卡上的住客签名必须同住客签名表上的签名一致。

（2）住店客人在餐厅或其他场所消费后，若出示欢迎卡要求入房账，服务员应及时将欢迎卡交给收银员结账。

（3）收银员收到欢迎卡后，迅速打出账单，同时检查此欢迎卡的有效性，然后将账单交服务员送客人签名。客人签名后，收银员应认真核对签名是否和欢迎卡上的签名式样一致，确认后，在账单上注明发放欢迎卡的接待员姓名，然后用"客账"项目平账，同时将欢迎卡交服务员退还客人。

（4）各部门必须严格按此操作程序执行，如有违反，财务部将对当事人作出处罚。

九、夜间审计工作程序及标准

夜间审计作为酒店每日收入的查核和统计岗位，必须严格执行下面的工作程序和标准。

（1）打印 POS 机交易记录，并与前台收银贷方明细表中的信用卡记录进行核对，核对无误后将前台所有 POS 机日结。应在晚上 12 点以后进行日结。

（2）在电脑系统中，打开当班收银的贷方明细表，与该收银打印的报表进行核对，看是否一致，并审核收银账单明细项目，如房价、房类、团队资料，特别是现付的旅行团队，再进行分类，重点是信用卡和街账，必须逐一核对。

（3）核对餐饮部账单和借方明细报表是否一致。

（4）核对桑拿部账单和借方明细报表是否一致。

（5）核对商超部账单和借方明细报表是否一致。

（6）打印所有前台借方明细报表，核对杂项收入账单。

（7）核查杂项扣减报表，对每一笔收入的扣减都要查明原因并由相关具有审批权限人员签名。

（8）打印客房占用表，分出非自动租内的散客和商务客户。

（9）确认房租正确后过租到每一间在住房，然后将前台系统做日结。

（10）日结后在审计报表中打出每日收入晨报表，为做客房收入的晨报提供相关数据。

（11）打印收银员入账项目日报表，给前台收银。

第四节 财务管理制度

财务管理制度的制定,是为了使酒店各部门以及全体员工在经营活动和行政业务工作中有所遵循,使酒店的各项工作和经营活动均能按制度来开展和进行。

一、财务计划管理规定

结合总经理对酒店经营活动的安排,区域内客源、货源、内务价格等市场变化情况,以及计划在报告期内的执行情况和预计完成情况,作出详细分析和充分估计,以审定财务计划。

依据总经理审定的财务计划,按各业务部门的不同经营范围、计划期的诸多因素和历史资料,参考年初自编计划,分摊酒店计划指标,下达给各业务部门实施。计划一经确定,一般不予变动,确因特殊原因需要变动的,亦须在半年后进行调整。

财务计划分为年度、季度计划。

1)编报时间

年度计划:财务部为每年十二月下旬,各业务部门为每年十一月下旬。

季度计划:财务部为季末最后一月下旬,各业务部门为季末最后一月中旬。

各业务部门应根据上报酒店总经理审查批复后的季度计划指标,结合本部门的具体情况,按月分解季度任务指标作为本部门季内各月指标检查尺度,酒店对各业务部门的计划检查按季进行,全年清算。使酒店的经营管理和收支标准符合总经理的要求,做到增收节支,强调按计划办事。

2)财务计划的内容

(1)财务部应编制流动资金计划、营业计划、费用计划和利润计划、偿还债务计划及利润分配计划、基建计划。

(2)各业务部门应编制以下计划。

销售部及前台部:客源计划(包括外联部分及公寓出租)、费用计划、营业计划、利润计划。

客房部:备品使用计划(含耗用品)、费用计划、设备维修更新及购置计划。

餐饮部:营业计划、利润计划、费用计划、食品原材料及商品采购计划、设备维修更新及购置计划。

桑拿部:营业计划、利润计划、费用计划、设备保养计划、耗用品购置计划。

商超部：营业计划、利润计划、费用计划、耗用品购置计划。

人事部：招聘计划、职工饭堂收支计划、费用计划。

各业务部门将编报的计划送财务部汇总。

二、会计核算管理规定

（1）会计核算以权责发生制为基础，采用借贷记账法，并统一使用电脑记账。

（2）会计年度采用历年制，自公历一月一日起至十二月三十一日止为一个会计年度。

（3）以人民币为记账本位币，凭证、账簿、报表均用中文书写。

（4）使用中华人民共和国财政部于2006年颁布的《企业会计准则》中规定的会计科目。

（5）会计凭证：使用自制原始凭证和外来原始凭证两种。

①自制原始凭证指进货验收单、领料单、出仓单、差旅费报销单、费用支出证明单、调拨单、收款收据、借款单、结算单等。

②外来原始凭证指本单位与其他单位或个人发生业务、劳务关系时，由对方开给本单位的凭证、发票、收据等。

③会计凭证的保管期限为15年，酒店内部管理单据的保管期限为2年。保管期满需销毁时，须开列清单报批准后才可销毁。

（6）会计报表按中华人民共和国财政部颁布的《企业会计准则》中的规定和酒店实际需要编制。

（7）财务人员离职时必须办清交接手续，并注明交接日期，由主管人员监督交接过程，并由交接双方签章。未按规定办清交接手续的财务人员不得离职。

（8）其他。

①一切会计凭证、账簿、报表等会计记录，都必须根据实际发生的经济业务进行登记，做到手续齐备，摘要简明，内容完整、准确，报送及时。会计处理方法在前后各期必须一致，不得任意改变。

②酒店的各项资产应按历史成本计价，不论市价是否变动，一般不调整账面价值。

③正确划分资本性支出和收益性支出的界限，不能相互混淆。

④固定资产折旧采用年限平均法，按规定的使用年限和残值率计提折旧，各类固定资产的使用年限、预计净残值率、年折旧率如表3-1所示。

表 3-1　固定资产的使用年限、预计净残值率、年折旧率

固定资产类别	预计净残值率/(%)	预计使用年限/年	年折旧率/(%)
电子设备	5	3～5	19.00～31.67
机器设备	5	4～28	3.40～23.75
运输设备	5	4～18	5.28～23.75
器具、家具及工具	5	5	19.00

⑤采用先进先出法核算存货成本。采用备抵法核算坏账，根据期末应收账余额计提坏账准备。

⑥建立稽核制度，款项的收付、债权债务的发生与清算等各项经济业务要明确经济责任，都要有合法的凭证，并经授权人员审核签章。

⑦根据酒店实际情况，主要有货币资产及往来款项、存货、固定资产、成本和费用、营业收入和利润等项目的核算。

（9）薪酬、社保的核算方法。

①职工薪酬：主要包括工资、奖金、津贴和补贴、职工福利费、社会保险费及住房公积金、工会经费和职工教育经费等其他与获得职工提供的服务相关的支出。

本公司在职工提供服务的会计期间，将应付的职工薪酬确认为负债，并根据职工提供服务的受益对象计入相关资产成本或费用。因解除与职工的劳动关系而给予职工的补偿，计入当期损益。

②社会保险费用：本教材社会保险费用按九州市的缴费比例缴纳。

养老保险：按本市 2018 年度在岗职工月平均工资 3650 的 60% 至 300% 为基数（基数不能低于平均工资的 60%，即 3650×60%，最高不能高于平均工资的三倍，即 3650×3），其中单位缴纳 20%，个人缴纳 8%。

医疗保险：根据养老保险基数缴纳，其中单位缴纳 6%，个人缴纳 2%。

失业保险：根据养老保险基数缴纳，其中单位缴纳 2%，个人缴纳 1%。

工伤保险：由单位缴纳，比例为 0.8%。

生育保险：由单位缴纳，比例为 0.8%。

住房公积金：月缴存额上限为 2600 元，下限为 260 元，分单位、个人两部分，住房公积金缴存比例统一按照单位、个人各 8% 执行。

根据要求，本公司以上年度工资总额为基数缴纳社会保险费，工资总额包含计时、计件工资，各项津补贴，加班加点工资，奖金，特殊情况下支付的工资等。

（10）税费核算方法。

①增值税：本公司为增值税一般纳税人，增值税应纳税额为当期销项税额抵减可以抵扣的进项税额后的余额，增值税的销项税率为6%。

②城市维护建设税、教育费附加、地方教育附加：城市维护建设税按实际缴纳流转税额的7%计缴，教育费附加按实际缴纳流转税额的3%计缴，地方教育费附加按实际缴纳流转税额的2%计缴。

③企业所得税：

本公司的企业所得税的会计核算采用资产负债表债务法。本公司在取得资产、负债时，确定其计税基础。资产、负债的账面价值与其计税基础存在的暂时性差异，按照《企业会计准则第18号——所得税》有关规定，确认所产生的递延所得税资产或递延所得税负债。本公司根据主管税务机关核定，所得税采取分季预缴方式，按应纳税所得额的25%计缴。公司在年终汇算清缴时，少缴的所得税税额，在下一年度内缴纳；多缴的所得税税额，在下一年度内抵缴。

④个人所得税：月工资收入5,000元以上的部分为应纳税所得额，各级税率如表3-2所示。

表3-2 工资收入的个税税率

级数	全月应纳税所得额	税率/(%)	速算扣除数
1	不超过3,000元	3	0
2	超过3,000元至12,000元的部分	10	210
3	超过12,000元至25,000元的部分	20	1,410
4	超过25,000元至35,000元的部分	25	2,660
5	超过35,000元至55,000元的部分	30	4,410
6	超过55,000元至80,000元的部分	35	7,160
7	超过80,000元的部分	45	15,160

各月水费、电费分别按固定比例在各部门之间分摊（见表3-3），若实际消耗情况发生较大变化，则修改分摊比例。

表 3-3　各部门水、电费分摊比例

分摊部门	水费分摊比例	电费分摊比例
办公室	5%	6%
餐饮部	30%	35%
客房部	40%	45%
桑拿部	25%	14%

注：商超部的水、电费分摊比例太小，所以归入办公室共同计算。

三、资金管理规定

1. 流动资金管理规定

管理原则：既要保证经营需要，又要节约使用流动资金，在保证按批准计划供应营业活动正常需要的前提下，以较少的资金占用，取得较大的经济效益。因此，要求各业务部门在编制资金计划时，严格控制库存商品数量，物料占用资金不得超过规定限额。超储物资、商品，须报总经理特别批准。

使用的基本要求：加速资金周转，减少资金占用量。要抓紧委托银行收款结算工作，加快应收账款的回收，减少流动资金的占用。

2. 固定资金管理规定

固定资金的占用直接影响酒店资金的运转，必须严格控制固定资产的购置。各部门须充分利用已配置备的固定资产，为酒店创造最大的经济效益。

四、现金管理规定

根据酒店业务范围和经营活动的特点，库存现金按一定的额度留存，包括人民币和外币现金，超过限额部分，当天存入银行，除规定范围的特殊情况下支出外，不得在业务收入的现金中坐支。各业务部门的库存现金限额，由业务部门提出意见，报财务部复核批准。

现金支出范围：

①发放员工工资、补贴、福利补助，支付出差人员的暂借差旅费。

②向不能转账的单位购买物品，向农贸市场购买酒店必需的鲜活商品，或支付零星劳务报酬。

③转账金额起点以下的零星支出。

现金收付的手续和规定：

①在收付现金时必须认真、详细地审核现金收付凭证是否符合规定手续，必须审核开支是否符合制度规定，领导是否已批准开支，凭证是否经主管人员审核签章，是否已由经办人和证明人签字，是否有齐全、合法的原始凭证。

②必须认真清点所收付的现金，还要确立复核制度，以防出错。一线营业人员及收银员在面对顾客收付现金时，还应唱收唱付。

③严禁营业期间在柜台上点收现金，收银员交接班或送缴出纳的现金，必须在柜台内点数，以防发生意外。

④出纳人员必须每天核对现金数额，检查库存现金情况，保证现金的账存数与实际库存数相符，严禁"白条抵库"，严禁挪用库存现金。发现账实不符时，应立即做记录，并查明原因，向领导汇报，按酒店规定的审批权限核批处理。

银行存款的规定：

①向银行送存现金时，应填写"银行现金缴款书"，连同结算凭证、转账票据等一并送存银行，并按"现金单"或"银行进账单"填制记账凭证。

②到银行提取款项或转出款项时，应开具现金支票或其他结算凭证，并及时按照支票存根、结算凭证付款联填制记账凭证。

③酒店在银行开立的存款账户，不准外单位或个人借用以进行结算。

④出纳人员不得发出空白支票。

⑤出纳人员应在每月末与银行核对存款余额，收到银行对账单后，应逐笔核对借贷发生额和余额。发现记账错误时要立即更正，属于银行的差错，要及时通知银行更正。发现有未达账款，可采用"余额查找法"进行查对，并编制"银行存款余额调节表"。对核实的未达账款，要加强管理，经常检查，如发现有账款长期未达，应认真查明原因并及时处理。

五、资产管理制度

为了维护酒店投资者的利益，规范和强化酒店资产的管理，保证资产的完整和有效利用，避免资产的不正当损耗和流失，特制定以下资产管理制度与程序。

1. 资产的范围

本制度所称资产是指酒店管辖范围内的所有固定资产和低值易耗品。

2. 资产管理的总原则

酒店资产管理实行"归口分级责任制"，就是在酒店总经理的统一领导下，按照资产的类别和所属部门，由相关部门负责归口管理。并根据资产的具体使用情况，进一步落实到分部、班组和个人，做到权责分明，层层负责，使用有权限，管理有责任，奖罚有标准。

3. 各部门在资产管理过程中的要求

（1）酒店所属各部门应设立资产管理员（由各部门分配人员），对所属部门的固定资产及低值易耗品负保管责任。

（2）各部门应设立账册，清楚记录固定资产及低值易耗品的明细。

（3）部门增减固定资产及低值易耗品，应将单据收存备查，摆放位置及去向要随时记录。

（4）部门的资产管理员每月应对所管理的固定资产及低值易耗品进行账物对照，逐一核对检查。

（5）需要跨部门流动使用资产时，一定要做好借用登记及收回记录。

（6）对人为造成资产损坏的行为，应及时制止并知会部门经理追究其责任，将损坏的资产报工程部维修，以保证资产的正常使用。

（7）各部门如更换资产管理员，应做好资产的清点、移交和核对工作，共同签名确认后留档备查。

（8）各部门的资产管理员应切实执行管理制度，部门主管、经理应重视此项工作，督导落实具体细节，配合财务部共同做好资产管理工作。

六、采购管理

1. 采购流程

（1）各部门主管根据预定单及库存提出采购计划。

（2）各部门将采购计划送交财务部审核。

（3）财务部填制请购单，送总经理批准后交由采购部。

（4）采购员负责将价格真实、准确、清楚地记录于请购单上。

（5）采购员购买后，将原材料直接拨入厨房和仓库，由保管员协同厨师长及仓管员共同验收并签字。

（6）物品验收后，采购员将签字的验收单连同内部调拨单、采购发票送交保管员、经理、总经理审批。

（7）采购员持内部调拨单、采购发票到财务报账。

2. 采购工作质量标准

（1）采购员严格执行经批准的酒店采购计划，并按计划要求按时、按质、按量完成采购任务。

（2）每项采购品做到以质量、价格、服务三要素进行货比三家，达到降低酒店成本的目的。

（3）批量订货时，应先与供应商签订购销合同，注明品名、规格、型号、等级、颜色、数量、单价、金额、交货期、交货地点、交货方式、质量标准、验收标准、验收方法、付款方式等具体条款。

（4）采购专业物品时，应会同使用部门共同实施采购任务。

（5）物品采购后，验收员应按规定手续严格验货，如有质量问题或其他问题，应及时与供应商联系换货或办理退货手续。

（6）物品验收入库后，应将有关票据交财务部审核后予以或负责同意采购的部门及单位付款。

（7）部门采购物品必须由部门主管及经理签字审批。

七、物品报损报废管理制度

为有效控制物品报损报废，特制定以下物品报损报废管理制度。

需办理报损报废手续的物品包括瓷器、工程工具、电器、机械设备、电子（电脑）设备及其他高值耐用物品等固定资产和低值易耗品（以部门存档的固定资产清单、财务部每月发送各部门的固定资产增减变动单及低值易耗品清单为准），以及食品、酒水等酒店常用物品。

（1）发现物品不能使用需要报损报废时，使用部门需立即填写物品报废申请单，据实填写完毕后报部门经理审批。各种物品报损报废除得到部门总监的批准外，还必须得到鉴定部门的批准。各种物品的鉴定部门分别为：食品、酒水——餐饮部、财务成本控制部，电子（电脑）设备——电脑部，工程工具、机械设备、各类电器——工程部，其他物品——工程部。

（2）物品报废申请单审核完毕后，送财务部审核，财务部将调查具体报损报废原因，分为客观因素及人为因素。对人为因素造成的报损报废将不执行报损报废程序，并责成相关人员承担相应责任，对确实需要报损报废的，财务部将调查结果报呈总经理，经总经理审批后，报损报废方生效。

（3）未经批准的报损报废物品，各部门不得擅自处理。

（4）报损报废物品如缺少主要零配件，或残余部分少于整体的60%，或拼凑而成的，不予报废。

（5）因申请报损报废部门和财务部工作疏忽、怠慢，导致需赔偿人员在办理离职手续时，没有进行相应的扣款，此经济损失由部门主要负责人承担责任。

（6）批准报损报废物品处理办法。

①食品、酒水：交送财务成本控制部销毁，或由财务成本控制人员到物品存放地点销毁。

②工程工具、机械设备、各类电器：经工程部确认仍有残余价值的，交工程部处理，否则交仓库销毁。

③电子（电脑）设备：经电脑部确认仍有残余价值的，交电脑部处理，否则交仓库销毁。

④其他物品的处理方式同②。

⑤凡与本处理制度相冲突的情况，以本制度为准。

（7）凡经总经理审批后的报损报废物品，财务部做好账目消减及补仓工作。

八、合同管理

1. 合同管理规定

各部门管理人员要提高对合同重要性的认识，组织下属学习合同法规，建立本部门的合同管理规定。

财务部为酒店的合同管理机构，与酒店相关的经济合同都须交一份给财务部存档。

签订经济合同必须采用书面形式，如购销合同、建筑工程合同、加工承揽合同、仓储保管合同、联营合同、承包合同、租赁合同、借款合同、财产保险合同、货物运输合同，以及电、水供应合同。

草拟合同原则上由本酒店人员完成，交法律部门审核并报总经理批准后，方可签订执行。

劳务合同的管理由人事培训部按有关规定执行。

各部门必须加强对合同档案的管理，按管理规定做好合同的分类保管工作，以便对合同进行监督，落实合同的履行。

各部门发生的合同纠纷，应及时报告总经理，与对方协商、谈判，或提起仲裁、诉讼。

2. 合同签订程序

酒店各部门必须征得酒店总经理的批准，且合同经办人必须同时持有"法人授权委托证明书"，方可对外签订合同。

各部门所签订的经济合同，必须加盖酒店的合同专用章后方可生效。合同签订后，须将一份合同正本交财务部保管，财务部定期将合同执行情况列表上报总经理。

凡涉及金额巨大或非常重要的合同，必须由酒店法人代表亲自签订。

九、印章管理

1. 印章保管人员

（1）酒店公章由行政办主任保管。

（2）酒店各部门公章由各部门经理保管。

（3）酒店合同专用章由财务部经理保管。

（4）酒店财务专用章及法人印鉴章分别由财务部经理和总出纳保管。

2. 下列情况可以使用酒店公章

（1）以酒店名义对外发出的公文。

（2）以酒店名义对外联系、商洽业务工作的介绍信、证明信等。

（3）以酒店名义与有关单位签署的合同、协议等。

（4）本单位职工办理私事，确需酒店出具的证明信等。

（5）经总经理批准的其他需要使用印章的信函。

凡以上情况需使用酒店公章，须经总经理书面批准后交行政办盖章。使用部门公章须经部门经理书面批准。凡与外单位签订合同需使用合同专用章时，须经法人代表在合同上签字后交财务部盖章。

3. 其他事项

（1）各部门因工作需要刻制印章，应事先提出书面申请，经部门经理签字同意，报财务部经理及总经理批准后，统一刻制（申请中必须注明印章名称、形状、规格、用途），刻制完成后交行政办留底。

（2）印章必须妥善保管，随用随取，用后立即放回原处，及时上锁。

（3）作废印章要及时上交行政办封存。

（4）未经主管领导批准，印章保管人员不得委托他人代为保管及使用印章，不得将印章携带出办公室。

十、财务部人事管理制度

为了完善财务部内部管理机制，提高财务人员的工作效率，增强财务人员的责任心，使财务工作日趋规范化，特制定以下制度。

1. 学习及培训制度

（1）财务人员的基本要求：忠诚、细致、专业，有责任心。

（2）财务人员要不断更新知识，培养学习热情，提高业务素质，以良好的精神面貌、较强的工作能力服务于酒店。

（3）财务人员要熟练掌握岗位职责及工作程序。

（4）财务人员应积极参加酒店或部门组织的各项业务培训，提高业务技能。

（5）吸收同行业的好的财务管理方法，不断完善本酒店的财务工作。

2. 考勤制度

（1）财务人员必须按酒店规定的时间按时打卡上班，如因加班、疾病、事假、公差、外勤等原因未能打卡，应向所在部门主管报告，以便核查。不得私自涂卡，不得帮他人或托人打卡，否则按人事部考勤管理制度处罚。

（2）财务办公室所有工作人员由财务部文员考勤，收银员由收银主管考勤，仓库由仓库主管考勤，采购部由文员考勤，计算机房由计算机房主管考勤。

（3）在工作时间内未经部门主管批准，不得无故离开工作岗位或早退。

（4）每日工作时间不得少于8小时。

（5）迟到、早退、旷工等违纪情况按人事部考勤管理制度的相关规定处理。

3. 请假制度

（1）财务人员无论因何种原因需请假时都必须填写假期申请表，申请表经逐级审批备案后方能生效，凡没有填写申请表休假者，一律按旷工处理。

（2）财务人员不可借用其他员工的公假，否则后果自负。对于无特殊原因而超假的，一律按旷工或自动离职处理。

（3）原则上不准擅自调休，如有特殊情况调休的，需经部门主管同意后方可调整班次。

（4）如果遇到特殊情况，不能按时上班，应先电话请假，事后再补办有关手续。

（5）1天内假期由部门主管批准，2天内假期由部门经理批准，2天以上假期需人事部批准。

4. 工作及奖罚制度

（1）认真审核各类账单、报表、单据、凭证，发现异常情况及时向上司汇报，否则，造成的一切损失由当事财务人员负责。

（2）按公司规定同各部门办理单据交接登记手续，否则，发生单据遗失等情况，由当事财务人员负责。

（3）业务不熟，又不请示上司，擅自作主，给公司造成损失的，处罚损失金额的两倍，情节严重的予以辞退。

（4）工作不负责，致使不法分子钻漏洞，给公司造成经济损失的，处罚损失金额的两倍，情节严重的予以辞退。

（5）作弊、包庇作弊、串通舞弊者，予以辞退，情节严重的报公安机关处置。

（6）不服从上司的工作安排，坚持自我主张的，一经发现，第一次口头警告，第二次书面警告，第三次严重警告并通告批评，情节严重的予以辞退。

（7）上班时间不得串岗到其他部门闲谈，屡教不改的予以书面警告。

（8）不得以权谋私，损公肥私；不得随意接受供货商或客户的吃请；不得非法行贿、索贿、受贿，不得私藏小费，不得私自兑换外币等，否则，视情节轻重予以严肃处理。

（9）凡被签黄单警告者，每次罚款30元，月累计被签单3次以上者，予以辞退。

（10）工作积极努力者，拾金不昧者，举报违章乱纪者，为本部门提出良好建议被采纳者，为公司增收节支、减少成本、费用开支作出突出贡献者，上报公司予以嘉奖。

第四部分

经济业务原始单据及操作指导

1月份经济业务说明如下。

业务日期	凭证号	凭证总金额	业务说明	附件明细	
				票据	金额
2020-1-8	记0001	30,000,000.00	收到投资款	招行－收款回单－华问集团	12,000,000.00
				招行－收款回单－九州华问金属制品有限公司	18,000,000.00
				投资协议书	－
2020-1-8	记0002	7,200,000.00	支付装修款	招行－付款回单－尚品装饰装修有限公司	7,200,000.00
				增值税专用发票01434295#	7,200,000.00
				装修合同	－

日期	凭证号	金额	摘要	附件	金额
2020-1-8	记0003	3,545,114.00	购入固定资产一批	招行－付款回单－科美威环保机电设备有限公司	510,000.00
				招行－付款回单－九州瑞丰汽车销售有限公司	685,921.00
				招行－付款回单－江西好友有限责任公司	80,000.00
				招行－付款回单－九州中港厨具有限公司	14,143.00
				招行－付款回单－九州亚泰电器有限公司	697,850.00
				招行－付款回单－九州宜嘉家具有限公司	1,545,520.00
				招行－付款回单－九州乐彩办公设备有限公司	11,680.00
				增值税专用发票04357886#、04026087#、02155685#、04216287#、03267784#、03210389#、03107198#	3,545,114.00
				宜嘉增值税发票清单	-
2020-1-8	记0004	43,503.30	采购低耗品一批（热水壶、吹风机为客房部用品，其余均为餐饮部用品）	招行－付款回单－鑫益酒店用品有限公司	43,503.30
				增值税专用发票02327804#	43,503.30
				鑫益增值税发票清单	-
2020-1-13	记0005	69,000.00	提取备用金	招行－现金支票存根90077041#	69,000.00
2020-1-13	记0006	3,800.00	支付购买开业烟花、礼花费用	增值税普通发票01314708#	3,800.00
2020-1-13	记0007	23,536.00	支付筹办期间水电费	增值税专用发票01021842#、01321814#	23,536.00
				招行－付款回单－九州水业集团有限责任公司	3,736.00
				招行－付款回单－国家电网九州供电总公司	19,800.00
2020-1-13	记0008	277,500.00	支付1月份租金（办公室5%，客房部70%，餐饮部10%，桑拿部5%，商超部10%）	增值税专用发票03125786#	277,500.00
				招行－付款回单－九州茂苑物业管理有限公司	277,500.00
				租赁合同	-

日期	凭证号	金额	摘要	附件	金额
2020-1-13	记0009	42,418.70	采购菜金	增值税专用发票 02201435#、01134078#、02857091#、04158117#、03569078#	42,418.70
				昌盛增值税发票清单	14177.40
				诚泰增值税发票清单	8557.50
				丰盛增值税发票清单	6631.90
				永盛增值税发票清单	6805.10
				仲祥增值税发票清单	6246.80
				销货单昌盛7张，诚泰8张，丰盛13张，永盛6张，仲祥2张	-
2020-1-13	记0010	6,000.00	拨付备用金（客房部3000,餐饮部1000,商超部1000,桑拿部1000	备用金拨付单	6,000.00
2020-1-13	记0011	116,000.00	收到客房押金（01.09-01.13日）	收银员入账项目日报表	116,000.00
2020-1-13	记0012	8,834.00	退押金	附件见0011#	8,834.00
2020-1-13	记0013	185,508.00	01-09至01-13收入	每日收入晨报表	185,508.00
				增值税专用发票02100013#	24,360.00
2020-1-13	记0014	2,000.00	支付广告费（客房部）	增值税普通发票02125617#	2,000.00
				招行－付款回单－真彩文化有限公司	2,000.00
2020-1-13	记0015	100.00	餐饮部现金短款	现金盘点单	100.00
2020-1-13	记0016	100.00	赔偿餐饮部现金短款	库存现金盘点报告单	100.00
2020-1-13	记0017	600.00	购买办公用品	增值税普通发票04012483#	600.00
2020-1-13	记0018	2,000.00	郑武借支差旅费	借款单－总经办－郑武	2,000.00

日期	凭证号	金额	摘要	附件	金额
2020-1-13	记0019	1,800.00	支付餐饮部消毒服务费（餐饮部）	增值税普通发票03134112#	1,800.00
				招行-付款回单-长谐企业管理服务有限公司	1,800.00
2020-1-13	记0020	790.00	购玻璃水及拖把等（客房部）	增值税普通发票03451102#	790.00
2020-1-13	记0021	420.00	支付餐饮部维修材料费（餐饮部）	增值税普通发票02140529#	420.00
2020-1-13	记0022	39,866.00	现金存入银行	招行-现金单	39,866.00
2020-1-20	记0023	70,000.00	提取备用金	招行-现金支票存根90077042#	70,000.00
2020-1-20	记0024	85,300.00	收到客房押金（01.14-01.20日）	收银员入账项目日报表	85,300.00
2020-1-20	记0025	1,000.00	收到酒席押金	华问国际酒店有限公司收据 NO.001888	1,000.00
2020-1-20	记0026	9,054.00	退押金	附件见0025#	9,054.00
2020-1-20	记0027	271,374.00	01-14至01-20收入	每日收入晨报表	271,374.00
				增值税专用发票02100014#、02100015#	82,440.00
2020-1-20	记0028	28,050.67	采购菜金	增值税专用发票02201438#、01134088#、02857097#、04158123#	28,050.67
				诚泰增值税发票清单	7548.97
				丰盛增值税发票清单	5784.47
				永盛增值税发票清单	3078.57
				销货单昌盛7张，诚泰7张，丰盛14张，永盛7张	-
2020-1-20	记0029	2,218.00	报销差旅费	差旅费报销单-郑武	2,218.00
2020-1-20	记0030	5,094.90	支付电话费（电话号码尾号对应部门：3915办公室、3916餐饮部、3917客房部、3918桑拿部、3919商超部）	增值税专用发票01240780#、01240781#、01240782#、01240783#、01240784#	5,094.90

日期	凭证号	金额	摘要	原始单据	金额
2020-1-20	记0031	24,360.00	收到易彩旅行社账款	招行-收款回单-易彩旅行社	24,360.00
2020-1-20	记0032	1,200.00	支付交通违章罚款	九州市代收罚没收入票据01205742#	1,200.00
2020-1-20	记0033	21,900.00	采购员工劳保用品一批	增值税普通发票03157113#	21,900.00
				招行-付款回单-九州玄艺服装有限公司	21,900.00
2020-1-20	记0034	46,130.00	商超部采购商品一批	增值税专用发票01120987#	46,130.00
				福泰增值税发票清单	46,130.00
				九州华问国际酒店有限公司入库单19020001#	46,130.00
				招行-付款回单-福泰日用瓷器有限公司	40,823.01
2020-1-20	记0035	1,000.00	没收押金转收入	—	1,000.00
2020-1-20	记0036	2,000.00	支付加油费	费用报销单-程冬冬	2,000.00
2020-1-20	记0037	3,150.00	支付招待费	增值税普通发票01103213#	3,150.00
2020-1-20	记0038	37,595.15	支付汽车保险费	增值税专用发票04107392#、04107393#	37,595.15
				招行-付款回单-中国平安财产保险股份有限公司九州分公司	37,595.15
2020-1-20	记0039	285.00	购药品一批（餐饮部）	增值税普通发票01182035#	285.00
2020-1-20	记0040	1,449.00	支付员工办理健康证费用	九州市非税收入一般缴款书	1,449.00
2020-1-20	记0041	1,449.00	计提福利费（餐饮部）		1,449.00
2020-1-20	记0042	299.00	餐饮部采购一台电磁炉（餐饮部）	增值税普通发票01022683#	299.00
2020-1-20	记0043	596.00	员工报销医药费	九州市医院住院费（结算）收据	596.00
2020-1-20	记0044	596.00	计提员工福利费（客房部）		596.00
2020-1-20	记0045	420.00	支付餐饮部维修费（餐饮部）	增值税普通发票02140541#	420.00
2020-1-20	记0046	104,788.00	现金存入银行	招行-现金单	104,788.00

2020-1-27	记0047	105,100.00	收到客房押金（01.21-01.27日）	收银员入账项目日报表	105,100.00
2020-1-27	记0048	9,732.00	退押金	附件见0047#	9,732.00
2020-1-27	记0049	319,712.00	01-21至01-27收入	每日收入晨报表	319,712.00
				增值税专用发票02100016#、02100017#	58,923.00
2020-1-27	记0050	133,368.00	收到易彩旅行社账款	招行-收款回单-北京易彩旅行社	79,440.00
				招行-收款回单-北京易彩旅行社	53,928.00
2020-1-27	记0051	23,213.18	采购菜金	增值税专用发票02201465#、01134115#、02857113#、04158134#	23,213.18
				诚泰增值税发票清单	6,012.16
				丰盛增值税发票清单	2,395.31
				销货单昌盛7张，诚泰8张，丰盛9张，永盛6张	—
2020-1-27	记0052	71,880.00	商超部采购商品一批	增值税专用发票01121102#	71,880.00
				福泰增值税发票清单	71,880.00
				九州华问国际酒店有限公司入库单19020002#	71,880.00
				招行-付款回单-福泰日用瓷器有限公司	71,880.00
2020-1-27	记0053	3000.00	支付律师咨询费	增值税普通发票04157982#	3,000.00
				招行-付款回单-九州京师律师事务所	3,000.00
2020-1-27	记0054	3,500.00	支付员工聚餐费	增值税普通发票03116224#	3,500.00
2020-1-27	记0055	3,500.00	计提员工福利费		3,500.00
2020-1-27	记0056	40,000.00	提取备用金	招行-现金支票存根90077043#	40,000.00
2020-1-27	记0057	2,000.00	支付消防罚款	九州市代收罚没收入票据01205792#	2,000.00
2020-1-27	记0058	58,392.00	现金存入银行	招行-现金单	58,392.00
2020-1-31	记0059	259.50	支付银行手续费	招行-收费回单	259.50

日期	凭证号	金额	摘要	附件	金额
2020-1-31	记0060	65,800.00	收到客房押金（01.28-01.31日）	收银员入账项目日报表	65,800.00
2020-1-31	记0061	6,798.00	退押金	附件见0060#	6,798.00
2020-1-31	记0062	89,317.00	01-28至01-31收入	每日收入晨报表	89,317.00
2020-1-31	记0063	15,608.42	采购菜金	增值税专用发票02201479#、01134127#、02857124#、04158147#、03569099#	15,608.42
				昌盛增值税发票清单	6,891.87
				诚泰增值税发票清单	2,630.64
				丰盛增值税发票清单	1,433.81
				仲祥增值税发票清单	3,976.36
				销货单昌盛5张，诚泰4张，丰盛4张，永盛3张，仲祥1张	—
2020-1-31	记0064	20,286.00	支付1月份客房部洗涤费（客房部）	增值税普通发票02125576#	20,286.00
				招行-付款回单-九州玉洁洗涤有限公司	20,286.00
2020-1-31	记0065	4,600.00	支付1月份餐饮部清洗费（餐饮部）	增值税普通发票04137082#	4,600.00
				招行-付款回单-奥康餐具清洁有限公司	4,600.00
2020-1-31	记0066	8,876.64	POS机手续费	招行-收费回单	8,876.64
2020-1-31	记0067	130,774.00	现金存入银行	招行-现金单	130,774.00
2020-1-31	记0068	3,000.00	支付员工培训费	增值税专用发票14581128#	3,000.00
				招行-付款回单-上海起点企业管理顾问有限公司	3,000.00
2020-1-31	记0069	2,830.19	计提教育经费		2,830.19
2020-1-31	记0070	203,100.00	计提1月份工资	工资汇总表	203,100.00
2020-1-31	记0071	25,592.10	代扣个人应交社会保险费、住房公积金	附件见0070#	25,592.10
2020-1-31	记0072	44,728.56	计提本月社会保险	社会保险及住房公积金计算汇总表	44,728.56

2020-1-31	记0073	8,970.00	计提本月住房公积金	附件见0072#	8,970.00
2020-1-31	记0074	9,918.58	计提1月份水费	自制-水费分摊表	9,918.58
2020-1-31	记0075	52,566.37	计提1月份电费	自制-电费分摊表	52,566.37
2020-1-31	记0076	110,438.88	开办费摊销	-	110,438.88
2020-1-31	记0077	210,000.00	向银行借款（借款$30000，当日市场汇率$1=￥7，年利率8%）	招商银行借款凭证	210,000.00
				中行-电子回单	210,000.00
				借款合同	
2020-1-31	记0078	74,720.18	结转餐饮部成本	盘点表	-
				自制-结转餐饮部成本表	74,720.18
2020-1-31	记0079	45,664.24	结转商超部商品成本	自制-结转商超部商品成本表	45,664.24
				九州华问国际酒店有限公司销货单19010001#	135,800.00
2020-1-31	记0080	809,960.97	结转期间损益		809,960.97
2020-1-31	记0081	971,613.13	结转期间损益	-	971,613.13

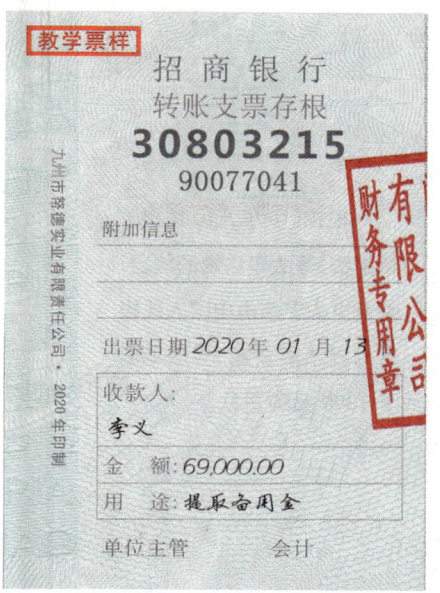
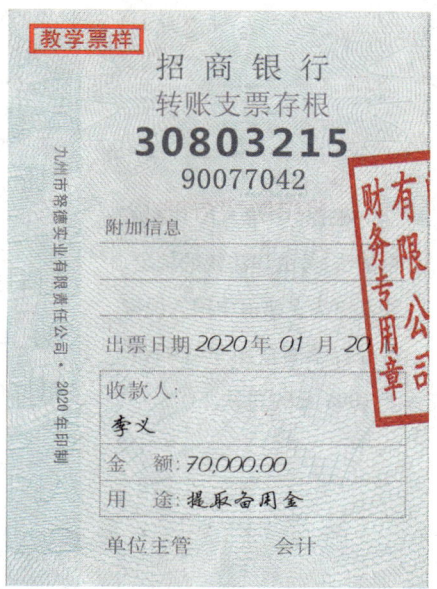
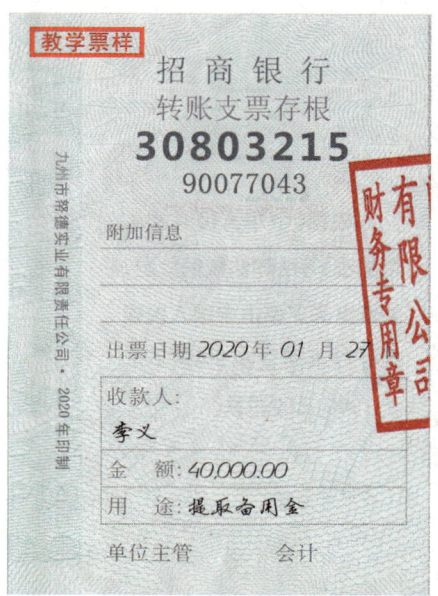

教学票样 九州丰盛果蔬批发部　　销货单

地址：九州市朱桥东路2号
No.1101006
电话：011-62971834
２０２０年０１月１０日

名　　称	规格	单位	数量	单价	金额
攸县香干		斤	7.00	15.55	108.85
白豆腐		斤	5.00	4.15	20.73
菠菜		斤	15.00	3.11	46.65
花菜		斤	5.00	2.90	14.51
闽笋		斤	10.00	22.55	225.49
青美人椒		斤	10.00	4.67	46.65
日本青瓜仔		斤	20.00	4.15	82.94
腊肠		斤	10.00	39.39	393.94
无籽西瓜		斤	48.00	3.11	149.28
合　计 人民币（大写）零 萬 壹 仟 零 佰 捌 拾 玖 元 零 角 肆 分					￥：1089.04

开单：　　　　　　核准：李文华　　　　收货人签字：王文川

②客户

教学票样 九州丰盛果蔬批发部　　销货单

地址：九州市朱桥东路2号
No.1101007
电话：011-62971834
２０２０年０１月１１日

名　　称	规格	单位	数量	单价	金额
玉米粒		斤	10.00	4.67	46.65
长豆角		斤	10.00	4.15	41.47
菠菜		斤	15.00	3.11	46.65
花菜		斤	15.00	2.90	43.54
腐竹		斤	5.00	20.73	103.67
芋头		斤	10.00	1.66	16.59
茄子		斤	15.00	1.87	27.99
大青尖椒		斤	5.00	2.07	10.37
红美人椒		斤	5.00	5.18	25.92
合　计 人民币（大写）零 萬 零 仟 叁 佰 陆 拾 贰 元 捌 角 伍 分					￥：362.85

开单：　　　　　　核准：李文华　　　　收货人签字：王文川

②客户

九州丰盛果蔬批发部

销货单

[教学票样]

地址：九州市朱桥东路2号
电话：011-62971834

No.1101008
２０２０年０１月１１日

名　称	规格	单位	数量	单价	金额
日本青瓜仔		斤	20.00	4.15	82.94
蒜苗		斤	5.00	3.42	17.11
葱肉		斤	3.00	3.11	9.33
九头木瓜		斤	15.00	4.15	62.20
国产橙		斤	10.00	1.87	18.66
无籽西瓜		斤	62.00	3.11	192.83
香蕉		斤	10.00	1.56	15.55

合　计
人民币（大写）零 萬 零 仟 叁 佰 玖 拾 捌 元 陆 角 贰 分　　￥：398.62

开单：　　　　　核准：李文华　　　　　收货人签字：王文川

②客户

九州丰盛果蔬批发部

销货单

[教学票样]

地址：九州市朱桥东路2号
电话：011-62971834

No.1101009
２０２０年０１月１２日

名　称	规格	单位	数量	单价	金额
玉米粒		斤	20.00	4.67	93.30
长豆角		斤	10.00	4.15	41.47
白豆腐		斤	10.00	4.15	41.47
菠菜		斤	15.00	3.11	46.65
花菜		斤	15.00	2.90	43.54
金针菇		斤	5.00	3.63	18.15
闽笋		斤	10.00	22.55	225.49
芋头		斤	10.00	1.66	16.59
茄子		斤	15.00	1.87	27.99

合　计
人民币（大写）零 萬 零 仟 伍 佰 伍 拾 肆 元 陆 角 伍 分　　￥：554.65

开单：　　　　　核准：李文华　　　　　收货人签字：王文川

②客户

九州丰盛果蔬批发部 销货单

教学票样

地址：九州市朱桥东路2号
电话：011-62971834

No.1101010
2020年01月12日

名 称	规 格	单 位	数 量	单 价	金 额
朝天椒		斤	5.00	7.26	36.28
大青尖椒		斤	10.00	2.07	20.73
青美人椒		斤	10.00	4.67	46.65
红美人椒		斤	10.00	5.18	51.83
日本青瓜仔		斤	20.00	4.15	82.94
蒜苗		斤	5.00	3.42	17.11
九头木瓜		斤	10.00	4.15	41.47
国产橙		斤	10.00	1.87	18.66
无籽西瓜		斤	30.00	3.11	93.30

合 计 人民币（大写）零 萬 零 仟 肆 佰 零 拾 捌 元 玖 角 柒 分　　￥：408.97

开单：　　　　　核准：李文华　　　　收货人签字：王文川

②客户

九州丰盛果蔬批发部 销货单

教学票样

地址：九州市朱桥东路2号
电话：011-62971834

No.1101011
2020年01月12日

名 称	规 格	单 位	数 量	单 价	金 额
有籽西瓜		斤	10.00	3.11	31.10

合 计 人民币（大写）零 萬 零 仟 零 佰 叁 拾 壹 元 壹 角 零 分　　￥：31.10

开单：　　　　　核准：李文华　　　　收货人签字：王文川

②客户

九州丰盛果蔬批发部 销货单

[教学票样]

地址：九州市朱桥东路2号
电话：011-62971834

No.1101012
2020年01月13日

名称	规格	单位	数量	单价	金额
攸县香干		斤	7.00	15.55	108.85
菠菜		斤	15.00	3.11	46.65
芋头		斤	10.00	1.66	16.59
青美人椒		斤	10.00	4.67	46.65
日本青瓜仔		斤	20.00	4.15	82.94
蒜苗		斤	5.00	3.42	17.11
蒜肉		斤	20.00	1.35	26.95
葱肉		斤	3.00	3.11	9.33
国产橙		斤	10.00	1.87	18.66
合计人民币（大写）零萬零仟叁佰柒拾叁元柒角叁分					￥：373.73

开单： 核准：李文华 收货人签字：王文川

②客户

九州丰盛果蔬批发部 销货单

[教学票样]

地址：九州市朱桥东路2号
电话：011-62971834

No.1101013
2020年01月13日

名称	规格	单位	数量	单价	金额
有籽西瓜		斤	22.00	3.11	68.42
合计人民币（大写）零萬零仟零佰陆拾捌元肆角贰分					￥：68.42

开单： 核准：李文华 收货人签字：王文川

②客户

九州丰盛果蔬批发部 销货单

[教学票样]

地址：九州市朱桥东路2号
电话：011-62971834

No.1101001
2020年01月09日

名 称	规 格	单 位	数 量	单 价	金 额
玉米粒		斤	10.00	4.67	46.65
攸县香干		斤	5.00	15.55	77.75
长豆角		斤	10.00	4.15	41.47
白豆腐		斤	10.00	4.15	41.47
白辣椒		斤	10.00	3.63	36.28
干豆角		斤	15.00	11.36	170.43
干椒节		斤	20.00	4.91	98.28
菠菜		斤	15.00	3.11	46.65
花菜		斤	10.00	2.90	29.03
合 计 人民币（大写）零萬 零仟 伍佰 捌拾 捌元 零角 壹分					￥：588.01

开单： 核准：李文华 收货人签字：王文川

②客户

九州丰盛果蔬批发部 销货单

[教学票样]

地址：九州市朱桥东路2号
电话：011-62971834

No.1101002
2020年01月09日

名 称	规 格	单 位	数 量	单 价	金 额
金针菇		斤	10.00	3.63	36.28
腐竹		斤	5.00	20.73	103.67
鲜口菇		斤	4.00	5.70	22.81
芋头		斤	10.00	1.66	16.59
茄子		斤	15.00	1.87	27.99
朝天椒		斤	10.00	7.26	72.57
大青尖椒		斤	10.00	2.07	20.73
青美人椒		斤	10.00	4.67	46.65
红美人椒		斤	10.00	5.18	51.83
合 计 人民币（大写）零萬 零仟 叁佰 玖拾 玖元 壹角 贰分					￥：399.12

开单： 核准：李文华 收货人签字：王文川

②客户

九州丰盛果蔬批发部 销货单

[教学票样]

地址：九州市朱桥东路2号
电话：011-62971834

No.1101003
2020年01月09日

名　称	规　格	单位	数　量	单价	金　额
大红椒		斤	5.00	6.74	33.70
日本青瓜仔		斤	20.00	4.15	82.94
蒜苗		斤	5.00	3.42	17.11
蒜肉		斤	20.00	1.35	26.95
葱肉		斤	5.00	3.11	15.55
大黑木耳		斤	10.00	12.44	124.40
河南粉皮		斤	20.00	6.74	134.77
乾中细米粉		包	30.00	5.18	155.50
大熟木瓜		斤	6.50	3.32	21.56

合计人民币（大写）零萬零仟陆佰壹拾贰元肆角捌分　￥612.48

开单：　　　核准：李文华　　　收货人签字：王文川

②客户

九州丰盛果蔬批发部 销货单

[教学票样]

地址：九州市朱桥东路2号
电话：011-62971834

No.1101004
2020年01月09日

名　称	规　格	单位	数　量	单价	金　额
进口黄柠檬		个	10.00	2.07	20.73
国产橙		斤	15.00	1.87	27.99
台农芒果		斤	6.00	5.70	34.21
无籽西瓜		斤	56.00	3.11	174.17
有籽西瓜		斤	50.00	3.11	155.50
香蕉		斤	10.00	1.56	15.55
榴莲		斤	12.00	7.25	86.99
木瓜汁		瓶	1.00	60.13	60.13
新的橙汁		瓶	10.00	31.10	311.01

合计人民币（大写）零萬零仟捌佰捌拾陆元贰角捌分　￥886.28

开单：　　　核准：李文华　　　收货人签字：王文川

②客户

销货单 No.1101005

九州丰盛果蔬批发部
地址：九州市朱桥东路2号
电话：011-62971834
2020年01月09日

名称	规格	单位	数量	单价	金额
新的柠檬汁		瓶	10.00	31.10	311.01

合计人民币（大写）零萬 零仟 叁佰 壹拾 壹元 零角 壹分　￥：311.01

开单：　　核准：李文华　　收货人签字：王文川

销货单 No.1101014

九州丰盛果蔬批发部
地址：九州市朱桥东路2号
电话：011-62971834
2020年01月14日

名称	规格	单位	数量	单价	金额
玉米粒		斤	10.00	4.67	46.65
攸县香干		斤	10.00	15.55	155.50
菠菜		斤	15.00	3.11	46.65
花菜		斤	20.00	2.90	58.06
芋头		斤	10.00	1.66	16.59
茄子		斤	15.00	1.87	27.99
大青尖椒		斤	10.00	2.07	20.73
青美人椒		斤	10.00	4.67	46.65
日本青瓜仔		斤	20.00	4.15	82.94

合计人民币（大写）零萬 零仟 伍佰 零拾 壹元 柒角 陆分　￥：501.76

开单：　　核准：李文华　　收货人签字：王文川

九州丰盛果蔬批发部 销货单

[教学票样]

地址：九州市朱桥东路2号
电话：011-62971834

No. 1101015
2020年01月14日

名　称	规　格	单位	数量	单价	金额
无籽西瓜		斤	30.00	3.11	93.30
香蕉		斤	10.00	1.56	15.55

合　计
人民币（大写）零萬 零仟 壹佰 零拾 捌元 捌角 伍分　　￥：108.85

开单：　　　　　核准：李文华　　　　收货人签字：王文川

②客户

九州丰盛果蔬批发部 销货单

[教学票样]

地址：九州市朱桥东路2号
电话：011-62971834

No. 1101016
2020年01月15日

名　称	规　格	单位	数量	单价	金额
玉米粒		斤	10.00	4.67	46.65
长豆角		斤	15.00	4.15	62.20
白豆腐		斤	10.00	4.15	41.47
菠菜		斤	15.00	3.11	46.65
花菜		斤	20.00	2.90	58.06
闽笋		斤	10.00	22.55	225.49
芋头		斤	10.00	1.66	16.59
茄子		斤	15.00	1.87	27.99
大青尖椒		斤	10.00	2.07	20.73

合　计
人民币（大写）零萬 零仟 伍佰 肆拾 伍元 捌角 叁分　　￥：545.83

开单：　　　　　核准：李文华　　　　收货人签字：王文川

②客户

九州丰盛果蔬批发部 销货单

地址：九州市朱桥东路2号
电话：011-62971834
No.1101017
2020年01月15日

名　　称	规　格	单位	数量	单价	金额
青美人椒		斤	10.00	4.67	46.65
红美人椒		斤	10.00	5.18	51.83
日本青瓜仔		斤	20.00	4.15	82.94
蒜苗		斤	5.00	3.42	17.11
国产橙		斤	10.00	1.87	18.66
合　计 人民币	（大写）零萬零仟贰佰壹拾柒元壹角玖分				￥：217.19

开单：　　　　核准：李文华　　　　收货人签字：王文川

九州丰盛果蔬批发部 销货单

地址：九州市朱桥东路2号
电话：011-62971834
No.1101018
2020年01月16日

名　　称	规　格	单位	数量	单价	金额
玉米粒		斤	10.00	4.67	46.65
长豆角		斤	10.00	4.15	41.47
白豆腐		斤	10.00	4.15	41.47
白辣椒		斤	10.00	3.63	36.28
干豆角		斤	10.00	11.36	113.62
干椒节		斤	10.00	4.91	49.14
菠菜		斤	15.00	3.11	46.65
花菜		斤	10.00	2.90	29.03
朝天椒		斤	5.00	7.26	36.28
合　计 人民币	（大写）零萬零仟肆佰肆拾零元伍角玖分				￥：440.59

开单：　　　　核准：李文华　　　　收货人签字：王文川

九州丰盛果蔬批发部　销货单

教学票样

地址：九州市朱桥东路2号
电话：011-62971834

No.1101019
２０２０年０１月１６日

名　称	规　格	单　位	数　量	单　价	金　额
大青尖椒		斤	10.00	2.07	20.73
青美人椒		斤	10.00	4.67	46.65
大熟木瓜		斤	5.00	3.32	16.59

合　计
人民币（大写）零萬 零仟 零佰 捌拾 叁元 玖角 柒分　　￥：83.97

开单：　　　　　核准：李文华　　　　收货人签字：王文川

② 客户

九州丰盛果蔬批发部　销货单

教学票样

地址：九州市朱桥东路2号
电话：011-62971834

No.1101020
２０２０年０１月１７日

名　称	规　格	单　位	数　量	单　价	金　额
攸县香干		斤	5.00	15.55	77.75
长豆角		斤	10.00	4.15	41.47
白豆腐		斤	10.00	4.15	41.47
菠菜		斤	15.00	3.11	46.65
花菜		斤	10.00	2.90	29.03
闽笋		斤	10.00	22.55	225.49
茄子		斤	10.00	1.87	18.66
大青尖椒		斤	10.00	2.07	20.73
日本青瓜仔		斤	20.00	4.15	82.94

合　计
人民币（大写）零萬 零仟 伍佰 捌拾 肆元 壹角 玖分　　￥：584.19

开单：　　　　　核准：李文华　　　　收货人签字：王文川

② 客户

九州丰盛果蔬批发部 销货单

教学票样

地址：九州市朱桥东路2号
电话：011-62971834

No.1101021
2020年01月17日

名称	规格	单位	数量	单价	金额
蒜肉		斤	20.00	1.35	26.95
腊肠		斤	5.00	39.39	196.97

合计人民币（大写）零萬零仟贰佰贰拾叁元玖角贰分　￥：223.92

开单：　　　　核准：李文华　　　收货人签字：王文川

九州丰盛果蔬批发部 销货单

教学票样

地址：九州市朱桥东路2号
电话：011-62971834

No.1101022
2020年01月18日

名称	规格	单位	数量	单价	金额
玉米粒		斤	10.00	4.67	46.65
攸县香干		斤	5.00	15.55	77.75
长豆角		斤	10.00	4.15	41.47
白豆腐		斤	10.00	4.15	41.47
菠菜		斤	20.00	3.11	62.20
花菜		斤	10.00	2.90	29.03
闽笋		斤	10.00	22.55	225.49
芋头		斤	10.00	1.66	16.59
腊肠		斤	10.00	39.39	393.94

合计人民币（大写）零萬零仟玖佰叁拾肆元伍角玖分　￥：934.59

开单：　　　　核准：李文华　　　收货人签字：王文川

九州丰盛果蔬批发部

[教学票样]

地址：九州市朱桥东路2号
电话：011-62971834

销货单
No.1101023
2020年01月18日

名称	规格	单位	数量	单价	金额
九头木瓜		斤	5.00	4.15	20.73

合计人民币（大写）零萬 零仟 零佰 贰拾 零元 柒角 叁分　　￥：20.73

开单：　　　核准：李文华　　　收货人签字：王文川

②客户

九州丰盛果蔬批发部

[教学票样]

地址：九州市朱桥东路2号
电话：011-62971834

销货单
No.1101024
2020年01月19日

名称	规格	单位	数量	单价	金额
玉米粒		斤	10.00	4.67	46.65
攸县香干		斤	5.00	15.55	77.75
长豆角		斤	10.00	4.15	41.47
白豆腐		斤	10.00	4.15	41.47
菠菜		斤	20.00	3.11	62.20
花菜		斤	10.00	2.90	29.03
闽笋		斤	10.00	22.55	225.49
芋头		斤	10.00	1.66	16.59
茄子		斤	10.00	1.87	18.66

合计人民币（大写）零萬 零仟 伍佰 伍拾 玖元 叁角 壹分　　￥：559.31

开单：　　　核准：李文华　　　收货人签字：王文川

②客户

九州丰盛果蔬批发部　　　　销货单

地址：九州市朱桥东路2号　　　No.1101025
电话：011-62971834　　　　　2020年01月19日

名　称	规格	单位	数　量	单价	金　额
青美人椒		斤	10.00	4.67	46.65
红美人椒		斤	5.00	5.18	25.92
日本青瓜仔		斤	10.00	4.15	41.47
蒜苗		斤	5.00	3.42	17.11
大黑木耳		斤	5.00	12.44	62.20
香蕉		斤	5.00	1.56	7.78

合　计 人民币（大写）零萬零仟贰佰零拾壹元壹角叁分　　￥：201.13

开单：　　　核准：李文华　　　收货人签字：王文川

九州丰盛果蔬批发部　　　　销货单

地址：九州市朱桥东路2号　　　No.1101026
电话：011-62971834　　　　　2020年01月20日

名　称	规格	单位	数　量	单价	金　额
玉米粒		斤	10.00	4.67	46.65
攸县香干		斤	5.00	15.55	77.75
长豆角		斤	10.00	4.15	41.47
白豆腐		斤	10.00	4.15	41.47
菠菜		斤	15.00	3.11	46.65
花菜		斤	10.00	2.90	29.03
闽笋		斤	10.00	22.55	225.47
茄子		斤	10.00	1.87	18.65
大青尖椒		斤	5.00	2.07	10.37

合　计 人民币（大写）零萬零仟伍佰叁拾柒元伍角壹分　　￥：537.51

开单：　　　核准：李文华　　　收货人签字：王文川

九州丰盛果蔬批发部

销货单

地址：九州市朱桥东路2号
电话：011-62971834

No.1101027
2020年01月20日

名　　称	规　格	单　位	数　量	单　价	金　额
青美人椒		斤	10.00	4.66	46.64
日本青瓜仔		斤	10.00	4.15	41.47
大黑木耳		斤	5.00	12.44	62.20
腊肠		斤	5.00	39.39	196.97

合　计 人民币（大写）零 萬 零 仟 叁 佰 肆 拾 柒 元 贰 角 捌 分　　￥：347.28

开单：　　　　核准：李文华　　　　收货人签字：王文川

②客户

九州丰盛果蔬批发部

销货单

地址：九州市朱桥东路2号
电话：011-62971834

No.1101028
2020年01月21日

名　　称	规　格	单　位	数　量	单　价	金　额
攸县香干		斤	5.00	15.55	77.75
长豆角		斤	10.00	4.15	41.47
白豆腐		斤	10.00	4.15	41.47
菠菜		斤	15.00	3.11	46.65
花菜		斤	10.00	2.90	29.03
茄子		斤	10.00	1.87	18.66
大青尖椒		斤	5.00	2.07	10.37
青美人椒		斤	10.00	4.67	46.65
日本青瓜仔		斤	10.00	4.15	41.47

合　计 人民币（大写）零 萬 零 仟 叁 佰 伍 拾 叁 元 伍 角 贰 分　　￥：353.52

开单：　　　　核准：李文华　　　　收货人签字：王文川

②客户

九州丰盛果蔬批发部 销货单

[教学票样]

地址：九州市朱桥东路2号
电话：011-62971834

No.1101029
2020年01月22日

名称	规格	单位	数量	单价	金额
玉米粒		斤	10.00	4.67	46.65
攸县香干		斤	5.00	15.55	77.75
长豆角		斤	5.00	4.15	20.73
白豆腐		斤	10.00	4.15	41.47
菠菜		斤	10.00	3.11	31.10
花菜		斤	10.00	2.90	29.03
闽笋		斤	5.00	22.55	112.74
芋头		斤	5.00	1.66	8.29
大青尖椒		斤	5.00	2.07	10.37

合计 人民币（大写）零萬零仟叁佰柒拾捌元壹角叁分　￥：378.13

开单：　　核准：李文华　　收货人签字：王文川

九州丰盛果蔬批发部 销货单

[教学票样]

地址：九州市朱桥东路2号
电话：011-62971834

No.1101030
2020年01月22日

名称	规格	单位	数量	单价	金额
日本青瓜仔		斤	10.00	4.15	41.47
腊肠		斤	5.00	39.39	196.97

合计 人民币（大写）零萬零仟贰佰叁拾捌元肆角肆分　￥：238.44

开单：　　核准：李文华　　收货人签字：王文川

九州丰盛果蔬批发部 销货单

[教学票样]

地址：九州市朱桥东路2号
电话：011-62971834

No.1101031
2020年01月23日

名称	规格	单位	数量	单价	金额
玉米粒		斤	10.00	4.67	46.65
长豆角		斤	5.00	4.15	20.73
白豆腐		斤	10.00	4.15	41.47
菠菜		斤	15.00	3.11	46.65
花菜		斤	5.00	2.90	14.51
芋头		斤	5.00	1.66	8.29
茄子		斤	10.00	1.87	18.66
大青尖椒		斤	5.00	2.07	10.37
青美人椒		斤	10.00	4.67	46.65

合计人民币（大写）零萬 零仟 贰佰 伍拾 叁元 玖角 捌分　￥：253.98

开单：　　核准：李文华　　收货人签字：王文川

②客户

九州丰盛果蔬批发部 销货单

[教学票样]

地址：九州市朱桥东路2号
电话：011-62971834

No.1101032
2020年01月23日

名称	规格	单位	数量	单价	金额
日本青瓜仔		斤	10.00	4.15	41.47

合计人民币（大写）零萬 零仟 零佰 肆拾 壹元 肆角 柒分　￥：41.47

开单：　　核准：李文华　　收货人签字：王文川

②客户

九州丰盛果蔬批发部

[教学票样]

地址：九州市朱桥东路2号
电话：011-62971834

销货单

No.1101033
２０２０年０１月２４日

名　称	规　格	单　位	数　量	单　价	金　额
长豆角		斤	5.00	4.15	20.73
白豆腐		斤	10.00	4.15	41.47
菠菜		斤	15.00	3.11	46.65
闽笋		斤	5.00	22.55	112.74
大青尖椒		斤	5.00	2.07	10.37
日本青瓜仔		斤	10.00	4.15	41.47
腊肠		斤	5.00	39.39	196.97

合　计
人民币（大写）零 萬 零 仟 肆 佰 柒 拾 零 元 肆 角 零 分　　￥：470.40

开单：　　　　　核准：李文华　　　　收货人签字：王文川

②客户

九州丰盛果蔬批发部

[教学票样]

地址：九州市朱桥东路2号
电话：011-62971834

销货单

No.1101034
２０２０年０１月２５日

名　称	规　格	单　位	数　量	单　价	金　额
菠菜		斤	15.00	3.11	46.65
花菜		斤	10.00	2.90	29.03
芋头		斤	10.00	1.66	16.59

合　计
人民币（大写）零 萬 零 仟 零 佰 玖 拾 贰 元 贰 角 柒 分　　￥：92.27

开单：　　　　　核准：李文华　　　　收货人签字：王文川

②客户

九州丰盛果蔬批发部 销货单

教学票样

地址：九州市朱桥东路2号
电话：011-62971834

No.1101035
2020年01月26日

名称	规格	单位	数量	单价	金额
攸县香干		斤	5.00	15.55	77.75
菠菜		斤	5.00	3.11	15.55
日本青瓜仔		斤	5.00	4.15	20.73
合计 人民币（大写）零萬零仟壹佰壹拾肆元零角叁分					¥：114.03

开单： 　　核准：李文华 　　收货人签字：王文川

②客户

九州丰盛果蔬批发部 销货单

教学票样

地址：九州市朱桥东路2号
电话：011-62971834

No.1101036
2020年01月27日

名称	规格	单位	数量	单价	金额
玉米粒		斤	10.00	4.67	46.65
闽笋		斤	5.00	22.55	112.74
大红椒		斤	5.00	6.74	33.68
大黑木耳		斤	5.00	12.44	62.20
合计 人民币（大写）零萬零仟贰佰伍拾伍元贰角柒分					¥：255.27

开单： 　　核准：李文华 　　收货人签字：王文川

②客户

教学票样 **九州丰盛果蔬批发部** 销货单

地址：九州市朱桥东路2号
电话：011-62971834

No.1101037
2020年01月28日

名　称	规　格	单位	数　量	单价	金　额
干椒节		斤	15.00	4.91	73.71
菠菜		斤	5.00	3.11	15.55
花菜		斤	10.00	2.90	29.03
葱肉		斤	5.00	3.11	15.55
腊肠		斤	10.00	39.39	393.94
木瓜汁		瓶	1.00	60.13	60.13

合　计 人民币（大写）零 萬 零 仟 伍 佰 捌 拾 柒 元 玖 角 壹 分　　￥：587.91

开单：　　　　　核准：李文华　　　　收货人签字：王文川

②客户

教学票样 **九州丰盛果蔬批发部** 销货单

地址：九州市朱桥东路2号
电话：011-62971834

No.1101038
2020年01月29日

名　称	规　格	单位	数　量	单价	金　额
攸县香干		斤	5.00	15.55	77.75
鲜口菇		斤	3.00	5.70	17.11
乾中细米粉		包	10.00	5.18	51.83
无籽西瓜		斤	32.50	3.11	101.08

合　计 人民币（大写）零 萬 零 仟 贰 佰 肆 拾 柒 元 柒 角 柒 分　　￥：247.77

开单：　　　　　核准：李文华　　　　收货人签字：王文川

②客户

九州丰盛果蔬批发部 销货单

[教学票样]

地址：九州市朱桥东路2号
电话：011-62971834

No.1101039
2020年01月30日

②客户

名　称	规　格	单位	数量	单价	金额
菠菜		斤	10.00	3.11	31.10
花菜		斤	5.00	2.90	14.51
腐竹		斤	5.00	20.73	103.67
闽笋		斤	5.00	22.55	112.74
芋头		斤	10.00	1.66	16.59
日本青瓜仔		斤	10.00	4.15	41.47
大黑木耳		斤	5.00	12.44	62.20
进口黄柠檬		个	5.00	2.07	10.37
台农芒果		斤	3.00	5.70	17.11
合　计 人民币（大写）零萬 零仟 肆佰 零拾 玖元 柒角 陆分					￥：409.76

开单： 　　　　核准：李文华　　　收货人签字：王文川

九州丰盛果蔬批发部 销货单

[教学票样]

地址：九州市朱桥东路2号
电话：011-62971834

No.1101040
2020年01月31日

②客户

名　称	规　格	单位	数量	单价	金额
玉米粒		斤	10.00	4.67	46.65
菠菜		斤	5.00	3.11	15.55
香蕉		斤	5.00	1.55	7.77
合　计 人民币（大写）零萬 零仟 零佰 陆拾 玖元 玖角 柒分					￥：69.97

开单： 　　　　核准：李文华　　　收货人签字：王文川

九州仲祥商贸有限公司　　销货单

[教学票样]

地址：九州市南京东路166号　　No.11878906

电话：011-80671846　　2020年01月31日

名　称	规格	单位	数量	单价	金额
听装可口可乐		听	24.00	1.76	42.25
听装雪碧		听	24.00	1.76	42.25
王老吉		瓶	72.00	3.11	223.65
小百威	330ml	瓶	96.00	6.21	596.38
小红星二锅头		瓶	50.00	3.11	155.31
小劲酒		瓶	20.00	7.25	144.96
青岛纯生		瓶	60.00	6.21	372.74
烟台：长城赤霞珠		瓶	15.00	33.13	496.99
五粮液		瓶	3.00	481.46	1444.38
合计人民币（大写）零 萬 叁 仟 伍 佰 壹 拾 捌 元 玖 角 壹 分						￥：3518.91

开单：　　核准：王思佳　　收货人签字：张小佳

九州仲祥商贸有限公司　　销货单

[教学票样]

地址：九州市南京东路166号　　No.11878904

电话：011-80671846　　2020年01月09日

名　称	规格	单位	数量	单价	金额
1升蒙牛牛奶		瓶	20.00	7.25	144.96
1.25升雪碧		瓶	60.00	4.14	248.50
大可口可乐	125ml	瓶	60.00	4.14	248.50
听装可口可乐		听	48.00	1.76	84.48
听装雪碧		听	48.00	1.76	84.48
王老吉		瓶	72.00	3.11	223.65
旺仔牛奶		瓶	40.00	3.11	124.24
红牛		听	24.00	3.62	86.96
小百威	330ml	瓶	96.00	6.21	596.38
合计人民币（大写）零 萬 壹 仟 捌 佰 肆 拾 贰 元 壹 角 伍 分						￥：1842.15

开单：　　核准：王思佳　　收货人签字：张小佳

九州仲祥商贸有限公司 销货单

教学票样

地址：九州市南京东路166号
电话：011-80671846

No.11878905
2020年01月09日

名称	规格	单位	数量	单价	金额
小红星二锅头		瓶	50.00	3.11	155.31
小劲酒		瓶	50.00	7.25	362.38
青岛纯生		瓶	120.00	6.21	745.49
烟台：长城赤霞珠		瓶	15.00	33.13	496.99
五粮液		瓶	4.00	481.46	1925.84

合计 人民币（大写）零萬叁仟陆佰捌拾陆元零角壹分　　￥：3686.01

开单：　　　核准：王思佳　　　收货人签字：张小佳

九州昌盛食品有限公司 销货单

教学票样

地址：九州市火炬大街796号
电话：011-83122222

No.1100254
2020年01月09日

名称	规格	单位	数量	单价	金额
佛手味精		桶	1.00	124.40	124.40
东北大米	1*50	斤	200.00	3.11	622.02
山胡椒油		瓶	32.00	5.18	165.87
鲁花花生油		桶	10.00	105.02	1050.17
西米	1*60	包	20.00	1.56	31.10
碎干贝		斤	3.00	114.04	342.11
玉兰片		斤	10.00	18.66	186.61
真空鲜百合		包	20.00	4.98	99.52
观音王		克	1000.00	0.25	248.81

合计 人民币（大写）零萬贰仟捌佰柒拾零元陆角壹分　　￥：2870.61

开单：黄维德　　　核准：李维嘉　　　收货人签字：程义

九州昌盛食品有限公司　销货单

[教学票样]

地址：九州市火炬大街796号
电话：011-83122222

No.1100255
２０２０年０１月０９日

名　称	规　格	单位	数　量	单价	金　额
虫草花		斤	2.00	124.41	248.81
海马		斤	1.00	984.86	984.86
雪蛤		斤	0.5	1326.98	663.49
花旗参		斤	1.00	134.77	134.77
甜贡菊		克	1000.00	0.05	51.83
普洱茶		坨	10.00	2.90	29.02
普通绿茶		克	4000.00	0.04	165.87
鲜花		把	10.00	2.77	27.68

合　计 人民币（大写）零 萬 贰 仟 叁 佰 零 拾 陆 元 叁 角 叁 分　　￥：2306.33

开单：黄维德　　　核准：李维嘉　　　收货人签字：程义

②客户

九州诚泰商贸有限公司　销货单

[教学票样]

地址：九州市顺外路8号
电话：011-83837931

No.1102001
２０２０年０１月０９日

名　称	规　格	单位	数　量	单价	金　额
土仔鸡		斤	10.00	8.81	88.12
老水鸭		斤	20.00	17.11	342.11
无骨凤爪		斤	10.00	14.51	145.14
牛腩		斤	10.00	18.14	181.42
牛肉		斤	10.00	20.73	207.34
野鸭		斤	20.00	21.77	435.41
猪大肠		斤	10.00	8.81	88.12
猪肚		斤	5.00	16.59	82.94
猪耳（新鲜）		斤	5.00	14.51	72.57

合　计 人民币（大写）零 萬 壹 仟 陆 佰 肆 拾 叁 元 壹 角 柒 分　　￥：1643.17

开单：　　　核准：李帆　　　收货人签字：石梦

②客户

教学票样 九州诚泰商贸有限公司 销货单

地址：九州市顺外路8号
电话：011-83837931

No.1102002
2020年01月09日

名 称	规 格	单 位	数 量	单 价	金 额
猪皮		斤	5.00	5.18	25.92
猪肘		斤	20.00	9.33	186.61
赤肉		斤	10.00	11.40	114.04
肉排		斤	10.00	14.51	145.14
五花肉		斤	10.00	11.40	114.04
一字梅肉		斤	5.00	11.40	57.02
野猪		斤	10.00	14.10	140.99

合 计 人民币 （大写）零萬 零仟 柒佰 捌拾 叁元 柒角 陆分　　￥：783.76

开单：　　　　核准：李帆　　　　收货人签字：石梦

②客户

教学票样 九州永盛水产有限公司 销货单

地址：九州市鑫维大道99号
电话：011-20502923

No.1103001
2020年01月09日

名 称	规 格	单 位	数 量	单 价	金 额
2S北极贝		盒	1.00	176.24	176.24
16-20青虾仁		斤	10.00	18.66	186.61
31-40青虾仁		斤	5.00	22.81	114.04
进口青口贝		斤	5.00	57.02	285.09
三文鱼		斤	5.00	35.25	176.24
大鲜鱿鱼		斤	5.00	7.26	36.28
中鲜鱿		斤	5.00	26.95	134.77
大红蟹		斤	10.00	36.28	362.84
桂鱼		斤	28.40	34.21	971.60

合 计 人民币 （大写）零萬 贰仟 肆佰 肆拾 叁元 柒角 壹分　　￥：2443.71

开单：　　　　核准：李岩　　　　收货人签字：王江川

②客户

九州永盛水产有限公司 销货单

[教学票样]

地址：九州市鑫维大道99号

电话：011-20502923

No.1103002

2020年01月09日

名　　称	规　格	单位	数　量	单价	金　额
多宝鱼		斤	5.00	37.32	186.61
基围虾		斤	10.00	22.81	228.07
鲈鱼		斤	4.00	10.37	41.47
水鱼		斤	5.00	20.73	103.67
鱼头		斤	20.00	7.26	145.14

合计人民币（大写）零萬零仟柒佰零拾肆元玖角陆分　　¥：704.96

开单：　　核准：李岩　　收货人签字：王江川

九州昌盛食品有限公司 销货单

[教学票样]

地址：九州市火炬大街796号

电话：011-83122222

No.1100253

2020年01月09日

名　　称	规　格	单位	数　量	单价	金　额
调料包		包	300.00	2.59	777.52
食盐		包	100.00	1.01	100.56
优果粉		斤	10.00	3.11	31.10
优果糖	1*2000g	瓶	3.00	46.65	139.95
糯米粉	1*20*500g	包	6.00	5.18	31.10
美玫面粉	45斤	斤	40.00	2.49	99.52
南韩幼砂糖	1*60	袋	1.00	199.05	199.05
三花淡奶		瓶	20.00	6.22	124.40
15kg海天酱油	15kg	桶	4.00	99.52	398.09

合计人民币（大写）零萬壹仟玖佰零拾壹元贰角玖分　　¥：1901.29

开单：黄维德　　核准：李维嘉　　收货人签字：程义

九州诚泰商贸有限公司 销货单

教学票样

地址：九州市顺外路8号
电话：011-83837931

No.1102003
2020年01月10日

名 称	规 格	单 位	数 量	单 价	金 额
老母鸡		斤	10.00	10.37	103.67
老水鸭		斤	10.00	17.11	171.06
无骨凤爪		斤	10.00	14.51	145.14
五花肉		斤	15.00	11.40	171.06

合 计 人民币（大写）零萬 零仟 伍佰 玖拾 零元 玖角 叁分　　￥：590.93

开单：　　　　　核准：李帆　　　收货人签字：石梦

②客户

九州永盛水产有限公司 销货单

教学票样

地址：九州市鑫维大道99号
电话：011-20502923

No.1103003
2020年01月10日

名 称	规 格	单 位	数 量	单 价	金 额
2S北极贝		盒	1.00	176.24	176.24
31-40青虾仁		斤	5.00	22.81	114.04
龙虾仔		斤	3.00	124.40	373.21
鲈鱼		斤	15.00	10.37	155.50
水鱼		斤	5.00	20.73	103.67

合 计 人民币（大写）零萬 零仟 玖佰 贰拾 贰元 陆角 陆分　　￥：922.66

开单：　　　　　核准：李岩　　　收货人签字：王江川

②客户

九州昌盛食品有限公司 销货单

教学票样

地址：九州市火炬大街796号
电话：011-83122222

No.1100274
2020年01月10日

名称	规格	单位	数量	单价	金额
调料包		包	1000.00	2.59	2591.74

合计人民币（大写）零 萬 贰 仟 伍 佰 玖 拾 壹 元 柒 角 肆 分　　￥：2591.74

开单：黄维德　　　核准：李维嘉　　　收货人签字：程义

②客户

九州诚泰商贸有限公司 销货单

教学票样

地址：九州市顺外路8号
电话：011-83837931

No.1102004
2020年01月11日

名称	规格	单位	数量	单价	金额
黑土鸡		斤	20.00	14.51	290.28
鸡腿		斤	10.00	7.05	70.50
老母鸡		斤	5.00	10.37	51.83
老水鸭		斤	20.00	17.11	342.11
无骨凤爪		斤	10.00	14.51	145.14
猪大肠		斤	10.00	8.81	88.12
猪耳（新鲜）		斤	5.00	14.51	72.57
猪肘		斤	20.00	9.33	186.61
肉排		斤	10.00	14.51	145.14

合计人民币（大写）零 萬 壹 仟 叁 佰 玖 拾 贰 元 叁 角 零 分　　￥：1392.30

开单：　　　核准：李帆　　　收货人签字：石梦

②客户

九州诚泰商贸有限公司 销货单

教学票样

地址：九州市顺外路8号
电话：011-83837931

No.1102005
2020年01月11日

名 称	规 格	单 位	数 量	单 价	金 额
五花肉		斤	15.00	11.40	171.06
一字梅肉		斤	5.00	11.40	57.02

合 计 人民币（大写）零 萬 零 仟 贰 佰 贰 拾 捌 元 零 角 捌 分　　￥：228.08

开单：　　　　　核准：李帆　　　　收货人签字：石梦

九州永盛水产有限公司 销货单

教学票样

地址：九州市鑫维大道99号
电话：011-20502923

No.1103004
2020年01月11日

名 称	规 格	单 位	数 量	单 价	金 额
进口青口贝		斤	5.00	57.02	285.09
三文鱼		斤	5.00	35.25	176.24
中鲜鱿		斤	6.00	26.95	161.72
基围虾		斤	10.00	22.81	228.07
鲈鱼		斤	10.80	10.37	111.96
水鱼		斤	5.00	20.73	103.67
鱼头王		斤	20.00	7.26	145.14

合 计 人民币（大写）零 萬 壹 仟 贰 佰 壹 拾 壹 元 捌 角 玖 分　　￥：1211.89

开单：　　　　　核准：李岩　　　　收货人签字：王江川

九州昌盛食品有限公司 销货单

[教学票样]

地址：九州市火炬大街796号
电话：011-83122222

No.1100285
2020年01月11日

名　　称	规　格	单　位	数　量	单　价	金　额
美玫面粉	45斤	斤	40.00	2.49	99.52

合　计
人民币（大写）零萬 零仟 零佰 玖拾 玖元 伍角 贰分　　￥：99.52

开单：黄维德　　　核准：李维嘉　　　收货人签字：程义

②客户

九州诚泰商贸有限公司 销货单

[教学票样]

地址：九州市顺外路8号
电话：011-83837931

No.1102006
2020年01月12日

名　　称	规　格	单　位	数　量	单　价	金　额
黑土鸡		斤	20.00	14.51	290.28
鸡腿		斤	5.00	7.05	35.25
老母鸡		斤	5.00	10.37	51.83
老水鸭		斤	20.00	17.11	342.11
无骨凤爪		斤	10.00	14.51	145.14
牛肉		斤	10.00	20.73	207.34
猪耳（新鲜）		斤	5.00	14.51	72.57
赤肉		斤	5.00	11.40	57.02
肉排		斤	15.00	14.51	217.71

合　计
人民币（大写）零萬 壹仟 肆佰 壹拾 玖元 贰角 伍分　　￥：1419.25

开单：　　　核准：李帆　　　收货人签字：石梦

②客户

九州永盛水产有限公司 销货单

[教学票样]

地址：九州市鑫维大道99号
电话：011-20502923

No.1103005
2020年01月12日

名　称	规　格	单　位	数　量	单　价	金　额
大鲜鱿鱼		斤	10.00	7.26	72.57
基围虾		斤	10.00	22.81	228.07
水鱼		斤	5.00	20.73	103.67

合　计 人民币（大写）零萬 零仟 肆佰 零拾 肆元 叁角 壹分　　￥：404.31

开单：　　　　　核准：李岩　　　　　收货人签字：王江川

九州昌盛食品有限公司 销货单

[教学票样]

地址：九州市火炬大街796号
电话：011-83122222

No.1100296
2020年01月12日

名　称	规　格	单　位	数　量	单　价	金　额
调料包		包	800.00	2.59	2073.39
真空鲜百合		包	10.00	4.98	49.76

合　计 人民币（大写）零萬 贰仟 壹佰 贰拾 叁元 壹角 伍分　　￥：2123.15

开单：黄维德　　　核准：李维嘉　　　收货人签字：程义

销货单 No.1102007

九州诚泰商贸有限公司
地址：九州市顺外路8号
电话：011-83837931
2020年01月13日

名称	规格	单位	数量	单价	金额
土仔鸡		斤	10.00	8.81	88.12
老母鸡		斤	5.00	10.37	51.83
老水鸭		斤	20.00	17.11	342.11
无骨凤爪		斤	10.00	14.51	145.14
牛腩		斤	10.00	18.14	181.42
猪肚		斤	10.00	16.59	165.87
猪耳（新鲜）		斤	10.00	14.51	145.14
猪肘		斤	20.00	9.33	186.61
肉排		斤	10.00	14.51	145.14

合计人民币（大写）零萬壹仟肆佰伍拾壹元叁角捌分　￥：1451.38

开单：　　核准：李帆　　收货人签字：石梦

销货单 No.1102008

九州诚泰商贸有限公司
地址：九州市顺外路8号
电话：011-83837931
2020年01月13日

名称	规格	单位	数量	单价	金额
五花肉		斤	30.00	11.40	342.12

合计人民币（大写）零萬零仟叁佰肆拾贰元壹角贰分　￥：342.12

开单：　　核准：李帆　　收货人签字：石梦

九州永盛水产有限公司 销货单

[教学票样]

地址：九州市鑫维大道99号
电话：011-20502923

No.1103006
2020年01月13日

名 称	规 格	单 位	数 量	单 价	金 额
31-40青虾仁		斤	3.00	22.81	68.43
三文鱼		斤	5.00	35.25	176.24
鲈鱼		斤	16.00	10.37	165.87
鱼头王		斤	20.00	7.26	145.14

合 计 人民币（大写）零 萬 零 仟 伍 佰 伍 拾 伍 元 陆 角 捌 分　￥：555.68

开单：　　　核准：李岩　　　收货人签字：王江川

九州昌盛食品有限公司 销货单

[教学票样]

地址：九州市火炬大街796号
电话：011-83122222

No.1100308
2020年01月13日

名 称	规 格	单 位	数 量	单 价	金 额
调料包		包	400.00	2.59	1036.70
真空鲜百合		包	10.00	4.98	49.76
鲜花		把	10.00	2.77	27.67

合 计 人民币（大写）零 萬 壹 仟 壹 佰 壹 拾 肆 元 壹 角 叁 分　￥：1114.13

开单：黄维德　　　核准：李维嘉　　　收货人签字：程义

销货单

教学票样 **九州永盛水产有限公司**

地址：九州市鑫维大道99号
电话：011-20502923

No.1103007
２０２０年０１月１４日

名　称	规　格	单位	数量	单价	金额
水鱼		斤	5.00	20.73	103.67
鱼头王		斤	10.00	7.26	72.57

合　计
人民币（大写）零萬零仟壹佰柒拾陆元贰角肆分　　￥：176.24

开单：　　　　　　核准：李岩　　　　　收货人签字：王江川

销货单

教学票样 **九州诚泰商贸有限公司**

地址：九州市顺外路8号
电话：011-83837931

No.1102009
２０２０年０１月１４日

名　称	规　格	单位	数量	单价	金额
黑土鸡		斤	20.00	14.51	290.28
老水鸭		斤	20.00	17.11	342.11
无骨凤爪		斤	10.00	14.51	145.14
猪肚		斤	10.00	16.59	165.87
肉排		斤	10.00	14.51	145.14
五花肉		斤	20.00	11.40	228.07

合　计
人民币（大写）零萬壹仟叁佰壹拾陆元陆角壹分　　￥：1316.61

开单：　　　　　　核准：李帆　　　　　收货人签字：石梦

九州昌盛食品有限公司　销货单

教学票样

地址：九州市火炬大街796号
电话：011-83122222

No.1100319
2020年01月14日

名　称	规　格	单　位	数　量	单　价	金　额
调料包		包	400.00	2.59	1036.70
真空鲜百合		包	10.00	4.98	49.76

合　计人民币（大写）零萬壹仟零佰捌拾陆元肆角陆分　　¥：1086.46

开单：黄维德　　核准：李维嘉　　收货人签字：程义

②客户

九州永盛水产有限公司　销货单

教学票样

地址：九州市鑫维大道99号
电话：011-20502923

No.1103008
2020年01月15日

名　称	规　格	单　位	数　量	单　价	金　额
大鲜鱿鱼		斤	5.00	7.26	36.28
鲈鱼		斤	14.80	10.37	153.43
鱼头王		斤	10.00	7.26	72.57

合　计人民币（大写）零萬零仟贰佰陆拾贰元贰角捌分　　¥：262.28

开单：　　核准：李岩　　收货人签字：王江川

②客户

九州诚泰商贸有限公司 销货单

[教学票样]

地址：九州市顺外路8号
电话：011-83837931

No.1102010
2020年01月15日

名 称	规 格	单 位	数 量	单 价	金 额
黑土鸡		斤	20.00	14.51	290.28
无骨凤爪		斤	10.00	14.51	145.14
野鸭		斤	10.00	21.77	217.71
猪大肠		斤	10.00	8.81	88.12
猪耳（新鲜）		斤	10.00	14.51	145.14
猪肘		斤	10.00	9.33	93.30
赤肉		斤	5.00	11.40	57.02
肉排		斤	10.00	14.51	145.14
五花肉		斤	20.00	11.40	228.07
合 计 人民币	（大写）零 萬 壹 仟 肆 佰 零 拾 玖 元 玖 角 贰 分				￥：1409.92

开单： 核准：李帆 收货人签字：石梦

②客户

九州昌盛食品有限公司 销货单

[教学票样]

地址：九州市火炬大街796号
电话：011-83122222

No.1100327
2020年01月15日

名 称	规 格	单 位	数 量	单 价	金 额
调料包		包	400.00	2.59	1036.70
真空鲜百合		包	10.00	4.98	49.76
合 计 人民币	（大写）零 萬 壹 仟 零 佰 捌 拾 陆 元 肆 角 陆 分				￥：1086.46

开单：黄维德 核准：李维嘉 收货人签字：程义

②客户

教学票样 **九州永盛水产有限公司** 销货单

地址：九州市鑫维大道99号
电话：011-20502923

No.1103009
2020年01月16日

名　称	规　格	单　位	数　量	单　价	金　额
桂鱼		斤	9.80	34.21	335.27
多宝鱼		斤	5.00	37.32	186.61
基围虾		斤	5.00	22.81	114.04
鲈鱼		斤	10.00	10.37	103.67
鱼头王		斤	10.00	7.26	72.57

合　计
人民币（大写）零 萬 零 仟 捌 佰 壹 拾 贰 元 壹 角 陆 分　　￥：812.16

开单：　　　　核准：李岩　　　　收货人签字：王江川

②客户

教学票样 **九州诚泰商贸有限公司** 销货单

地址：九州市顺外路8号
电话：011-83837931

No.1102011
2020年01月16日

名　称	规　格	单　位	数　量	单　价	金　额
土仔鸡		斤	5.00	8.81	44.06
无骨凤爪		斤	10.00	14.51	145.14
野鸭		斤	10.00	21.77	217.71
赤肉		斤	5.00	11.40	57.02
肉排		斤	10.00	14.51	145.14
五花肉		斤	20.00	11.40	228.07

合　计
人民币（大写）零 萬 零 仟 捌 佰 叁 拾 柒 元 壹 角 肆 分　　￥：837.14

开单：　　　　核准：李帆　　　　收货人签字：石梦

②客户

九州昌盛食品有限公司 销货单

[教学票样]

地址：九州市火炬大街796号
电话：011-83122222

No.1100340
2020年01月16日

名称	规格	单位	数量	单价	金额
调料包		包	300.00	2.59	777.52
佛手味精		桶	1.00	124.40	124.40
东北大米	1*50	斤	100.00	3.11	311.01
合计人民币（大写）零萬壹仟贰佰壹拾贰元玖角叁分					¥：1212.93

开单：黄维德　　核准：李维嘉　　收货人签字：程义

②客户

九州永盛水产有限公司 销货单

[教学票样]

地址：九州市鑫维大道99号
电话：011-20502923

No.1103010
2020年01月17日

名称	规格	单位	数量	单价	金额
大鲜鱿鱼		斤	5.00	7.26	36.28
龙虾仔		斤	1.00	124.40	124.40
合计人民币（大写）零萬零仟壹佰陆拾零元陆角捌分					¥：160.68

开单：　　核准：李岩　　收货人签字：王江川

②客户

九州诚泰商贸有限公司 销货单

[教学票样]

地址：九州市顺外路8号
电话：011-83837931

No.1102012
2020年01月17日

名称	规格	单位	数量	单价	金额
土仔鸡		斤	5.00	8.81	44.06
鸡腿		斤	10.00	7.05	70.50
毛肚		斤	10.00	15.03	150.32
牛肉		斤	10.00	20.73	207.34
猪大肠		斤	10.00	8.81	88.12
五花肉		斤	20.00	11.40	228.07
合计 人民币（大写）零萬零仟柒佰捌拾捌元肆角壹分					￥：788.41

开单： 核准：李帆 收货人签字：石梦

②客户

九州昌盛食品有限公司 销货单

[教学票样]

地址：九州市火炬大街796号
电话：011-83122222

No.1100352
2020年01月17日

名称	规格	单位	数量	单价	金额
调料包		包	400.00	2.59	1036.70
山胡椒油		瓶	10.00	5.18	51.83
鲜花		把	10.00	2.77	27.68
合计 人民币（大写）零萬壹仟壹佰壹拾陆元贰角壹分					￥：1116.21

开单：黄维德 核准：李维嘉 收货人签字：程义

②客户

九州永盛水产有限公司　销货单

[教学票样]

地址：九州市鑫维大道99号
电话：011-20502923

No.1103011
2020年01月18日

名　称	规格	单位	数量	单价	金额
2S北极贝		盒	1.00	176.24	176.24
进口青口贝		斤	5.00	57.02	285.09
羔蟹		斤	4.00	140.99	563.96

合　计　人民币（大写）零萬壹仟零佰贰拾伍元贰角玖分　￥：1025.29

开单：　　核准：李岩　　收货人签字：王江川

②客户

九州诚泰商贸有限公司　销货单

[教学票样]

地址：九州市顺外路8号
电话：011-83837931

No.1102013
2020年01月18日

名　称	规格	单位	数量	单价	金额
土仔鸡		斤	5.00	8.81	44.06
老母鸡		斤	5.00	10.37	51.83
老水鸭		斤	20.00	17.11	342.11
赤肉		斤	10.00	11.40	114.04
五花肉		斤	20.00	11.40	228.07

合　计　人民币（大写）零萬零仟柒佰捌拾零元壹角壹分　￥：780.11

开单：　　核准：李帆　　收货人签字：石梦

②客户

教学票样 九州昌盛食品有限公司 销货单

地址：九州市火炬大街796号
电话：011-83122222

No.1100364
2020年01月18日

名　称	规　格	单位	数　量	单价	金　额
调料包		包	1000.00	2.59	2591.74
鲁花花生油		桶	10.00	105.02	1050.17
真空鲜百合		包	10.00	4.98	49.76

合　计 人民币（大写）零 萬 叁 仟 陆 佰 玖 拾 壹 元 陆 角 柒 分　　￥：3691.67

开单：黄维德　　　核准：李维嘉　　　收货人签字：程义

②客户

教学票样 九州永盛水产有限公司 销货单

地址：九州市鑫维大道99号
电话：011-20502923

No.1103012
2020年01月19日

名　称	规　格	单位	数　量	单价	金　额
三文鱼		斤	3.00	35.25	105.74
鲈鱼		斤	10.20	10.37	105.74

合　计 人民币（大写）零 萬 零 仟 贰 佰 壹 拾 壹 元 肆 角 捌 分　　￥：211.48

开单：　　　　　核准：李岩　　　收货人签字：王江川

②客户

九州诚泰商贸有限公司 销货单

教学票样

地址：九州市顺外路8号
电话：011-83837931

No.1102014
2020年01月19日

名称	规格	单位	数量	单价	金额
土仔鸡		斤	5.00	8.81	44.06
黑土鸡		斤	10.00	14.51	145.14
毛肚		斤	5.00	15.03	75.16
牛肉		斤	5.00	20.73	103.67
野鸭		斤	5.00	21.77	108.85
猪肘		斤	20.00	9.33	186.61
五花肉		斤	20.00	11.40	228.07

合计人民币（大写）零萬零仟捌佰玖拾壹元伍角陆分　￥：891.56

开单：　　核准：李帆　　收货人签字：石梦

②客户

九州昌盛食品有限公司 销货单

教学票样

地址：九州市火炬大街796号
电话：011-83122222

No.1100377
2020年01月19日

名称	规格	单位	数量	单价	金额
调料包		包	400.00	2.59	1036.70
真空鲜百合		包	10.00	4.98	49.76

合计人民币（大写）零萬壹仟零佰捌拾陆元肆角陆分　￥：1086.46

开单：黄维德　　核准：李维嘉　　收货人签字：程义

②客户

教学票样 **九州永盛水产有限公司**　　　销货单

地址：九州市鑫维大道99号　　　No.1103013
电话：011-20502923　　　2020年01月20日

名　称	规　格	单位	数量	单价	金额
水鱼		斤	5.00	20.73	103.67
鱼头王		斤	10.00	7.26	72.57

合　计　人民币（大写）零萬 零仟 壹佰 柒拾 陆元 贰角 肆分　　　¥：176.24

开单：　　　核准：李岩　　　收货人签字：王江川

教学票样 **九州诚泰商贸有限公司**　　　销货单

地址：九州市顺外路8号　　　No.1102015
电话：011-83837931　　　2020年01月20日

名　称	规　格	单位	数量	单价	金额
老水鸭		斤	20.00	17.11	342.10
无骨凤爪		斤	5.00	14.51	72.57
猪肘		斤	20.00	9.33	186.61
肉排		斤	5.00	14.51	72.57
五花肉		斤	20.00	11.40	228.07

合　计　人民币（大写）零萬 零仟 玖佰 零拾 壹元 玖角 贰分　　　¥：901.92

开单：　　　核准：李帆　　　收货人签字：石梦

教学票样 **九州昌盛食品有限公司** 销货单

地址：九州市火炬大街796号
电话：011-83122222

No.1100389
2020年01月20日

名称	规格	单位	数量	单价	金额
调料包		包	400.00	2.59	1036.70
东北大米	1*50	斤	100.00	3.11	311.01
真空鲜百合		包	10.00	4.98	49.76

合计人民币（大写）零萬壹仟叁佰玖拾柒元肆角柒分　　¥：1397.47

开单：黄维德　　核准：李维嘉　　收货人签字：程义

②客户

教学票样 **九州永盛水产有限公司** 销货单

地址：九州市鑫维大道99号
电话：011-20502923

No.1103014
2020年01月21日

名称	规格	单位	数量	单价	金额
鲈鱼		斤	15.60	10.37	161.72

合计人民币（大写）零萬零仟壹佰陆拾壹元柒角贰分　　¥：161.72

开单：　　核准：李岩　　收货人签字：王江川

②客户

九州诚泰商贸有限公司 销货单

地址：九州市顺外路8号
电话：011-83837931
No.1102016
2020年01月21日

名　称	规　格	单　位	数　量	单　价	金　额
无骨凤爪		斤	5.00	14.51	72.57
牛肉		斤	5.00	20.73	103.67
野鸭		斤	5.00	21.77	108.85
赤肉		斤	5.00	11.40	57.02
肉排		斤	5.00	14.51	72.57
五花肉		斤	20.00	11.40	228.07

合　计
人民币（大写）零 萬 零 仟 陆 佰 肆 拾 贰 元 柒 角 伍 分　　￥：642.75

开单：　　　核准：李帆　　　收货人签字：石梦

九州昌盛食品有限公司 销货单

地址：九州市火炬大街796号
电话：011-83122222
No.1100399
2020年01月21日

名　称	规　格	单　位	数　量	单　价	金　额
调料包		包	400.00	2.59	1036.70

合　计
人民币（大写）零 萬 壹 仟 零 佰 叁 拾 陆 元 柒 角 零 分　　￥：1036.70

开单：黄维德　　　核准：李维嘉　　　收货人签字：程义

九州永盛水产有限公司 销货单

[教学票样]

地址：九州市鑫维大道99号
电话：011-20502923

No.1103015
2020年01月22日

名称	规格	单位	数量	单价	金额
鱼头王		斤	5.00	7.26	36.28

合计人民币（大写）零萬 零仟 零佰 叁拾 陆元 贰角 捌分　　￥：36.28

开单：　　　核准：李岩　　　收货人签字：王江川

九州诚泰商贸有限公司 销货单

[教学票样]

地址：九州市顺外路8号
电话：011-83837931

No.1102017
2020年01月22日

名称	规格	单位	数量	单价	金额
老水鸭		斤	10.00	17.11	171.06
无骨凤爪		斤	5.00	14.51	72.57
牛肉		斤	5.00	20.73	103.67
五花肉		斤	20.00	11.40	228.07

合计人民币（大写）零萬 零仟 伍佰 柒拾 伍元 叁角 柒分　　￥：575.37

开单：　　　核准：李帆　　　收货人签字：石梦

九州昌盛食品有限公司 销货单

[教学票样]

地址：九州市火炬大街796号
电话：011-83122222

No.1100410
2020年01月22日

名　称	规　格	单　位	数　量	单　价	金　额
调料包		包	500.00	2.59	1295.87
真空鲜百合		包	5.00	4.98	24.88
合　计 人民币（大写）零 萬 壹 仟 叁 佰 贰 拾 零 元 柒 角 伍 分					￥：1320.75

开单：黄维德　　核准：李维嘉　　收货人签字：程义

②客户

九州永盛水产有限公司 销货单

[教学票样]

地址：九州市鑫维大道99号
电话：011-20502923

No.1103016
2020年01月23日

名　称	规　格	单　位	数　量	单　价	金　额
鲈鱼		斤	7.90	10.37	81.90
水鱼		斤	5.00	20.73	103.67
鱼头王		斤	5.00	7.26	36.28
合　计 人民币（大写）零 萬 零 仟 贰 佰 贰 拾 壹 元 捌 角 伍 分					￥：221.85

开单：　　核准：李岩　　收货人签字：王江川

②客户

九州诚泰商贸有限公司 销货单

教学票样

地址：九州市顺外路8号
电话：011-83837931

No.1102018
2020年01月23日

名　称	规　格	单位	数量	单价	金额
老水鸭		斤	15.00	17.11	256.59
毛肚		斤	5.00	15.03	75.17
无骨凤爪		斤	5.00	14.51	72.57
牛肉		斤	5.00	20.73	103.67
野鸭		斤	5.00	21.77	108.85
猪大肠		斤	10.00	8.81	88.12
猪耳（新鲜）		斤	5.00	14.51	72.57
猪肘		斤	10.00	9.33	93.30
肉排		斤	5.00	14.51	72.57
合　计 人民币（大写）零萬 零仟 玖佰 肆拾 叁元 肆角 壹分					￥:943.41

开单：　　　　核准：李帆　　　　收货人签字：石梦

②客户

九州诚泰商贸有限公司 销货单

教学票样

地址：九州市顺外路8号
电话：011-83837931

No.1102019
2020年01月23日

名　称	规　格	单位	数量	单价	金额
五花肉		斤	20.00	11.40	228.07
合　计 人民币（大写）零萬 零仟 贰佰 贰拾 捌元 零角 柒分					￥:228.07

开单：　　　　核准：李帆　　　　收货人签字：石梦

②客户

九州昌盛食品有限公司 销货单

地址：九州市火炬大街796号
No.1100425
电话：011-83122222
2020年01月23日

名　称	规　格	单位	数量	单价	金额
调料包		包	400.00	2.59	1036.70

合计人民币（大写）零萬壹仟零佰叁拾陆元柒角零分　￥：1036.70

开单：黄维德　　核准：李维嘉　　收货人签字：程义

九州诚泰商贸有限公司 销货单

地址：九州市顺外路8号
No.1102020
电话：011-83837931
2020年01月24日

名　称	规　格	单位	数量	单价	金额
黑土鸡		斤	5.00	14.51	72.57
老母鸡		斤	5.00	10.37	51.83
老水鸭		斤	10.00	17.11	171.06
毛肚		斤	5.00	15.03	75.17
无骨凤爪		斤	5.00	14.51	72.57
牛肉		斤	5.00	20.73	103.67
猪肘		斤	5.00	9.33	46.65
五花肉		斤	20.00	11.40	228.07

合计人民币（大写）零萬零仟捌佰贰拾壹元伍角玖分　￥：821.59

开单：　　核准：李帆　　收货人签字：石梦

九州昌盛食品有限公司 销货单

[教学票样]

地址：九州市火炬大街796号
电话：011-83122222

No.1100437
2020年01月24日

名　称	规　格	单　位	数　量	单　价	金　额
调料包		包	400.00	2.59	1036.70

合　计 人民币（大写）零 萬 壹 仟 零 佰 叁 拾 陆 元 柒 角 零 分　　￥：1036.70

开单：黄维德　　核准：李维嘉　　收货人签字：程义

②客户

九州永盛水产有限公司 销货单

[教学票样]

地址：九州市鑫维大道99号
电话：011-20502923

No.1103017
2020年01月25日

名　称	规　格	单　位	数　量	单　价	金　额
三文鱼		斤	3.00	35.25	105.74
桂鱼		斤	8.80	34.21	301.06
水鱼		斤	5.00	20.73	103.67
鱼头王		斤	5.00	7.26	36.28

合　计 人民币（大写）零 萬 零 仟 伍 佰 肆 拾 陆 元 柒 角 伍 分　　￥：546.75

开单：　　核准：李岩　　收货人签字：王江川

②客户

九州诚泰商贸有限公司 销货单

教学票样

地址：九州市顺外路8号
电话：011-83837931

No.1102021
2020年01月25日

名称	规格	单位	数量	单价	金额
黑土鸡		斤	10.00	14.51	145.14
野鸭		斤	5.00	21.77	108.85
猪大肠		斤	10.00	8.81	88.12
猪肘		斤	20.00	9.33	186.61
五花肉		斤	30.00	11.40	342.11
合计人民币（大写）零萬零仟捌佰柒拾零元捌角叁分					¥：870.83

开单： 核准：李帆 收货人签字：石梦

②客户

九州昌盛食品有限公司 销货单

教学票样

地址：九州市火炬大街796号
电话：011-83122222

No.1100449
2020年01月25日

名称	规格	单位	数量	单价	金额
调料包		包	1000.00	2.59	2591.74
真空鲜百合		包	5.00	4.98	24.88
合计人民币（大写）零萬贰仟陆佰壹拾陆元陆角贰分					¥：2616.62

开单：黄维德 核准：李维嘉 收货人签字：程义

②客户

九州永盛水产有限公司 销货单

教学票样

地址：九州市鑫维大道99号
电话：011-20502923

No.1103018
2020年01月26日

名 称	规 格	单 位	数 量	单 价	金 额
2S北极贝		盒	1.00	176.24	176.24
中鲜鱿		斤	2.00	26.96	53.91
大红蟹		斤	10.00	36.28	362.84

合 计 人民币（大写）零 萬 零 仟 伍 佰 玖 拾 贰 元 玖 角 玖 分　　￥：592.99

开单：　　　　核准：李岩　　　　收货人签字：王江川

九州诚泰商贸有限公司 销货单

教学票样

地址：九州市顺外路8号
电话：011-83837931

No.1102022
2020年01月26日

名 称	规 格	单 位	数 量	单 价	金 额
猪大肠		斤	10.00	8.81	88.11
猪肚		斤	10.00	16.59	165.87
猪肘		斤	20.00	9.33	186.61
赤肉		斤	5.00	11.40	57.02
肉排		斤	10.00	14.51	145.14
五花肉		斤	30.00	11.40	342.10
野猪		斤	5.00	14.10	70.50

合 计 人民币（大写）零 萬 壹 仟 零 佰 伍 拾 伍 元 叁 角 伍 分　　￥：1055.35

开单：　　　　核准：李帆　　　　收货人签字：石梦

九州昌盛食品有限公司 销货单

教学票样

地址：九州市火炬大街796号
电话：011-83122222

No.1100458
2020年01月26日

名　称	规　格	单　位	数　量	单　价	金　额
调料包		包	800.00	2.59	2073.39
东北大米	1*50	斤	200.00	3.11	622.02
碎干贝		斤	1.00	114.04	114.04

合　计 人民币（大写）零萬贰仟捌佰零拾玖元肆角伍分　　￥：2809.45

开单：黄维德　　　　核准：李维嘉　　　　收货人签字：程义

②客户

九州永盛水产有限公司 销货单

教学票样

地址：九州市鑫维大道99号
电话：011-20502923

No.1103019
2020年01月27日

名　称	规　格	单　位	数　量	单　价	金　额
三文鱼		斤	3.00	35.25	105.74

合　计 人民币（大写）零萬零仟壹佰零拾伍元柒角肆分　　￥：105.74

开单：　　　　核准：李岩　　　　收货人签字：王江川

②客户

九州诚泰商贸有限公司 销货单

教学票样

地址：九州市顺外路8号
电话：011-83837931

No.1102023
2020年01月27日

名　称	规　格	单位	数量	单价	金额
老水鸭		斤	10.00	17.11	171.06
猪肘		斤	10.00	9.33	93.30
五花肉		斤	10.00	11.40	114.04

合计人民币（大写）零萬零仟叁佰柒拾捌元肆角零分　￥：378.40

开单：　　核准：李帆　　收货人签字：石梦

九州昌盛食品有限公司 销货单

教学票样

地址：九州市火炬大街796号
电话：011-83122222

No.1100470
2020年01月27日

名　称	规　格	单位	数量	单价	金额
调料包		包	300.00	2.59	777.52
15kg海天酱油	15kg	桶	3.00	99.52	298.57
海马		斤	1.00	984.86	984.86

合计人民币（大写）零萬贰仟零佰陆拾零元玖角伍分　￥：2060.95

开单：黄维德　　核准：李维嘉　　收货人签字：程义

九州永盛水产有限公司 销货单

教学票样

地址：九州市鑫维大道99号
电话：011-20502923

No.1103020
2020年01月28日

名 称	规 格	单 位	数 量	单 价	金 额
16-20青虾仁		斤	3.00	18.66	55.98
31-40青虾仁		斤	3.00	22.81	68.42
多宝鱼		斤	5.00	37.32	186.61

合计人民币（大写）零萬 零仟 叁佰 壹拾 壹元 零角 壹分　￥：311.01

开单：　　　核准：李岩　　　收货人签字：王江川

②客户

九州诚泰商贸有限公司 销货单

教学票样

地址：九州市顺外路8号
电话：011-83837931

No.1102024
2020年01月28日

名 称	规 格	单 位	数 量	单 价	金 额
老水鸭		斤	10.00	17.11	171.06
毛肚		斤	5.00	15.03	75.17
猪大肠		斤	5.00	8.81	44.06

合计人民币（大写）零萬 零仟 贰佰 玖拾 零元 贰角 玖分　￥：290.29

开单：　　　核准：李帆　　　收货人签字：石梦

②客户

九州昌盛食品有限公司 销货单

[教学票样]

地址：九州市火炬大街796号
电话：011-83122222

No.1100482
2020年01月28日

名称	规格	单位	数量	单价	金额
调料包		包	300.00	2.59	777.52
花旗参		斤	1.00	134.77	134.77

合计人民币（大写）零萬 零仟 玖佰 壹拾 贰元 贰角 玖分　　¥：912.29

开单：黄维德　　核准：李维嘉　　收货人签字：程义

②客户

九州永盛水产有限公司 销货单

[教学票样]

地址：九州市鑫维大道99号
电话：011-20502923

No.1103021
2020年01月29日

名称	规格	单位	数量	单价	金额
鲈鱼		斤	12.80	10.37	132.70
鱼头王		斤	10.00	7.26	72.57

合计人民币（大写）零萬 零仟 贰佰 零拾 伍元 贰角 柒分　　¥：205.27

开单：　　核准：李岩　　收货人签字：王江川

②客户

九州诚泰商贸有限公司 销货单

教学票样

地址：九州市顺外路8号
电话：011-83837931
No.1102025
2020年01月29日

名称	规格	单位	数量	单价	金额
无骨凤爪		斤	10.00	14.51	145.14
牛腩		斤	5.00	17.50	90.72
牛肉		斤	5.00	20.00	103.67
野鸭		斤	10.00	21.00	217.71
猪肘		斤	10.00	9.00	93.30
五花肉		斤	10.00	11.00	114.04
一字梅肉		斤	5.00	11.00	57.02
野猪		斤	5.00	13.60	70.50

合计人民币（大写）零萬 零仟 捌佰 玖拾 贰元 壹角 零分　￥：892.10

开单：　　　核准：李帆　　　收货人签字：石梦

②客户

九州昌盛食品有限公司 销货单

教学票样

地址：九州市火炬大街796号
电话：011-83122222
No.1100494
2020年01月29日

名称	规格	单位	数量	单价	金额
调料包		包	300.00	2.59	777.52
优果糖	1*2000g	瓶	3.00	46.65	139.95
糯米粉	1*20*500g	包	5.00	5.18	25.92

合计人民币（大写）零萬 零仟 玖佰 肆拾 叁元 叁角 玖分　￥：943.39

开单：黄维德　　　核准：李维嘉　　　收货人签字：程义

②客户

九州永盛水产有限公司 销货单

[教学票样]

地址：九州市鑫维大道99号
电话：011-20502923

No.1103022
2020年01月30日

名 称	规 格	单 位	数 量	单 价	金 额
水鱼		斤	5.00	20.73	103.67

合 计 人民币（大写）零萬 零仟 壹佰 零拾 叁元 陆角 柒分　　￥：103.67

开单：　　　　　核准：李岩　　　　收货人签字：王江川

②客户

九州诚泰商贸有限公司 销货单

[教学票样]

地址：九州市顺外路8号
电话：011-83837931

No.1102026
2020年01月30日

名 称	规 格	单 位	数 量	单 价	金 额
土仔鸡		斤	5.00	8.81	44.06
黑土鸡		斤	10.00	14.51	145.14
老水鸭		斤	10.00	17.11	171.06
猪肚		斤	10.00	16.59	165.87
猪肘		斤	10.00	9.33	93.30
五花肉		斤	10.00	11.40	114.04

合 计 人民币（大写）零萬 零仟 柒佰 叁拾 叁元 肆角 柒分　　￥：733.47

开单：　　　　　核准：李帆　　　　收货人签字：石梦

②客户

九州昌盛食品有限公司　销货单

地址：九州市火炬大街796号
电话：011-83122222

No.1100511
２０２０年０１月３０日

名　称	规　格	单位	数量	单价	金额
调料包		包	300.00	2.59	777.52
玉兰片		斤	10.00	18.66	186.61
真空鲜百合		包	10.00	4.98	49.76
甜贡菊		克	1000.00	0.05	51.83
合　计 人民币	（大写）零 萬 壹 仟 零 佰 陆 拾 伍 元 柒 角 贰 分				￥：1065.72

开单：黄维德　　　核准：李维嘉　　　收货人签字：程义

九州昌盛食品有限公司　销货单

地址：九州市火炬大街796号
电话：011-83122222

No.1100525
２０２０年０１月３１日

名　称	规　格	单位	数量	单价	金额
花旗参		斤	1.00	134.77	134.77
普洱茶		坨	20.00	2.90	58.06
普通绿茶		克	5000.00	0.04	207.34
合　计 人民币	（大写）零 萬 零 仟 肆 佰 零 拾 零 元 壹 角 柒 分				￥：400.17

开单：黄维德　　　核准：李维嘉　　　收货人签字：程义

教学票样 **九州诚泰商贸有限公司**　　销货单

地址：九州市顺外路8号　　No.1102027

电话：011-83837931　　2020年01月31日

名　称	规　格	单　位	数　量	单　价	金　额
老水鸭		斤	10.00	17.11	171.06
野鸭		斤	5.00	21.77	108.84
猪大肠		斤	10.00	8.81	88.12
猪耳（新鲜）		斤	5.00	14.51	72.57
五花肉		斤	5.00	11.40	57.01

合　计　人民币　（大写）零萬 零仟 肆佰 玖拾 柒元 陆角 零分　　￥：497.60

开单：　　　核准：李帆　　　收货人签字：石梦

教学票样 **九州昌盛食品有限公司**　　销货单

地址：九州市火炬大街796号　　No.1100524

电话：011-83122222　　2020年01月31日

名　称	规　格	单　位	数　量	单　价	金　额
调料包		包	300.00	2.59	777.52
食盐		包	100.00	1.01	100.56
美玫面粉	45斤	斤	45.00	2.49	111.96
三花淡奶		瓶	20.00	6.22	124.40
东北大米	1*50	斤	200.00	3.11	622.02
碎干贝		斤	2.00	114.04	228.07
观音王		克	1000.00	0.25	248.81
虫草花		斤	1.00	124.40	124.40
雪蛤		斤	0.5	1326.98	663.49

合　计　人民币　（大写）零萬 叁仟 零佰 零拾 壹元 贰角 叁分　　￥：3001.23

开单：黄维德　　　核准：李维嘉　　　收货人签字：程义

[教学票样]  收款回单

日期：2020年01月08日　　　流水号：G90108Q352A6HLJ
收款账号：362117211290009
户名：九州华问国际酒店有限公司
开户行：招商银行九州市支行
金额（大写）：人民币壹仟捌佰万圆整
（小写）：CNY18,000,000.00
付款账号：3610061001800008191
付款人户名：九州华问金属制品有限公司
付款人开户行：交通银行市分行营业部
摘要：投资款
16RI056050109

经办：G33468　　　　第1次打印：　　20200108

回单编号：202001083677　　回单验证码：7AID464646737

提示：1.电子回单验证码相同表示同一笔业务回单，请勿重复记账使用。
　　　2.已在银行柜台领用业务回单的单位，请注意核对，请勿重复记账使用。

打印时间：2020-01-08 11:10:01

招商银行股份有限公司 电子回单专用章

招商银行股份有限公司
www.cmbchina.com

[教学票样] 招商银行 收款回单

日期：2020年01月08日　　　流水号：G90108Q341A5HLJ
收款账号：362117211290009
户名：九州华问国际酒店有限公司
开户行：招商银行九州市支行
金额（大写）：人民币壹仟贰佰万圆整
（小写）：CNY12,000,000.00
付款账号：6225787644164566
付款人户名：华问集团有限公司
付款人开户行：招商银行九州市支行
摘要：投资款
16RI056050108

经办：G24357　　　　第1次打印：　　20200108

回单编号：202001085455　　回单验证码：7AID454545848

提示：1.电子回单验证码相同表示同一笔业务回单，请勿重复记账使用。
　　　2.已在银行柜台领用业务回单的单位，请注意核对，请勿重复记账使用。

打印时间：2020-01-08 11:09:29

招商银行股份有限公司 电子回单专用章

招商银行股份有限公司
www.cmbchina.com

【教学票样】

付 款 回 单

日期：2020年01月08日　　业务类型：网上企业银行支付　　流水号：G190108Q451A5HLJ
付款账号：362117211290009
户　名：九州华问国际酒店有限公司
开户行：招商银行九州市支行
金额（大写）：人民币柒佰贰拾万圆整
（小写）：CNY7,200,000.00
收款人户名：尚品装饰装修有限公司
收款人账号：440427503602335650060
收款人开户行：中国建设银行恒茂分理处
凭证种类：　　　　凭证号码：　　　　业务编号：20200108185923
摘要：装修款
经办：G25876　　第1次打印：20200108

回单编号：202001083678　　回单验证码：9AID353535868
提示：1.电子回单验证码相同表示同一笔业务回单，请勿重复记账使用。
　　　2.已在银行柜台领用业务回单的单位，请注意核对，请勿重复记账使用。
打印时间：2020-01-08　11:11:11

招商银行股份有限公司 电子回单专用章

招商银行股份有限公司
www.cmbchina.com

【教学票样】

招商银行
付 款 回 单

日期：2020年01月08日　　业务类型：网上企业银行支付　　流水号：G17356Q221A5HLP
付款账号：362117211290009
户　名：九州华问国际酒店有限公司
开户行：招商银行九州市支行
金额（大写）：人民币壹万肆仟壹佰肆拾叁圆整
（小写）：CNY14,143.00
收款人户名：九州中港厨具有限公司
收款人账号：66032650360211465181
收款人开户行：中国建设银行昌东城一品支行
凭证种类：　　　　凭证号码：　　　　业务编号：20200108185980
摘要：购买固定资产
经办：G17356　　第1次打印：20200108

回单编号：2020010813080　　回单验证码：7A1D2650E2AD6F156
提示：1.电子回单验证码相同表示同一笔业务回单，请勿重复记账使用。
　　　2.已在银行柜台领用业务回单的单位，请注意核对，请勿重复记账使用。
打印时间：2020-01-08　15:24:18

招商银行股份有限公司 电子回单专用章

招商银行股份有限公司
www.cmbchina.com

[教学票样]

付 款 回 单

日期：2020年01月08日　业务类型：网上企业银行支付　流水号：G13356Q221A5HLF
付款账号：362117211290009
户　名：九州华问国际酒店有限公司
开户行：招商银行九州市支行
金额（大写）：人民币壹万壹仟陆佰捌拾圆整
　（小写）：CNY11,680.00
收款人户名：九州乐彩办公设备有限公司
收款人账号：610056662088002084807
收款人开户行：交通银行南铁支行
凭证种类：　　　　　凭证号码：　　　　　业务编号：20200108185936
摘要：购买固定资产
经办：G13356　　　第1次打印：20200108
回单编号：2020010813033　回单验证码：7AID2760E2AD6F678
提示：1.电子回单验证码相同表示同一笔业务回单，请勿重复记账使用。
　　　2.已在银行柜台领用业务回单的单位，请注意核对，请勿重复记账使用。
打印时间：2020-01-08　10:30:03

招商银行股份有限公司
www.cmbchina.com

[教学票样]

付 款 回 单

日期：2020年01月08日　业务类型：网上企业银行支付　流水号：G16356Q221A5HLI
付款账号：362117211290009
户　名：九州华问国际酒店有限公司
开户行：招商银行九州市支行
金额（大写）：人民币陆拾玖万柒仟捌佰伍拾圆整
　（小写）：CNY697,850.00
收款人户名：九州亚泰电器有限公司
收款人账号：6220053936142378705
收款人开户行：中国工商银行民和分理处
凭证种类：　　　　　凭证号码：　　　　　业务编号：20200108185963
摘要：购买固定资产
经办：G16356　　　第1次打印：20200108
回单编号：2020010813063　回单验证码：7A1D2850E2AD6F687
提示：1.电子回单验证码相同表示同一笔业务回单，请勿重复记账使用。
　　　2.已在银行柜台领用业务回单的单位，请注意核对，请勿重复记账使用。
打印时间：2020-01-08　14:30:49

招商银行股份有限公司
www.cmbchina.com

【教学票样】

招商银行 付款回单

日期：2020年01月08日　　业务类型：网上企业银行支付　　流水号：G14356Q221A5HLA

付款账号：362117211290009

户　名：九州华问国际酒店有限公司

开户行：招商银行九州市支行

金额（大写）：人民币捌万圆整

（小写）：CNY80,000.00

收款人户名：江西好友有限责任公司

收款人账号：9551013478798934312

收款人开户行：邮政储蓄银行高新区支行

凭证种类：　　　　　凭证号码：　　　　　业务编号：20200108185947

摘要：购买固定资产

经办：G14356　　　第1次打印：20200108

回单编号：2020010813042　　回单验证码：7AID2750E2AD6F659

提示：1.电子回单验证码相同表示同一笔业务回单，请勿重复记账使用。
　　　2.已在银行柜台领用业务回单的单位，请注意核对，请勿重复记账使用。

打印时间：2020-01-08　11:18:46

招商银行股份有限公司
www.cmbchina.com

（招商银行股份有限公司 电子回单专用章）

【教学票样】

招商银行 付款回单

日期：2020年01月08日　　业务类型：网上企业银行支付　　流水号：G18356Q221A5HLT

付款账号：362117211290009

户　名：九州华问国际酒店有限公司

开户行：招商银行九州市支行

金额（大写）：人民币壹佰伍拾肆万伍仟伍佰贰拾圆整

（小写）：CNY1,545,520.00

收款人户名：九州宜嘉家具有限公司

收款人账号：6220052836145873378

收款人开户行：中国工商银行站前路支行

凭证种类：　　　　　凭证号码：　　　　　业务编号：20200108185980

摘要：购买固定资产

经办：G18356　　　第1次打印：20200108

回单编号：2020010813097　　回单验证码：77A1D2650E2AD6F166

提示：1.电子回单验证码相同表示同一笔业务回单，请勿重复记账使用。
　　　2.已在银行柜台领用业务回单的单位，请注意核对，请勿重复记账使用。

打印时间：2020-01-08　16:18:07

招商银行股份有限公司
www.cmbchina.com

（招商银行股份有限公司 电子回单专用章）

【教学票样】

付款回单　　　

日期：2020年01月08日　　业务类型：网上企业银行支付　　流水号：G15356Q234A5HLF
付款账号：362117211290009
户名：九州华问国际酒店有限公司
开户行：招商银行九州市支行
金额（大写）：人民币陆拾捌万伍仟玖佰贰拾壹圆整
（小写）：CNY685,921.00
收款人户名：九州瑞丰汽车销售有限公司
收款人账号：6571810016031123
收款人开户行：九州银行高新区支行
凭证种类：　　　　凭证号码：　　　　业务编号：20200108185958
摘要：购买固定资产

经办：G15356　　第1次打印：　　20200108

招商银行股份有限公司 电子回单专用章

回单编号：2020010813058　　回单验证码：7A1D2850E2AD6F672
提示：1.电子回单验证码相同表示同一笔业务回单，请勿重复记账使用。
　　　2.已在银行柜台领用业务回单的单位，请注意核对，请勿重复记账使用。
打印时间：2020-01-08　11:44:11

招商银行股份有限公司
www.cmbchina.com

【教学票样】

付款回单

日期：2020年01月08日　　业务类型：网上企业银行支付　　流水号：G12356Q221A5HLP
付款账号：362117211290009
户名：九州华问国际酒店有限公司
开户行：招商银行九州市支行
金额（大写）：人民币伍拾壹万圆整
（小写）：CNY510,000.00
收款人户名：科美威环保机电设备有限公司
收款人账号：628479683478759737
收款人开户行：中国银行朝阳路支行
凭证种类：　　　　凭证号码：　　　　业务编号：20200108185925
摘要：购买固定资产

经办：G12356　　第1次打印：　　20200108

招商银行股份有限公司 电子回单专用章

回单编号：2020010813022　　回单验证码：7AID2770E2AD6F69
提示：1.电子回单验证码相同表示同一笔业务回单，请勿重复记账使用。
　　　2.已在银行柜台领用业务回单的单位，请注意核对，请勿重复记账使用。
打印时间：2020-01-08　09:09:29

招商银行股份有限公司
www.cmbchina.com

[教学票样]　　　　　　　付 款 回 单　　　　　　

日期：2020年01月08日　　业务类型：网上企业银行支付　　流水号：G18348Q221A6HPT
付款账号：362117211290009
户　名：九州华问国际酒店有限公司
开户行：招商银行九州市支行
金额（大写）：人民币肆万叁仟伍佰零叁圆叁角整
（小写）：CNY43,503.30
收款人户名：鑫益酒店用品有限公司
收款人账号：60014678610353211
收款人开户行：中国农业银行华南支行
凭证种类：　　　　　　　凭证号码：　　　　　　　业务编号：20200108186874
摘要：购买低耗品

经办：G18348　　　　　　第1次打印：　　　　　　20200108
　　　　　　　　　　　　回单编号：2020010814026　　回单验证码：8A1D2650E6AD6F158
　　　　　　　　　　　　提示：1.电子回单验证码相同表示同一笔业务回单，请勿重复记账使用。
　　　　　　　　　　　　　　　2.已在银行柜台领用业务回单的单位，请注意核对，请勿重复记账使用。
　　　　　　　　　　　　打印时间：2020-01-08 16:32:17

招商银行股份有限公司
www.cmbchina.com

[教学票样]　　　　　　　付 款 回 单　　　　　　

日期：2020年01月13日　　业务类型：网上企业银行支付　　流水号：G16328Q341C8DGF
付款账号：362117211290009
户　名：九州华问国际酒店有限公司
开户行：招商银行九州市支行
金额（大写）：人民币叁仟柒佰叁拾陆圆整
（小写）：CNY3,736.00
收款人户名：九州水业集团有限责任公司
收款人账号：1501001026300010285
收款人开户行：招商银行九州市支行
凭证种类：　　　　　　　凭证号码：　　　　　　　业务编号：20200113216968
摘要：支付水费

经办：G16328　　　　　　第1次打印：　　　　　　20200113
　　　　　　　　　　　　回单编号：2020011315338　　回单验证码：8A2D3950E6AD6F172
　　　　　　　　　　　　提示：1.电子回单验证码相同表示同一笔业务回单，请勿重复记账使用。
　　　　　　　　　　　　　　　2.已在银行柜台领用业务回单的单位，请注意核对，请勿重复记账使用。
　　　　　　　　　　　　打印时间：2020-01-13 09:30:22

招商银行股份有限公司
www.cmbchina.com

教学票样

招商银行 CHINA MERCHANTS BANK

付款回单

日期：2020年01月13日　　业务类型：网上企业银行支付　　流水号：G15328Q341C8DGT

付款账号：362117211290009
户名：九州华问国际酒店有限公司
开户行：招商银行九州市支行
金额（大写）：人民币壹万玖仟捌佰圆整
（小写）：CNY19,800.00
收款人户名：国家电网九州供电总公司
收款人账号：1501001119300081012
收款人开户行：招商银行九州市支行
凭证种类：　　　　凭证号码：　　　　业务编号：20200113216967
摘要：支付电费

经办：G15328　　第1次打印：　　20200113

回单编号：2020011315328　　回单验证码：8A2D3950E6AD6F162

提示：1.电子回单验证码相同表示同一笔业务回单，请勿重复记账使用。
　　　2.已在银行柜台领用业务回单的单位，请注意核对，请勿重复记账使用。

打印时间：2020-01-13　09:22:43

招商银行股份有限公司 电子回单专用章

招商银行股份有限公司
www.cmbchina.com

教学票样

招商银行 CHINA MERCHANTS BANK

付款回单

日期：2020年01月13日　　业务类型：网上企业银行支付　　流水号：G14326Q311C8DGW

付款账号：362117211290009
户名：九州华问国际酒店有限公司
开户行：招商银行九州市支行
金额（大写）：人民币贰拾柒万柒仟伍佰圆整
（小写）：CNY277,500.00
收款人户名：九州茂苑物业管理有限公司
收款人账号：3621172112938468
收款人开户行：招商银行九州市支行
凭证种类：　　　　凭证号码：　　　　业务编号：20200113216968
摘要：支付1月份租金

经办：G14326　　第1次打印：　　20200113

回单编号：2020011315342　　回单验证码：8A2D3950E6AD6F203

提示：1.电子回单验证码相同表示同一笔业务回单，请勿重复记账使用。
　　　2.已在银行柜台领用业务回单的单位，请注意核对，请勿重复记账使用。

打印时间：2020-01-13　10:18:52

招商银行股份有限公司 电子回单专用章

招商银行股份有限公司
www.cmbchina.com

[教学票样]

招商银行 CHINA MERCHANTS BANK

付款回单

日期：2020年01月13日　　业务类型：网上企业银行支付　　流水号：G190113Q151A6HLJ
付款账号：362117211290009
户　名：九州华问国际酒店有限公司
开户行：招商银行九州市支行
金额（大写）：人民币贰仟圆整
　（小写）：CNY2,000.00
收款人户名：真彩文化有限公司
收款人账号：362117358013860
收款人开户行：招商银行海淀分理处
凭证种类：　　　　　　凭证号码：　　　　　　业务编号：20200113560
摘要：支付广告费

经办：G25876　　　　　第1次打印：20200113

回单编号：202001133788　　回单验证码：9AID353535160

提示：1.电子回单验证码相同表示同一笔业务回单，请勿重复记账使用。
　　　2.已在银行柜台领用业务回单的单位，请注意核对，请勿重复记账使用。

打印时间：2020-01-13　10:12:13

（招商银行股份有限公司 电子回单专用章）

招商银行股份有限公司
www.cmbchina.com

[教学票样]

借 款 单

借款日期：2020年1月13日　　部门：总经办

借款人：郑武	借款事由：出差天津
借款金额：（大写）贰仟元整	小写：¥2000元
领导审批：王晓华	借款人签名：郑武

（现金付讫）

[教学票样]

招商银行 CHINA MERCHANTS BANK

付款回单

日期：2020年01月13日　　业务类型：网上企业银行支付　　流水号：G14626Q311C8DEF
付款账号：362117211290009
户　名：九州华问国际酒店有限公司
开户行：招商银行九州市支行
金额（大写）：人民币壹仟捌佰圆整
　　（小写）：CNY1,800.00
收款人户名：长谐企业管理服务有限公司
收款人账号：310088862045382085138
收款人开户行：交通银行军工路支行
凭证种类：　　　　凭证号码：　　　　业务编号：20200113216968
摘　要：支付餐饮部消毒服务
经　办：G14626　　　第1次打印：20200113
回单编号：2020011315535　　回单验证码：8A2D8950E6AD6F106
提示：1.电子回单验证码相同表示同一笔业务回单，请勿重复记账使用。
　　　2.已在银行柜台领用业务回单的单位，请注意核对，请勿重复记账使用。
打印时间：2020-01-13　11:18:52

（招商银行股份有限公司 电子回单专用章）

招商银行股份有限公司
www.cmbchina.com

[教学票样]

招商银行 CHINA MERCHANTS BANK

现金单　☑存钱　□取现　　日期：2020年01月10日

客户编写	客户名称	九州华问国际酒店有限公司	账号	362117211290009
	开户行	招商银行九州市支行	币种	人民币　　金额 25,128.00
	来源用途	账款	备注	

银行填字	收款人账号：362117211290009 收款人户名：九州华问国际酒店有限公司
	交易码　　　　收付　　　　金额
	115703　　　　收　　　　25,128.00
	收入金额：25,128.00　　付出金额：
	实收金额：25,128.00
	交易日期：2020年01月10日
	经办：014039

（招商银行九州市支行 2020.01.10 现金收讫）

第二联：客户留存

[教学票样]

现金单 ☑存钱 ☐取现   日期:2020年01月11日   招商银行 CHINA MERCHANTS BANK

客户编写	客户名称	九州华问国际酒店有限公司	账号	362117211290009
	开户行	招商银行九州市支行	币种	人民币　金额 14,738.00
	来源用途	账款	备注	

银行填字

收款人账号:362117211290009
收款人户名:九州华问国际酒店有限公司

交易码	收付	金额
115703	收	14,738.00

收入金额: 14,738.00
实收金额: 14,738.00   付出金额:

交易日期:2020年01月11日
经办:014039

（盖章：招商银行九州市支行 2020.01.11 现金收讫）

第二联：客户留存

[教学票样]

收款回单

日期：2020年01月20日   流水号：22RI045041546
收款账号：362117211290009
户名：九州华问国际酒店有限公司
开户行：招商银行九州市支行
金额（大写）：人民币贰万肆仟叁佰陆拾圆整
　（小写）：CNY24,360.00
付款账号：6102601065508023 01
付款人户名：北京易彩旅行社
付款人开户行：中国工商银行安定门支行
摘要：收到北京易彩旅行社账款
22RI045041546

经办：G12354   第1次打印：   20200120

回单编号：2020012013028   回单验证码：08CFB81C7742BD15

提示：1.电子回单验证码相同表示同一笔业务回单，请勿重复记账使用。
　　　2.已在银行柜台领用业务回单的单位，请注意核对，请勿重复记账使用。

打印时间：2020-01-20 10:09:26

（盖章：招商银行股份有限公司 电子回单专用章）

招商银行股份有限公司
www.cmbchina.com

教学票样 九州市代收罚没收入票据

(2020) № 01205742
日期:2020年01月20日

执收单位	九州市交通警察大队高速支队	处罚决定书号码	62157966
缴款人	蔡寿权	付款方式	
项目	金额		备注
罚没款	1200.00		超载
滞纳金		现金付讫	
合计			
金额合计(大写)	仟 佰 拾 ¥万 壹仟 贰佰 零 拾 零元 零角 零分		
代收银行(盖章)		收款	0157
		复核	

教学票样 付款回单 招商银行 CHINA MERCHANTS BANK

日期:2020年01月20日　　业务类型:网上企业银行支付　　流水号:G12866Q311C1WRH
付款账号:362117211290009
户名:九州华问国际酒店有限公司
开户行:招商银行九州市支行
金额(大写):人民币贰万壹仟玖佰圆整
　(小写):CNY21,900.00
收款人户名:九州玄艺服装有限公司
收款人账号:3621178146543868
收款人开户行:招商银行九州市支行
凭证种类:　　　　　　凭证号码:　　　　　　业务编号:20200120216985
摘要:购买员工劳保用品
经办:G12866　　　　　第1次打印:　　　20200120
　　　　　　　　　　　回单编号:2020012016835　回单验证码:6A2D8950E6AD6F208
　　　　　　　　　　　提示:1.电子回单验证码相同表示同一笔业务回单,请勿重复记账使用。
　　　　　　　　　　　　　 2.已在银行柜台领用业务回单的单位,请注意核对,请勿重复记账使用。
打印时间:2020-01-20　10:56:32

[教学票样] 九州华问国际酒店有限公司

入库单

入库单号：19020001　　入库日期：2020-01-16　　入库类型：采购入库　　部门：商超部
供应商名称：福泰日用瓷器有限公司　　备注：

收款记录	编码	商品名称	型号规格	单位	数量	含税单价	价税合计
		窑变花瓶三件套	GD-013	套	10.00	280.00	2,800.00
		青瓷手绘三件套	SH-267	套	10.00	280.00	2,800.00
		青花瓷三件套山水花瓶	SJT-139	套	10.00	280.00	2,800.00
		现代中式储物罐三件套	CWG-258	套	10.00	280.00	2,800.00
		水点桃花三件套花瓶	SJT-140	套	10.00	280.00	2,800.00
		手绘荷花异形尖口三件套	SH-331	套	10.00	280.00	2,800.00
		高档仿古官窑开片花瓶	FG-015	套	10.00	150.01	1,500.10
		喜鹊盘+龙架	35cm	套	20.00	90.00	1,800.00
		孔雀盘+龙架	35cm	套	20.00	90.00	1,800.00
		金边和字盘+龙架	35cm	套	20.00	90.00	1,800.00
		百福盘+龙架	35cm	套	19.00	90.00	1,710.00
		60头骨质瓷餐具	疏影系列	套	15.00	280.00	4,200.00
		61头骨质瓷餐具	芸阙系列	套	15.00	280.00	4,200.00
		62头骨质瓷餐具	金边系列	套	14.00	279.99	3,919.90
		63头骨质瓷餐具	百合系列	套	15.00	280.00	4,200.00
		64头骨质瓷餐具	或迷花系列	套	15.00	280.00	4,200.00
合计							46,130.00

记账：　　复核：　　仓库保管：　　销售员：徐娇

（收专发用章）（九州华问国际酒店有限公司）

[教学票样] **招商银行 CHINA MERCHANTS BANK**

付款回单

日期：2020年01月20日　　业务类型：网上企业银行支付　　流水号：G18346Q238C1CFJ

付款账号：362117211290009
户名：九州华问国际酒店有限公司
开户行：招商银行九州市支行
金额（大写）：人民币肆万陆仟壹佰叁拾圆整
　　　（小写）：CNY46,130.00
收款人户名：福泰日用瓷器有限公司
收款人账号：4220053915158671832
收款人开户行：中国工商银行柳泉分理处
凭证种类：　　　　　　　凭证号码：　　　　　　　业务编号：20200120156256
摘要：购买瓷器一批
经办：G18346　　　　　第1次打印：　　　　　　20200120
　　　　　　　　　　　回单编号：2020012058462　　回单验证码：6A2D8950E6AD6F396

提示：1.电子回单验证码相同表示同一笔业务回单，请勿重复记账使用。
　　　2.已在银行柜台领用业务回单的单位，请注意核对，请勿重复记账使用。

打印时间：2020-01-20　11:32:16

（招商银行股份有限公司 电子回单专用章）

招商银行股份有限公司
www.cmbchina.com

[教学票样]

招商银行 付款回单

日期：2020年01月20日　　业务类型：网上企业银行支付　　流水号：G19346Q238C1CFY

付款账号：362117211290009

户　名：九州华问国际酒店有限公司

开户行：招商银行九州市支行

金额（大写）：人民币叁万柒仟伍佰玖拾伍圆壹角伍分

（小写）：CNY37,595.15

收款人户名：中国平安财产保险股份有限公司九州分公司

收款人账号：629050508080160046

收款人开户行：中信银行永叔路支行

凭证种类：　　　　　　　凭证号码：　　　　　　　业务编号：2020012056473

摘要：支付汽车保险费

经办：G19346　　　　　第1次打印：20200120

回单编号：2020012015648　　回单验证码：6B2D8950E6AD6F862

提示：1.电子回单验证码相同表示同一笔业务回单，请勿重复记账使用。
　　　2.已在银行柜台领用业务回单的单位，请注意核对，请勿重复记账使用。

打印时间：2020-01-20 14:22:09

（招商银行股份有限公司 电子回单专用章）

招商银行股份有限公司
www.cmbchina.com

[教学票样]

现金单　☑存钱　□取现　日期：2020年01月14日　招商银行

客户编写	客户名称	九州华问国际酒店有限公司	账号	362117211290009		
	开户行	招商银行九州市支行	币种	人民币	金额	61,180.00
	来源用途	账款	备注			

银行填字	收款人账号：362117211290009　　
	收款人户名：九州华问国际酒店有限公司
	交易码　　收付　　　　金额
	115703　　　收　　　　61,180.00
	收入金额：61,180.00
	实收金额：61,180.00　付出金额：
	交易日期：2020年01月14日
	经办：014039

（招商银行九州市支行 2020.01.14 现金收讫）

第二联：客户留存

[教学票样]

现金单 ☑存钱 □取现　　日期：2020 年 01 月 15 日

客户编号写	客户名称	九州华问国际酒店有限公司	账　号	362117211290009		
	开户行	招商银行九州市支行	币　种	人民币	金　额	17,766.00
	来源用途	账款	备　注			

```
银行填字    收款人账号：362117211290009
            收款人户名：九州华问国际酒店有限公司
            交易码           收付           金额
            115703           收           17,766.00
            收入金额： 17,766.00
            实收金额： 17,766.00         付出金额：
            交易日期：2020年01月15日
            经办：014039
```

招商银行九州市支行　2020.01.15　现金收讫

第二联：客户留存

[教学票样]

现金单 ☑存钱 □取现　　日期：2020 年 01 月 16 日

客户编号写	客户名称	九州华问国际酒店有限公司	账　号	362117211290009		
	开户行	招商银行九州市支行	币　种	人民币	金　额	7,370.00
	来源用途	账款	备　注			

```
银行填字    收款人账号：362117211290009
            收款人户名：九州华问国际酒店有限公司
            交易码           收付           金额
            115703           收            7,370.00
            收入金额： 7,370.00
            实收金额： 7,370.00          付出金额：
            交易日期：2020年01月16日
            经办：014039
```

招商银行九州市支行　2020.01.16　现金收讫

第二联：客户留存

[教学票样]

现金单 ☑存钱 ☐取现　　日期：2020 年 01 月 17 日　　招商银行 CHINA MERCHANTS BANK

客户编写	客户名称	九州华问国际酒店有限公司	账 号	362117211290009		
	开户行	招商银行九州市支行	币 种	人民币	金 额	5,832.00
	来源用途	账款	备 注			

银行填字：
收款人账号：362117211290009
收款人户名：九州华问国际酒店有限公司

交易码	收付	金额		付出金额：
115703	收	5,832.00		

收入金额： 5,832.00
实收金额： 5,832.00
交易日期：2020年01月17日
经办：014039

（盖章：招商银行九州市支行 2020.01.17 现金收讫）

第二联：客户留存

[教学票样]

现金单 ☑存钱 ☐取现　　日期：2020 年 01 月 18 日　　招商银行 CHINA MERCHANTS BANK

客户编写	客户名称	九州华问国际酒店有限公司	账 号	362117211290009		
	开户行	招商银行九州市支行	币 种	人民币	金 额	12,640.00
	来源用途	账款	备 注			

银行填字：
收款人账号：362117211290009
收款人户名：九州华问国际酒店有限公司

交易码	收付	金额		付出金额：
115703	收	12,640.00		

收入金额： 12,640.00
实收金额： 12,640.00
交易日期：2020年01月18日
经办：014039

（盖章：招商银行九州市支行 2020.01.18 现金收讫）

第二联：客户留存

[教学票样]

收 款 回 单

日期：2020年01月27日　　　　　　　　　流水号：22WD045041125
收款账号：362117211290009
户名：九州华问国际酒店有限公司
开户行：招商银行九州市支行
金额（大写）：人民币柒万玖仟肆佰肆拾圆整
（小写）：CNY79,440.00
付款账号：6102601065508022301
付款人户名：北京易彩旅行社
付款人开户行：中国工商银行安定门支行
摘要：收到北京易彩旅行社账款
22WD045041125

经办：G52368　　　　　　　第1次打印：　　　　　20200127

回单编号：2020012752364　　回单验证码：08CFB81C7742BD32

提示：1.电子回单验证码相同表示同一笔业务回单，请勿重复记账使用。
　　　2.已在银行柜台领用业务回单的单位，请注意核对，请勿重复记账使用。

打印时间：2020-01-27 11:00:11

招商银行股份有限公司
www.cmbchina.com

[教学票样]

收 款 回 单

日期：2020年01月27日　　　　　　　　　流水号：22WD045042537
收款账号：362117211290009
户名：九州华问国际酒店有限公司
开户行：招商银行九州市支行
金额（大写）：人民币伍万叁仟玖佰贰拾捌圆整
（小写）：CNY53,928.00
付款账号：6102601065508022301
付款人户名：北京易彩旅行社
付款人开户行：中国工商银行安定门支行
摘要：收到北京易彩旅行社账款
22WD045042537

经办：G24868　　　　　　　第1次打印：　　　　　20200127

回单编号：2020012724868　　回单验证码：08CFB81C7742BD55

提示：1.电子回单验证码相同表示同一笔业务回单，请勿重复记账使用。
　　　2.已在银行柜台领用业务回单的单位，请注意核对，请勿重复记账使用。

打印时间：2020-01-27 14:12:36

招商银行股份有限公司
www.cmbchina.com

教学票样

九州华问国际酒店有限公司

入库单

入库单号：19020002　　入库日期：2020-01-21　　入库类型：采购入库　　部门：商超部
供应商名称：福泰日用瓷器有限公司　　备注：

收款记录	编码	商品名称	型号规格	单位	数量	含税单价	价税合计
		窑变花瓶三件套	GD-013	套	15.00	280.00	4,200.00
		青瓷手绘三件套	SH-267	套	15.00	280.00	4,200.00
		青花瓷三件套山水花瓶	SJT-139	套	15.00	280.00	4,200.00
		现代中式储物罐三件套	CWG-258	套	15.00	280.00	4,200.00
		水点桃花三件套花瓶	SJT-140	套	15.00	280.00	4,200.00
		手绘荷花异形尖口三件套	SH-331	套	15.00	280.00	4,200.00
		高档仿古官窑开片花瓶	FG-015	套	20.00	150.01	3,000.20
		喜鹊盘+龙架	35cm	套	20.00	90.00	1,800.00
		孔雀盘+龙架	35cm	套	20.00	90.00	1,800.00
		金边和字盘+龙架	35cm	套	20.00	90.00	1,800.00
		百福盘+龙架	35cm	套	20.00	90.00	1,800.00
		60头骨质瓷餐具	疏影系列	套	20.00	280.00	5,600.00
		60头骨质瓷餐具	芸阙系列	套	20.00	280.00	5,600.00
		60头骨质瓷餐具	金边系列	套	20.00	279.99	5,599.80
		60头骨质瓷餐具	白色系列	套	20.00	280.00	5,600.00
		60头骨质瓷餐具	桃花系列	套	20.00	280.00	5,600.00
		56头骨质瓷餐具	青花系列	套	32.00	265.00	8,480.00
合计							71,880.00

记账：　　复核：　　仓库保管：　　销售员：徐娇

教学票样

招商银行 CHINA MERCHANTS BANK

付款回单

日期：2020年01月27日　　业务类型：网上企业银行支付　　流水号：G24946Q238C1SDG

付款账号：362117211290009
户名：九州华问国际酒店有限公司
开户行：招商银行九州市支行
金额（大写）：人民币柒万壹仟捌佰捌拾圆整
（小写）：CNY71,880.00
收款人户名：福泰日用瓷器有限公司
收款人账号：4220053915158671832
收款人开户行：中国工商银行柳泉分理处
凭证种类：　　凭证号码：　　业务编号：20200127548673
摘要：购买瓷器一批
经办：G24946　　第1次打印：　　20200127
回单编号：2020012758162　　回单验证码：4A2D8950E6AD6X396

提示：1.电子回单验证码相同表示同一笔业务回单，请勿重复记账使用。
　　　2.已在银行柜台领用业务回单的单位，请注意核对，请勿重复记账使用。

打印时间：2020-01-27　10:18:25

招商银行股份有限公司
www.cmbchina.com

教学票样

付款回单

 招商银行 CHINA MERCHANTS BANK

日期：2020年01月27日　　业务类型：网上企业银行支付　　流水号：G33946Q238C1SAE
付款账号：362117211290009
户名：九州华问国际酒店有限公司
开户行：招商银行九州市支行
金额（大写）：人民币叁仟圆整
（小写）：CNY3,000.00
收款人户名：九州京师律师事务所
收款人账号：3621178146543868
收款人开户行：招商银行九州市支行
凭证种类：　　　　　凭证号码：　　　　　业务编号：20200127546574
摘要：支付律师咨询费
经办：G33946　　　　第1次打印：20200127
　　　　　　　　　　回单编号：2020012758188　　回单验证码：4A2D8950E6AD6X582
提示：1.电子回单验证码相同表示同一笔业务回单，请勿重复记账使用。
　　　2.已在银行柜台领用业务回单的单位，请注意核对，请勿重复记账使用。
打印时间：2020-01-27 15:09:18

（招商银行股份有限公司 电子回单专用章）

招商银行股份有限公司
www.cmbchina.com

教学票样

九州市代收罚没收入票据

（2020）№ 01205792
日期：2020年01月27日

执收单位	九州市消防大队铁路支队	处罚决定书号码	42136189
缴款人	蔡寿权	付款方式	
项目	金额		备注
罚没款	2000.00		消防措施不完善
滞纳金			
合计			
金额合计(大写)	仟 佰 拾 ¥万 贰仟 零佰 零拾 零元 零角 零分		
代收银行(盖章)		收款	0178
		复核	

现金付讫

[教学票样]

现 金 单 ☑ 存钱 ☐ 取现   日期：2020 年 01 月 21 日    招商银行 CHINA MERCHANTS BANK

客户编写	客户名称	九州华问国际酒店有限公司	账 号	362117211290009		
	开户行	招商银行九州市支行	币 种	人民币	金 额	20,845.00
	来源用途	账款	备 注			

银行填字：
收款人账号：362117211290009
收款人户名：九州华问国际酒店有限公司

交易码	收付	金额		付出金额：
116102	收	20,845.00		

收入金额： 20,845.00
实收金额： 20,845.00
交易日期：2020年01月21日
经办：014012

（印章：招商银行九州市支行 2020.01.21 现金收讫）

第二联：客户留存

[教学票样]

现 金 单 ☑ 存钱 ☐ 取现   日期：2020 年 01 月 22 日    招商银行 CHINA MERCHANTS BANK

客户编写	客户名称	九州华问国际酒店有限公司	账 号	362117211290009		
	开户行	招商银行九州市支行	币 种	人民币	金 额	10,916.00
	来源用途	账款	备 注			

银行填字：
收款人账号：362117211290009
收款人户名：九州华问国际酒店有限公司

交易码	收付	金额		付出金额：
116102	收	10,916.00		

收入金额： 10,916.00
实收金额： 10,916.00
交易日期：2020年01月22日
经办：014012

（印章：招商银行九州市支行 2020.01.22 现金收讫）

第二联：客户留存

[教学票样]

现金单 ☑存钱 ☐取现   日期：2020年01月23日    招商银行 CHINA MERCHANTS BANK

客户编写	客户名称	九州华问国际酒店有限公司	账号	362117211290009		
	开户行	招商银行九州市支行	币种	人民币	金额	6,698.00
	来源用途	账款	备注			

银行填字：

收款人账号：362117211290009
收款人户名：九州华问国际酒店有限公司

交易码	收付	金额		付出金额：
116102	收	6,698.00		
	收入金额	6,698.00		
	实收金额	6,698.00		

交易日期：2020年01月23日
经办：014012

（印章：招商银行九州市支行 2020.01.23 现金收讫）

第二联：客户留存

[教学票样]

现金单 ☑存钱 ☐取现   日期：2020年01月24日    招商银行 CHINA MERCHANTS BANK

客户编写	客户名称	九州华问国际酒店有限公司	账号	362117211290009		
	开户行	招商银行九州市支行	币种	人民币	金额	14,550.00
	来源用途	账款	备注			

银行填字：

收款人账号：362117211290009
收款人户名：九州华问国际酒店有限公司

交易码	收付	金额		付出金额：
116102	收	14,550.00		
	收入金额	14,550.00		
	实收金额	14,550.00		

交易日期：2020年01月24日
经办：014012

（印章：招商银行九州市支行 2020.01.24 现金收讫）

第二联：客户留存

【教学票样】

现金单

☑ 存钱　☐ 取现　　日期：2020 年 01 月 25 日

客户编写	客户名称	九州华问国际酒店有限公司	账号	362117211290009
	开户行	招商银行九州市支行	币种	人民币　　金额　5,383.00
	来源用途	账款	备注	

银行填字

收款人账号：362117211290009
收款人户名：九州华问国际酒店有限公司

交易码	收付	金额
116102	收	5,383.00

收入金额：5,383.00　　付出金额：
实收金额：5,383.00

交易日期：2020年01月25日
经办：014012

（印章：招商银行九州市支行 2020.01.25 现金收讫）

第二联：客户留存

【教学票样】

招商银行

收费回单

日期：2020年01月08日　　业务类型：企业银行扣费　　流水号：G36482S751ABRTU

扣费账号：362117211290009
户　名：九州华问国际酒店有限公司
开户行：招商银行九州市支行
实收金额：CNY40.50
摘　要：网银汇款手续费
收费时段：20200108-20200108

第1次打印　　　　　　20200108
回单编号：2020010836572　　回单验证码：348YU878DE871C82

提示：1.电子回单验证码相同表示同一笔业务回单，请勿重复记账使用。
　　　2.已在银行柜台领用业务回单的单位，请注意核对，请勿重复记账使用。

打印时间：2020-01-08　09:30:08

（印章：招商银行股份有限公司 电子回单专用章）

招商银行股份有限公司
www.cmbchina.com

[教学票样]

收 费 回 单

日期：2020年01月08日　　业务类型：企业银行扣费　　流水号：G36482S2B15SV85
扣费账号：362117211290009
户名：九州华问国际酒店有限公司
开户行：招商银行九州市支行
实收金额：CNY10.50
摘要：网银汇款手续费
收费时段：20200108-20200108

第1次打印　　　　　　　　　20200108
回单编号：2020010837110　　回单验证码：348YR8780E9N6873
提示：1.电子回单验证码相同表示同一笔业务回单，请勿重复记账使用。
　　　2.已在银行柜台领用业务回单的单位，请注意核对，请勿重复记账使用。
打印时间：2020-01-08　10:05:04

（招商银行股份有限公司 电子回单专用章）

招商银行股份有限公司
www.cmbchina.com

[教学票样]

收 费 回 单

日期：2020年01月08日　　业务类型：企业银行扣费　　流水号：G36482S2715S886
扣费账号：362117211290009
户名：九州华问国际酒店有限公司
开户行：招商银行九州市支行
实收金额：CNY20.50
摘要：网银汇款手续费
收费时段：20200108-20200108

第1次打印　　　　　　　　　20200108
回单编号：2020010837219　　回单验证码：348YR87800987536
提示：1.电子回单验证码相同表示同一笔业务回单，请勿重复记账使用。
　　　2.已在银行柜台领用业务回单的单位，请注意核对，请勿重复记账使用。
打印时间：2020-01-08　10:06:34

（招商银行股份有限公司 电子回单专用章）

招商银行股份有限公司
www.cmbchina.com

【教学票样】

收 费 回 单

日期：2020年01月08日　　业务类型：企业银行扣费　　流水号：G36482S2715TP005
扣费账号：362117211290009
户名：九州华问国际酒店有限公司
开户行：招商银行九州市支行
实收金额：CNY20.50
摘要：网银汇款手续费
收费时段：20200108-20200108

第1次打印　　　　　　　　20200108

回单编号：2020010837230　　回单验证码：348YR878114003EM

提示：1.电子回单验证码相同表示同一笔业务回单，请勿重复记账使用。
　　　2.已在银行柜台领用业务回单的单位，请注意核对，请勿重复记账使用。

打印时间：2020-01-08　10:08:22

（招商银行股份有限公司 电子回单专用章）

招商银行股份有限公司
www.cmbchina.com

【教学票样】

收 费 回 单

日期：2020年01月08日　　业务类型：企业银行扣费　　流水号：G36482D2715T0098
扣费账号：362117211290009
户名：九州华问国际酒店有限公司
开户行：招商银行九州市支行
实收金额：CNY15.50
摘要：网银汇款手续费
收费时段：20200108-20200108

第1次打印　　　　　　　　20200108

回单编号：2020010837237　　回单验证码：348YR87811886617

提示：1.电子回单验证码相同表示同一笔业务回单，请勿重复记账使用。
　　　2.已在银行柜台领用业务回单的单位，请注意核对，请勿重复记账使用。

打印时间：2020-01-08　10:09:49

（招商银行股份有限公司 电子回单专用章）

招商银行股份有限公司
www.cmbchina.com

[教学票样]

收 费 回 单

日期：2020年01月08日　　业务类型：企业银行扣费　　流水号：G36482D2715YU789
扣费账号：362117211290009
户名：九州华问国际酒店有限公司
开户行：招商银行九州市支行
实收金额：CNY5.50
摘要：网银汇款手续费
收费时段：20200108-20200108

第1次打印　　　　　　　　　20200108
回单编号：2020010837660　　回单验证码：348YR878118YT2C6
提示：1.电子回单验证码相同表示同一笔业务回单，请勿重复记账使用。
　　　2.已在银行柜台领用业务回单的单位，请注意核对，请勿重复记账使用。
打印时间：2020-01-08　10:11:05

招商银行股份有限公司 电子回单专用章

招商银行股份有限公司
www.cmbchina.com

[教学票样]

收 费 回 单

日期：2020年01月13日　　业务类型：企业银行扣费　　流水号：G45621U324NBTUB
扣费账号：362117211290009
户名：九州华问国际酒店有限公司
开户行：招商银行九州市支行
实收金额：CNY5.50
摘要：网银汇款手续费
收费时段：20200113-20200113

第1次打印　　　　　　　　　20200113
回单编号：2020011345621　　回单验证码：478TU849DE324D10
提示：1.电子回单验证码相同表示同一笔业务回单，请勿重复记账使用。
　　　2.已在银行柜台领用业务回单的单位，请注意核对，请勿重复记账使用。
打印时间：2020-01-13　09:08:11

招商银行股份有限公司 电子回单专用章

招商银行股份有限公司
www.cmbchina.com

[教学票样]

收 费 回 单

日期：2020年01月20日　　业务类型：企业银行扣费　　流水号：G85634U324NBTFG
扣费账号：362117211290009
户　名：九州华问国际酒店有限公司
开户行：招商银行九州市支行
实收金额：CNY10.50
摘　要：网银汇款手续费
收费时段：20200120-20200120

第1次打印　　　　　　　　20200120

回单编号：2020012085634　　回单验证码：458TU849DE486G52

提示：1.电子回单验证码相同表示同一笔业务回单，请勿重复记账使用。
　　　2.已在银行柜台领用业务回单的单位，请注意核对，请勿重复记账使用。

打印时间：2020-01-20　11:08:35

招商银行股份有限公司
www.cmbchina.com

[教学票样]

招商银行
CHINA MERCHANTS BANK

收 费 回 单

日期：2020年01月20日　　业务类型：企业银行扣费　　流水号：G78534P789NBUFT
扣费账号：362117211290009
户　名：九州华问国际酒店有限公司
开户行：招商银行九州市支行
实收金额：CNY10.50
摘　要：网银汇款手续费
收费时段：20200120-20200120

第1次打印　　　　　　　　20200120

回单编号：2020012078534　　回单验证码：858TU849DE486F55

提示：1.电子回单验证码相同表示同一笔业务回单，请勿重复记账使用。
　　　2.已在银行柜台领用业务回单的单位，请注意核对，请勿重复记账使用。

打印时间：2020-01-20　11:25:14

招商银行股份有限公司
www.cmbchina.com

[教学票样]

收 费 回 单

日期：2020年01月31日　　　业务类型：企业银行扣费　　　流水号：G87652P789NBUGY
扣费账号：362117211290009
户名：九州华问国际酒店有限公司
开户行：招商银行九州市支行
实收金额：CNY10.50
摘要：网银汇款手续费
收费时段：20200131-20200131

第1次打印　　　　　　20200131

回单编号：2020013187652　　回单验证码：159TU849DE486T46
提示：1.电子回单验证码相同表示同一笔业务回单，请勿重复记账使用。
　　　2.已在银行柜台领用业务回单的单位，请注意核对，请勿重复记账使用。

打印时间：2020-01-31　9:16:22

招商银行股份有限公司
www.cmbchina.com

[教学票样] 招商银行

收 费 回 单

日期：2020年01月31日　　　业务类型：企业银行扣费　　　流水号：G94562F523NBUWT
扣费账号：362117211290009
户名：九州华问国际酒店有限公司
开户行：招商银行九州市支行
实收金额：CNY10.50
摘要：网银汇款手续费
收费时段：20200131-20200131

第1次打印　　　　　　20200131

回单编号：2020013194562　　回单验证码：432TU849DE486T59
提示：1.电子回单验证码相同表示同一笔业务回单，请勿重复记账使用。
　　　2.已在银行柜台领用业务回单的单位，请注意核对，请勿重复记账使用。

打印时间：2020-01-31　9:59:38

招商银行股份有限公司
www.cmbchina.com

教学票样

收 费 回 单

日期：2020年01月08日　　业务类型：企业银行扣费　　流水号：G36482S231ABRTU
扣费账号：362117211290009
户　名：九州华问国际酒店有限公司
开户行：招商银行九州市支行
实收金额：CNY15.50
摘　要：网银汇款手续费
收费时段：20200108-20200108

第1次打印　　　　　　　　　20200108

回单编号：2020010836482　　回单验证码：348YU878DE991C82

提示：1.电子回单验证码相同表示同一笔业务回单，请勿重复记账使用。
　　　2.已在银行柜台领用业务回单的单位，请注意核对，请勿重复记账使用。

打印时间：2019-01-08　09:40:08

招商银行股份有限公司
www.cmbchina.com

（招商银行股份有限公司 电子回单专用章）

教学票样

收 费 回 单

日期：2020年01月08日　　业务类型：企业银行扣费　　流水号：G36748P462CBRTA
扣费账号：362117211290009
户　名：九州华问国际酒店有限公司
开户行：招商银行九州市支行
实收金额：CNY10.50
摘　要：网银汇款手续费
收费时段：20200108-20200108

第1次打印　　　　　　　　　20200108

回单编号：2020010836748　　回单验证码：378YU849DE991D51

提示：1.电子回单验证码相同表示同一笔业务回单，请勿重复记账使用。
　　　2.已在银行柜台领用业务回单的单位，请注意核对，请勿重复记账使用。

打印时间：2020-01-08　10:12:18

招商银行股份有限公司
www.cmbchina.com

（招商银行股份有限公司 电子回单专用章）

[教学票样]

收 费 回 单

日期：2020年01月08日　　业务类型：企业银行扣费　　流水号：G36482S2311253B
扣费账号：362117211290009
户名：九州华问国际酒店有限公司
开户行：招商银行九州市支行
实收金额：CNY10.50
摘要：网银汇款手续费
收费时段：20200108-20200108

第1次打印　　　　　　　　20200108

回单编号：2020010836671　　回单验证码：348YU878DE88601

提示：1.电子回单验证码相同表示同一笔业务回单，请勿重复记账使用。
　　　2.已在银行柜台领用业务回单的单位，请注意核对，请勿重复记账使用。

打印时间：2020-01-08　09:41:22

招商银行股份有限公司
www.cmbchina.com

[教学票样]

收 费 回 单

日期：2020年01月08日　　业务类型：企业银行扣费　　流水号：G34682S23112870
扣费账号：362117211290009
户名：九州华问国际酒店有限公司
开户行：招商银行九州市支行
实收金额：CNY10.50
摘要：网银汇款手续费
收费时段：20200108-20200108

第1次打印　　　　　　　　20200108

回单编号：2020010836675　　回单验证码：348YU878DE988685

提示：1.电子回单验证码相同表示同一笔业务回单，请勿重复记账使用。
　　　2.已在银行柜台领用业务回单的单位，请注意核对，请勿重复记账使用。

打印时间：2020-01-08　09:43:19

招商银行股份有限公司
www.cmbchina.com

【教学票样】

收 费 回 单

日期：2020年01月08日　　业务类型：企业银行扣费　　流水号：G36482S23113001
扣费账号：362117211290009
户名：九州华问国际酒店有限公司
开户行：招商银行九州市支行
实收金额：CNY15.50
摘要：网银汇款手续费
收费时段：20200108-20200108

第1次打印　　　　　　　20200108
回单编号：2020010837001　　回单验证码：348YU878DE9887RC
提示：1.电子回单验证码相同表示同一笔业务回单，请勿重复记账使用。
　　　2.已在银行柜台领用业务回单的单位，请注意核对，请勿重复记账使用。
打印时间：2020-01-08　09:55:08

招商银行股份有限公司 电子回单专用章

招商银行股份有限公司
www.cmbchina.com

【教学票样】

收 费 回 单

日期：2020年01月08日　　业务类型：企业银行扣费　　流水号：G36482S23115607
扣费账号：362117211290009
户名：九州华问国际酒店有限公司
开户行：招商银行九州市支行
实收金额：CNY15.50
摘要：网银汇款手续费
收费时段：20200108-20200108

第1次打印　　　　　　　20200108
回单编号：2020010837015　　回单验证码：348YU878DE98902B
提示：1.电子回单验证码相同表示同一笔业务回单，请勿重复记账使用。
　　　2.已在银行柜台领用业务回单的单位，请注意核对，请勿重复记账使用。
打印时间：2020-01-08　09:59:58

招商银行股份有限公司 电子回单专用章

招商银行股份有限公司
www.cmbchina.com

[教学票样]

收 费 回 单

日期：2020年01月08日　　业务类型：企业银行扣费　　流水号：G36482S2311SQ18
扣费账号：362117211290009
户名：九州华问国际酒店有限公司
开户行：招商银行九州市支行
实收金额：CNY10.50
摘要：网银汇款手续费
收费时段：20200108-20200108

第1次打印　　　　　　　　　　20200108

回单编号：2020010837101　　回单验证码：348YU878DE9YV02B

提示：1.电子回单验证码相同表示同一笔业务回单，请勿重复记账使用。
　　　2.已在银行柜台领用业务回单的单位，请注意核对，请勿重复记账使用。

打印时间：2020-01-08　10:02:12

招商银行股份有限公司　www.cmbchina.com

（招商银行股份有限公司 电子回单专用章）

[教学票样]

收 费 回 单

日期：2020年01月08日　　业务类型：企业银行扣费　　流水号：G36482S2311SVP9
扣费账号：362117211290009
户名：九州华问国际酒店有限公司
开户行：招商银行九州市支行
实收金额：CNY10.50
摘要：网银汇款手续费
收费时段：20200108-20200108

第1次打印　　　　　　　　　　20200108

回单编号：2020010837105　　回单验证码：348YU8780E9Y6870

提示：1.电子回单验证码相同表示同一笔业务回单，请勿重复记账使用。
　　　2.已在银行柜台领用业务回单的单位，请注意核对，请勿重复记账使用。

打印时间：2020-01-08　10:03:54

招商银行股份有限公司　www.cmbchina.com

（招商银行股份有限公司 电子回单专用章）

[教学票样]  付 款 回 单

日期：2020年01月31日　　业务类型：网上企业银行支付　　流水号：G63846Q238C6FRL
付款账号：362117211290009
户名：九州华问国际酒店有限公司
开户行：招商银行九州市支行
金额（大写）：人民币贰万零贰佰捌拾陆圆整
（小写）：CNY20,286.00
收款人户名：九州玉洁洗涤有限公司
收款人账号：44032546532215445541
收款人开户行：中国建设银行咸宁路支行
凭证种类：　　　　　凭证号码：　　　　　业务编号：20200131553576
摘要：支付1月份客房部洗涤费
经办：G63846　　　　第1次打印：　　　　20200131
　　　　　　　　　　回单编号：2020013156924　　回单验证码：6A2D1260E6AD6X568
（招商银行股份有限公司 电子回单专用章）
提示：1.电子回单验证码相同表示同一笔业务回单，请勿重复记账使用。
　　　2.已在银行柜台领用业务回单的单位，请注意核对，请勿重复记账使用。
打印时间：2020-01-31　10:00:29

招商银行股份有限公司
www.cmbchina.com

[教学票样] 付 款 回 单　招商银行

日期：2020年01月31日　　业务类型：网上企业银行支付　　流水号：G14832Q311C8YJK
付款账号：362117211290009
户名：九州华问国际酒店有限公司
开户行：招商银行九州市支行
金额（大写）：人民币肆仟陆佰圆整
（小写）：CNY4,600.00
收款人户名：奥康餐具清洁有限公司
收款人账号：360121346290078
收款人开户行：招商银行广场支行
凭证种类：　　　　　凭证号码：　　　　　业务编号：20200131546938
摘要：支付餐饮部清洗费
经办：G14832　　　　第1次打印：　　　　20200131
　　　　　　　　　　回单编号：2020013126421　　回单验证码：6A2D8950E6AD6F239
（招商银行股份有限公司 电子回单专用章）
提示：1.电子回单验证码相同表示同一笔业务回单，请勿重复记账使用。
　　　2.已在银行柜台领用业务回单的单位，请注意核对，请勿重复记账使用。
打印时间：2020-01-31　11:18:02

招商银行股份有限公司
www.cmbchina.com

[教学票样]

招商银行
CHINA MERCHANTS BANK

收费回单

日期：2020年01月31日　　业务类型：企业银行扣费　　流水号：G94562F179NBUWT

扣费账号：362117211290009

户　名：九州华问国际酒店有限公司

开户行：招商银行九州市支行

实收金额：CNY8876.64

摘　要：网银汇款手续费

收费时段：20200101-20200131

第1次打印　　　　　　　　20200131

回单编号：2020013172562　　回单验证码：432YU849DF486T23

提示：1.电子回单验证码相同表示同一笔业务回单，请勿重复记账使用。
　　　2.已在银行柜台领用业务回单的单位，请注意核对，请勿重复记账使用。

打印时间：2020-01-31　11:31:30

（招商银行股份有限公司 电子回单专用章）

招商银行股份有限公司
www.cmbchina.com

[教学票样]

现金单　☑存钱　□取现　　日期：2020年 01 月 28 日　　招商银行 CHINA MERCHANTS BANK

客户编写	客户名称	九州华问国际酒店有限公司	账号	362117211290009		
	开户行	招商银行九州市支行	币种	人民币	金额	40,410.00
	来源用途	账款	备注			

银行填字	收款人账号：362117211290009 收款人户名：九州华问国际酒店有限公司		
	交易码	收付	金额
	116201	收	40,410.00
	收入金额：40,410.00 付出金额：		
	实收金额：40,410.00		
	交易日期：2020年01月28日		
	经办：014021		

第二联：客户留存

[教学票样]

现金单 ☑存钱 ☐取现 日期:2020年 01月 29日

客户编写	客户名称	九州华问国际酒店有限公司	账号	362117211290009		
	开户行	招商银行九州市支行	币种	人民币	金额	8,858.00
	来源用途	账款	备注			

银行填字

收款人账号:362117211290009
收款人户名:九州华问国际酒店有限公司

交易码	收付	金额
116201	收	8,858.00

收入金额: 8,858.00
实收金额: 8,858.00
付出金额:

交易日期:2020年01月29日
经办:014021

招商银行九州市支行 2020.01.29 现金收讫

第二联：客户留存

[教学票样]

现金单 ☑存钱 ☐取现 日期:2020年 01月 30日 招商银行

客户编写	客户名称	九州华问国际酒店有限公司	账号	362117211290009		
	开户行	招商银行九州市支行	币种	人民币	金额	4,578.00
	来源用途	账款	备注			

银行填字

收款人账号:362117211290009
收款人户名:九州华问国际酒店有限公司

交易码	收付	金额
116201	收	4,578.00

收入金额: 4,578.00
实收金额: 4,578.00
付出金额:

交易日期:2020年01月30日
经办:014021

招商银行九州市支行 2020.01.30 现金收讫

第二联：客户留存

[教学票样]

现金单 ☑ 存钱 ☐ 取现   日期：2020 年 01 月 31 日    招商银行 CHINA MERCHANTS BANK

客户编写	客户名称	九州华问国际酒店有限公司	账号	362117211290009		
	开户行	招商银行九州市支行	币种	人民币	金额	68,000.00
	来源用途	账款	备注			

银行填字：
收款人账号：362117211290009
收款人户名：九州华问国际酒店有限公司

交易码	收付	金额
116201	收	68,000.00

收入金额： 68,000.00
实收金额： 68,000.00
付出金额：
交易日期：2020年01月31日
经办：014021

[招商银行九州市支行 2020.01.31 现金收讫]

第二联：客户留存

[教学票样]

现金单 ☑ 存钱 ☐ 取现   日期：2020 年 01 月 31 日    招商银行 CHINA MERCHANTS BANK

客户编写	客户名称	九州华问国际酒店有限公司	账号	362117211290009		
	开户行	招商银行九州市支行	币种	人民币	金额	8,928.00
	来源用途	账款	备注			

银行填字：
收款人账号：362117211290009
收款人户名：九州华问国际酒店有限公司

交易码	收付	金额
116201	收	8,928.00

收入金额： 8,928.00
实收金额： 8,928.00
付出金额：
交易日期：2020年01月31日
经办：014021

[招商银行九州市支行 2020.01.31 现金收讫]

第二联：客户留存

[教学票样]

招商银行 CHINA MERCHANTS BANK

付 款 回 单

日期：2020年01月31日　　业务类型：网上企业银行支付　　流水号：G12532Q311C5YJK

付款账号：362117211290009

户　名：九州华问国际酒店有限公司

开户行：招商银行九州市支行

金额（大写）：人民币叁仟圆整

　（小写）：CNY3,000.00

收款人户名：上海起点企业管理顾问有限公司

收款人账号：44011083460211265089

收款人开户行：中国建设银行永康分理处

凭证种类：　　　　　　凭证号码：　　　　　　业务编号：20200131221986

摘　要：支付员工培训费

经办：G14832　　　　第1次打印：　　　　　20200131

（盖章：招商银行股份有限公司 电子回单专用章）

回单编号：2020013127812　　回单验证码：6A2D8950E6AD6F145

提示：1.电子回单验证码相同表示同一笔业务回单，请勿重复记账使用。
　　　2.已在银行柜台领用业务回单的单位，请注意核对，请勿重复记账使用。

打印时间：2020-01-31　11:18:30

招商银行股份有限公司
www.cmbchina.com

[教学票样]

中国银行 中国银行网上电子回单
BANK OF CHINA　BOC Internet Banking Payment Advice

提交日期：2020/01/31　　交易日期：2020/01/31　　打印日期：2020/01/31
Submitting Date　　　　Transaction Date　　　　Printing Date

付款人 Payer	招商银行股份有限公司	收款人 Beneficiary	九州华问国际酒店有限公司
付款账号 Debit A/C No.		收款账号 Bene A/C No.	821101283345
开户银行 Bank of Deposit	中国招商银行九州市支行	开户银行 Bank of Deposit	中国银行九州海淀支行
金额 Amount	人民币元（大写）：贰拾壹万元整 （in uppercase）	人民币元（小写）： （in lowercase）	210,000.00
转账批次号 Transfer Batch No.	3036576458	执行方式 Transfer Method　立即执行	网银交易序号 Transaction No.　5233631786
附言 Description	借款		（盖章：中国银行 电子回单专用章）

[教学票样]

九州华问国际酒店有限公司

销货单

发货单号：19010001　　发货日期：2020-01-31　　出库类型：销售出库　　部门：商超部
客户名称：个人　　　　　　　　　　　　　　　　　备　注：

收款记录	编码	商品名称	型号规格	单位	数　量	含税单价	价税合计
		窑变花瓶三件套	GD-013	套	12.00	599.00	7,188.00
		青瓷手绘三件套	SH-267	套	8.00	599.00	4,792.00
		青花瓷三件套山水花瓶	SJT-139	套	9.00	599.00	5,391.00
		现代中式储物罐三件套	CWG-258	套	11.00	599.00	6,589.00
		水点桃花三件套花瓶	SJT-140	套	10.00	599.00	5,990.00
		手绘荷花异形尖口三件套	SH-331	套	16.00	599.00	9,584.00
		高档仿古官窑开片花瓶	FG-015	套	18.00	399.00	7,182.00
		喜鹊盘+龙架	35cm	套	12.00	299.00	3,588.00
		孔雀盘+龙架	35cm	套	16.00	299.00	4,784.00
		金边和字盘+龙架	35cm	套	20.00	299.00	5,980.00
		百福盘+龙架	35cm	套	22.00	299.00	6,578.00
		60头骨质瓷餐具	疏影系列	套	18.00	799.00	14,382.00
		60头骨质瓷餐具	芸阙系列	套	16.00	799.00	12,784.00
		60头骨质瓷餐具	金边系列	套	15.00	798.00	11,970.00
		60头骨质瓷餐具	百合系列	套	12.00	799.00	9,588.00
		60头骨质瓷餐具	鸢尾花系列	套	10.00	799.00	7,990.00
		56头骨质瓷餐具	青花系列	套	16.00	715.00	11,440.00
合　计					241.00		135,800.00

记　账：　　　　复　核：　　　　仓库保管：　　　　销售员：徐娇

库存现金盘点报告单

2020 年 01 月 13 日

单位名称：九州华问国际酒店有限公司

实存金额	账存金额	盈亏情况		备注
		盘盈数	盘亏数	
113,917.30	114,017.30		100.00	

处理意见：经查明，出现短款是由于餐厅收银员张小佳收银错误，少收顾客费用，故由员工张小佳个人全额赔付。

财务经理：秦易怀　　会计：降复怀　　出纳：李义

（教学票样）

教学票样

九州华问国际酒店有限公司收据　No 001888

2020年 1月15日

| 交款单位 | 李先生13855667722 | 收款方式 | 现金 |

人民币（大写）壹仟元整　￥1000.00

收款事由　备注1.16订酒席押金

③记账

现金收讫

单位盖章：九州华问国际酒店有限公司财务专用章

财务主管　　出纳　　记账　　经张小佳　办

教学票样

差 旅 费 报 销 单

填报日期： 2020 年 01 月 20 日

报销部门：办公室

姓 名	郑武		职 别	副总经理		出差事由	学习管理		
出差起止日期	2020 年 01 月 17 日起至 2020 年 01 月 19 日止共					3	天附单据 15 张		
日期 月 日	起	记 地 点	天数	机票费	车船费	市内交通费	住宿费	出差补助	住宿节约补助	其他	小 计
01 19	沧州至天津往返		3		201.00	237.00	780.00	1000.00			2218.00
总计金额（大写） 贰 万 贰 仟 贰 佰 壹 拾 捌 元 零 角 零 分　预支 2000 元 补助 _____ 元											

现金付讫

负责人 王晓华　　会计　　审核 陈美桥　　部门主管　　出差人 郑武

99

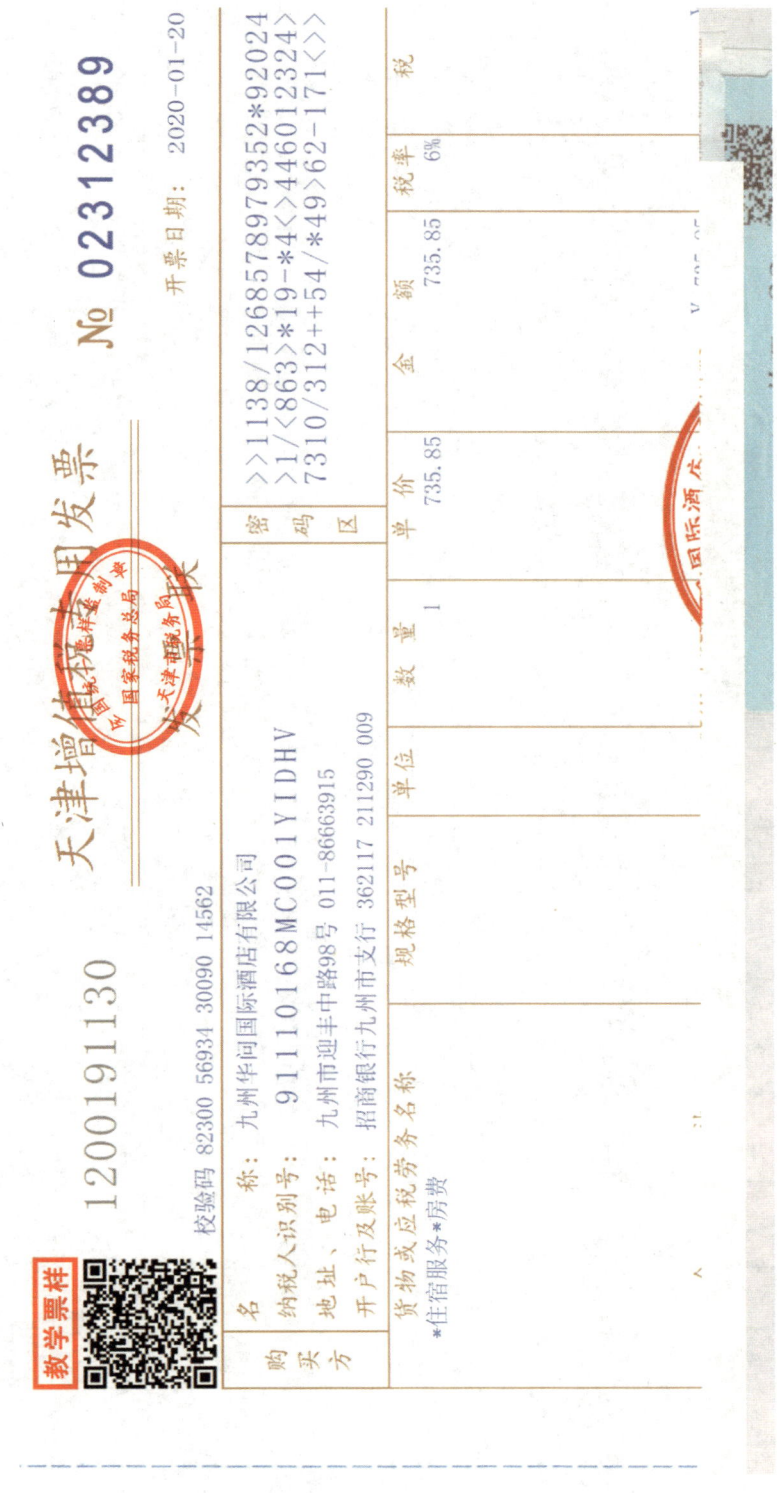

费用报销单

填报日期：2020年 01 月 20 日　　　　　　　　　　单据及附件共 1 张

姓名	程冬冬	所属部门	采购部	报销形式	现金报销		
报销项目		摘　要			金　额	备注	
办公费		采购货物			2000.00		
合　计					￥2000.00		

金额大写：零拾 零万 贰仟 零佰 零拾 零元 零角 零分　　　　　　　　　　原借款：　　　　　　元　　应退款：　　　　　元

总经理：王魏华　　财务经理：蔡春林　　部门经理：　　　　报销人：程冬冬　　应补款：　　　　　元　　领款人：程冬冬

（教学票样）（现金付讫）

九州市国家税务局通用机打发票
九州市中油石油有限公司

九州国税（2020）印字第2号

发票代码　134022361301
发票号码　02312018
发票号码　00322568
机器编号　661541907130
销售方名称：九州市中油石油有限公司
纳税人识别号　91110168MC001YIDHV
开票日期　2020-01-20
收款员　admin
购买方名称　九州华间国际酒店有限公司
纳税人识别号　91110168MC001YIDHV

项目名称	数量	单价	金额
93#车用汽油	287.77	6.95	2,000.00

金额合计(小写) ¥2,000.00
金额大写(大写) 贰仟元整
校验码　8285 6906 5039 2845 7225

税总函[2020]211号 九州都昌特种票证有限公司 00000001-05000000

教学票样

九州市非税收入一般缴款书（收 据）

日期：2020 年 01 月 20 日
单位：九州市疾病预防控制中心

集中汇缴 □　减征 □
执收单位编码：713130002
组织机构代码：551626511

收款人	全　称	九州市财政局			
	账　号	17030000002162002			
	开户银行	国家金库九州市中心支库			
付款人	全　称	九州市疾病预防控制中心			
	账　号				
	开户银行				
金额（大写）	¥：1449.00				¥1449
项目编码	收入项目名称（国库）	单位	数量	收缴标准	金额
09	预防性体检费（国库）	人	23	63	
执收单位（盖章）：		经办人（盖章）			

（现金付讫）
（九州市疾病预防控制中心(08)备注收费专用章）

本缴费书付款期为十天（节假日顺延），过期无效。

校验码：CAZ1

教学票样

九州市医院（住院收费结算）收据 (2020)NO:52147210

№ **1056376**

姓名：徐芳　　ID号：1018541　　2020年 01月 16日至 01月 17日 共 1 天　　住院床号 外科住院部32床

项 目	金 额	项 目	金 额	项 目	金 额
床位费	132.50	输氧费		西 药	132.09
检查费	205.00	接生费		中成药	25.91
放射费		婴儿床位费		中草药	
治疗费	100.50	取暖.降温费		自费药品	
护理费		其 他		费用合计	596.00
手术费		特需服务费		住院预交金	1000.00
化验费				出院补交款	
输血费				出院退回款	404.00
合计（大写）伍佰玖拾陆元整				大 费	

复核：　　经办人：饶依婷　　退款签名：

医院医疗收费专用章　　　　　　　电脑打印手写无效

水费分摊　　　　2020 年 1 月

分摊部门	办公室	销售部门			合计
		餐饮部	客房部	桑拿部	
分摊比率	5%	30%	40%	25%	100%
分摊金额					9,918.58

电费分摊　　2020 年 1 月

分摊部门	办公室	销售部门			合计
		餐饮部	客房部	桑拿部	
分摊比率	6%	35%	45%	14%	100%
分摊金额					52,566.37

[教学票样] 增值税应税货物或劳务销货清单

购货单位名称：九州华问国际酒店有限公司

销货单位名称：九州宜嘉家具有限公司

所属增值税专用发票代码：1100195130　　号码：03210389　　共 1 页 第 1 页

序号	货物（劳务）名称	规格型号	单位	数 量	单 价	金 额	税率	税 额
1	*家具*前台		组	1.00	6460.18	6460.18	13%	839.82
2	*家具*服务台		组	1.00	35309.73	35309.73	13%	4590.27
3	*家具*组合床		组	320.00	1681.42	538053.10	13%	69946.90
4	*家具*沙发	欧式贵妃	套	100.00	1132.74	113274.34	13%	14725.66
5	*金属制品*卫浴	华帝	套	210.00	440.71	92548.67	13%	12031.33
6	*家具*衣柜		组	210.00	752.21	157964.60	13%	20535.40
7	*金属制品*马桶	九牧	套	210.00	795.58	167070.80	13%	21719.20
8	*金属制品*洗漱台		组	210.00	867.26	182123.89	13%	23676.11
9	*家具*沙发	新坐标真皮	组	1.00	7300.88	7300.88	13%	949.12
10	*金属制品*货柜	精品	组	8.00	884.96	7079.65	13%	920.35
11	*家具*餐桌椅		套	20.00	3026.55	60530.97	13%	7869.03
						1367716.81		177803.19

备注

销货单位（章）：[发票专用章：九州宜嘉家具有限公司 91120169581728727K]　　开票日期 2020年01月08日　　国家税务总局印制

增值税应税货物或劳务销货清单

[教学票样]

购货单位名称：九州华问国际酒店有限公司

销货单位名称：鑫益酒店用品有限公司

所属增值税专用发票代码：1100191130　　号码：02327804　　共 1 页 第 1 页

序号	货物（劳务）名称	规格型号	单位	数量	单价	金额	税率	税额
1	*非金属矿物制品*梅花盘	5寸	个	30.00	3.12	93.72	13%	12.18
2	*非金属矿物制品*四方平盘	5寸	个	30.00	5.19	155.58	13%	20.22
3	*非金属矿物制品*梅花盘	12寸	个	30.00	8.78	263.36	13%	34.24
4	*非金属矿物制品*四角正德碗	9寸	个	30.00	18.89	566.55	13%	73.65
5	*非金属矿物制品*长方平底碗	14寸	个	30.00	20.07	602.12	13%	78.28
6	*非金属矿物制品*斜口碗	8寸	个	30.00	10.42	312.74	13%	40.66
7	*非金属矿物制品*荷叶碗	7.25寸	个	30.00	15.69	470.71	13%	61.19
8	*非金属矿物制品*长条碗	15.5寸	个	30.00	18.92	567.61	13%	73.79
9	*非金属矿物制品*五格碗	14寸	个	30.00	20.18	605.31	13%	78.69
10	*非金属矿物制品*三角厚边盘	10寸	个	30.00	15.93	477.88	13%	62.12
11	*非金属矿物制品*鱼盘	16寸	个	30.00	28.14	844.25	13%	109.75
12	*非金属矿物制品*圆平盘	12寸	个	30.00	16.89	506.81	13%	65.89
13	*非金属矿物制品*圣火碗	10寸	个	30.00	24.07	722.12	13%	93.88
14	*非金属矿物制品*南瓜汤碗	12寸	个	30.00	49.56	1486.73	13%	193.27
15	*非金属矿物制品*辫子碗	8寸	个	30.00	17.35	520.35	13%	67.65
16	*非金属矿物制品*高脚红酒杯	500ml	个	180.00	26.37	4746.90	13%	617.10
17	*非金属矿物制品*啤酒杯	170ml	个	200.00	2.21	442.48	13%	57.52
18	*非金属矿物制品*白酒杯	30ml	个	200.00	2.65	530.97	13%	69.03
19	*搬运设备*多功能手推车	三层	个	3.00	256.64	769.91	13%	100.09
20	*搬运设备*不锈钢置物架	四层1.8m	个	2.00	513.28	1026.55	13%	133.45
21	*衡器*电子秤	250kg	个	2.00	110.62	221.24	13%	28.76
22	*非电力家用器具*双耳钢板锅	60cm	个	4.00	141.59	566.37	13%	73.63
23	*非电力家用器具*铁板锅	60*46	个	2.00	154.87	309.73	13%	40.27
24	*非电力家用器具*不锈锅汤桶	35cm	个	2.00	247.79	495.58	13%	64.42
25	*木制品*砧板	加厚39*9cm	个	1.00	371.68	371.68	13%	48.32
26	*家用厨房电器具*微波炉	52ml	个	1.00	1493.81	1493.81	13%	194.19
27	*家用厨房电器具*热水壶		个	210.00	52.21	10964.60	13%	1425.40
28	*家用美容保健电器*吹风机		个	210.00	39.82	8362.83	13%	1087.17
						38498.49		5004.81

备注：

销货单位（章）：发票专用章　　开票日期 2020年01月08日　　国家税务总局印制

增值税应税货物或劳务销货清单

[教学票样]

购货单位名称：九州华问国际酒店有限公司

销货单位名称：九州丰盛果蔬批发部

所属增值税专用发票代码：1100191130　　号码：02857091　　共 1 页　第 1 页

序号	货物（劳务）名称	规格型号	单位	数量	单价	金额	税率	税额
1	*谷物加工品*玉米粒		斤	40.00	4.67	186.60	9%	16.80
2	*豆制品*攸县香干		斤	19.00	15.55	295.45	9%	26.60
3	*蔬菜*长豆角		斤	30.00	4.15	124.41	9%	11.19
4	*豆制品*白豆腐		斤	25.00	4.15	103.67	9%	9.33
5	*蔬菜*白辣椒		斤	10.00	3.63	36.28	9%	3.27
6	*蔬菜加工品*干豆角		斤	15.00	11.36	170.43	9%	15.34
7	*蔬菜*干椒节		斤	20.00	4.91	98.28	9%	8.84
8	*蔬菜*菠菜		斤	75.00	3.11	233.25	9%	21.00
9	*蔬菜*花菜		斤	45.00	2.90	130.62	9%	11.76
10	*食用菌*金针菇		斤	15.00	3.63	54.43	9%	4.90
11	*蔬菜*腐竹		斤	10.00	20.73	207.34	9%	18.66
12	*蔬菜*闽笋		斤	20.00	22.55	450.98	9%	40.58
13	*食用菌*鲜口菇		斤	4.00	5.70	22.81	9%	2.05
14	*蔬菜*芋头		斤	40.00	1.66	66.36	9%	5.96
15	*蔬菜*茄子		斤	45.00	1.87	83.97	9%	7.56
16	*蔬菜*朝天椒		斤	15.00	7.26	108.85	9%	9.80
17	*蔬菜*大青尖椒		斤	25.00	2.07	51.83	9%	4.67
18	*蔬菜*青美人椒		斤	40.00	4.67	186.60	9%	16.80
19	*蔬菜*红美人椒		斤	25.00	5.18	129.58	9%	11.67
20	*蔬菜*大红椒		斤	5.00	6.74	33.70	9%	3.03
21	*蔬菜*日本青瓜仔		斤	100.00	4.15	414.70	9%	37.30
22	*蔬菜*蒜苗		斤	20.00	3.42	68.44	9%	6.16
23	*蔬菜*蒜肉		斤	40.00	1.35	53.90	9%	4.86
24	*蔬菜*葱肉		斤	11.00	3.11	34.21	9%	3.08
25	*食用菌*大黑木耳		斤	10.00	12.44	124.40	9%	11.20
26	*熟肉制品*腊肠		斤	10.00	39.39	393.94	9%	35.46
27	*谷物加工品*河南粉皮		斤	20.00	6.74	134.77	9%	12.13
28	*谷物加工品*乾中细米粉	500克/包	包	30.00	5.18	155.50	9%	14.00
29	*水果*大熟木瓜		斤	6.50	3.32	21.56	9%	1.94
30	*水果*九头木瓜		斤	25.00	4.15	103.67	9%	9.33
31	*水果*进口黄柠檬		个	10.00	2.07	20.73	9%	1.87
32	*水果*国产橙		斤	45.00	1.87	83.97	9%	7.56
33	*水果*台农芒果		斤	6.00	5.70	34.21	9%	3.08
34	*水果*无籽西瓜		斤	196.00	3.11	609.58	9%	54.86
35	*水果*有籽西瓜		斤	82.00	3.11	255.02	9%	22.96
36	*水果*香蕉		斤	20.00	1.56	31.10	9%	2.80
37	*水果*榴莲		斤	12.00	7.25	86.99	9%	7.83
38	*软饮料*木瓜汁	1*2000g	瓶	1.00	60.13	60.13	9%	5.41
39	*软饮料*新的橙汁		瓶	10.00	31.10	311.01	9%	27.99
40	*软饮料*新的柠檬汁		瓶	10.00	31.10	311.01	9%	27.99
						6084.28		547.62

备注：

销货单位（章）：九州丰盛果蔬批发部　发票专用章　91110168581625817K

开票日期　2020年01月13日

国家税务总局印制

增值税应税货物或劳务销货清单

[教学票样]

购货单位名称：九州华问国际酒店有限公司

销货单位名称：九州仲祥商贸有限公司

所属增值税专用发票代码：1100191130　　号码：03569078　　共 1 页 第 1 页

序号	货物（劳务）名称	规格型号	单位	数量	单价	金额	税率	税额
1	*软饮料*1升蒙牛奶		瓶	20.00	7.25	144.96	13%	18.84
2	*软饮料*1.25升雪碧		瓶	60.00	4.14	248.50	13%	32.30
3	*软饮料*大可口可乐	125ml	瓶	60.00	4.14	248.50	13%	32.30
4	*软饮料*听装可口可乐		听	48.00	1.76	84.48	13%	10.98
5	*软饮料*听装雪碧		听	48.00	1.76	84.48	13%	10.98
6	*软饮料*王老吉		瓶	72.00	3.11	223.65	13%	29.07
7	*软饮料*旺仔牛奶		瓶	40.00	3.11	124.24	13%	16.15
8	*软饮料*红牛		听	24.00	3.62	86.96	13%	11.31
9	*酒*小百威	330ml	瓶	96.00	6.21	596.38	13%	77.53
10	*酒*小红星二锅头		瓶	50.00	3.11	155.31	13%	20.19
11	*酒*小劲酒		瓶	50.00	7.25	362.38	13%	47.11
12	*酒*青岛纯生		瓶	120.00	6.21	745.49	13%	96.91
13	*酒*烟台：长城赤霞珠		瓶	15.00	33.13	496.99	13%	64.61
14	*酒*五粮液		瓶	4.00	481.46	1925.84	13%	250.36
						5528.16		718.64

备注

销货单位（章）：[发票专用章：九州仲祥商贸有限公司 91110166MA5K90EF6D]　　开票日期 2020年01月13日　　国家税务总局印制

[教学票样] **增值税应税货物或劳务销货清单**

购货单位名称：九州华问国际酒店有限公司

销货单位名称：九州昌盛食品有限公司

所属增值税专用发票代码：1100191130　　　号码：02201435　　　共 1 页　第 1 页

序号	货物（劳务）名称	规格型号	单位	数量	单价	金额	税率	税额
1	*调味品*调料包		包	2500.00	2.59	6479.35	9%	583.15
2	*加工盐*食盐		包	100.00	1.01	100.56	9%	9.05
3	*植物加工品*优果粉		斤	10.00	3.11	31.10	9%	2.80
4	*糖料*优果糖	1*2000g	瓶	3.00	46.65	139.95	9%	12.60
5	*谷物加工品*糯米粉	1*20*500g	包	6.00	5.18	31.10	9%	2.80
6	*淀粉制品*美玫面粉	45斤	斤	80.00	2.49	199.04	9%	17.92
7	*糖料*南韩幼砂糖	1*60	袋	1.00	199.05	199.05	9%	17.91
8	*乳制品*三花淡奶		瓶	20.00	6.22	124.40	9%	11.20
9	*调味品*15kg海天酱油	15kg	桶	4.00	99.52	398.09	9%	35.83
10	*调味品*佛手味精		桶	1.00	124.40	124.40	9%	11.20
11	*谷物加工品*东北大米	1*50	斤	200.00	3.11	622.02	9%	55.98
12	*调味品*山胡椒油		瓶	32.00	5.18	165.87	9%	14.93
13	*植物油*鲁花花生油		桶	10.00	105.02	1050.17	9%	94.51
14	*淀粉制品*西米	1*60	包	20.00	1.56	31.10	9%	2.80
15	*水产加工品*碎干贝		斤	3.00	114.04	342.11	9%	30.79
16	*蔬菜加工品*玉兰片		斤	10.00	18.66	186.61	9%	16.79
17	*蔬菜加工品*真空鲜百合		包	40.00	4.98	199.04	9%	17.92
18	*茶及饮料*观音王		克	1000.00	0.25	248.81	9%	22.39
19	*中草药材*虫草花		斤	2.00	124.41	248.81	9%	22.39
20	*中草药材*海马		斤	1.00	984.86	984.86	9%	88.64
21	*中草药材*雪蛤		斤	0.50	1326.98	663.49	9%	59.71
22	*中草药材*花旗参		斤	1.00	134.77	134.77	9%	12.13
23	*茶及饮料*甜贡菊		克	1000.00	0.05	51.83	9%	4.67
24	*茶及饮料*普洱茶		坨	10.00	2.90	29.02	9%	2.61
25	*茶及饮料*普通绿茶		克	4000.00	0.04	165.87	9%	14.93
26	*花卉*鲜花		把	20.00	2.77	55.35	9%	4.98
						13006.77		1170.63

备注：

销货单位（章）：发票专用章　　开票日期：2020年01月13日　　　国家税务总局印制

[教学票样] **增值税应税货物或劳务销货清单**

购货单位名称：九州华问国际酒店有限公司

销货单位名称：九州永盛水产有限公司

所属增值税专用发票代码：1100191130　　号码：04158117　　　　　　共 1 页 第 1 页

序号	货物（劳务）名称	规格型号	单位	数量	单价	金额	税率	税额
1	*海水产品*2S北极贝		盒	2.00	176.24	352.48	9%	31.72
2	*水产加工品*16-20青虾仁		斤	10.00	18.66	186.61	9%	16.79
3	*水产加工品*31-40青虾仁		斤	13.00	22.81	296.51	9%	26.68
4	*海水产品*进口青口贝		斤	10.00	57.02	570.18	9%	51.32
5	*海水产品*三文鱼		斤	15.00	35.25	528.72	9%	47.58
6	*海水产品*大鲜鱿鱼		斤	15.00	7.26	108.85	9%	9.80
7	*海水产品*中鱿鱼		斤	11.00	26.95	296.49	9%	26.69
8	*海水产品*大红蟹		斤	10.00	36.28	362.84	9%	32.66
9	*海水产品*桂鱼		斤	28.40	34.21	971.60	9%	87.44
10	*海水产品*多宝鱼		斤	5.00	37.32	186.61	9%	16.79
11	*淡水产品*基围虾		斤	30.00	22.81	684.21	9%	61.59
12	*淡水产品*龙虾仔		斤	3.00	124.40	373.21	9%	33.59
13	*淡水产品*鲈鱼		斤	45.80	10.37	474.80	9%	42.74
14	*淡水产品*水鱼		斤	20.00	20.73	414.68	9%	37.32
15	*淡水产品*鱼头王		斤	60.00	7.26	435.42	9%	39.18
						6243.21		561.89
备注								

销货单位（章）：发票专用章　　开票日期 2020年01月13日　　国家税务总局印制

[教学票样]

增值税应税货物或劳务销货清单

购货单位名称：九州华问国际酒店有限公司

销货单位名称：九州诚泰商贸有限公司

所属增值税专用发票代码：1100191130　　号码：01134078　　共 1 页　第 1 页

序号	货物（劳务）名称	规格型号	单位	数量	单价	金额	税率	税额
1	*肉及肉制品*土仔鸡		斤	20.00	8.81	176.24	9%	15.86
2	*肉及肉制品*黑土鸡		斤	40.00	14.51	580.56	9%	52.24
3	*肉及肉制品*鸡腿		斤	15.00	7.05	105.75	9%	9.51
4	*肉及肉制品*老母鸡		斤	25.00	10.37	259.16	9%	23.34
5	*肉及肉制品*老水鸭		斤	90.00	17.11	1539.50	9%	138.55
6	*肉及肉制品*无骨凤爪		斤	50.00	14.51	725.70	9%	65.30
7	*肉及肉制品*牛腩		斤	20.00	18.14	362.84	9%	32.66
8	*肉及肉制品*牛肉		斤	20.00	20.73	414.68	9%	37.32
9	*肉及肉制品*野鸭		斤	20.00	21.77	435.41	9%	39.19
10	*肉及肉制品*猪大肠		斤	20.00	8.81	176.24	9%	15.86
11	*肉及肉制品*猪肚		斤	15.00	16.59	248.81	9%	22.39
12	*肉及肉制品*猪耳（新鲜）		斤	25.00	14.51	362.85	9%	32.65
13	*肉及肉制品*猪皮		斤	5.00	5.18	25.92	9%	2.33
14	*肉及肉制品*猪肘		斤	60.00	9.33	559.83	9%	50.37
15	*肉及肉制品*赤肉		斤	15.00	11.40	171.06	9%	15.39
16	*肉及肉制品*肉排		斤	45.00	14.51	653.13	9%	58.77
17	*肉及肉制品*五花肉		斤	70.00	11.40	798.28	9%	71.83
18	*肉及肉制品*一字梅肉		斤	10.00	11.40	114.04	9%	10.26
19	*肉及肉制品*野猪		斤	10.00	14.10	140.99	9%	12.69
备注						7850.99		706.51

销货单位（章）：发票专用章　　开票日期　2020年01月13日　　国家税务总局印制

备用金拨付单

九州华间国际酒店有限公司

申请部门：餐饮部、客房部、聚豪部、商超部			申请日期：2020年1月9日	
申请人员明细	姓名	职位	申请金额	申请用途
	徐娇	收银员	1000	日常收银备用
	王芳	收银员	3000	日常收银备用
	张小佳	收银员	1000	日常收银备用
	李丽	收银员	1000	日常收银备用

申请金额合计：￥6,000（小写金额）
（大写示例：壹、贰、叁、肆、伍、陆、柒、捌、玖、拾、佰、仟、万、亿、零、整）

人民币陆仟元整 （人民币大写）

支付方式：
☑ 现金
☐ 银行转账

领款人签字：徐娇、王芳、张小佳、李丽
收款人：
开户行：
银行账号：

申请部门/负责人（签署部门意见）：同意	财务部核准：核实	运营经理审批：同意
部门主管/经理审批：刘云泽	李义	余复
2020年1月9日	2020年1月9日	2020年1月9日

教学票样

收银员入账项目日报表

开始日期:2020-01-10 00:00:01　　结束日期:2020-01-11 00:00:00　　业态:客房　　公司:九州国际酒店

收银员	项目	笔数	消费金额	结算金额
1005 王芳		106	0.00	18394.00
	01 现金（押金）	27		10700.00
	01 现金（退押金）	58		-3106.00
	01 现金（备用金）	0		0.00
	01 现金-[小计]	85	0.00	7594.00
	05 信用卡（押金）	21		10800.00
	05 信用卡-[小计]	21	0.00	10800.00
SYSTEM SYSTEM		81	20888.00	0.00
	000101 夜房费	81	20888.00	
	01 现金-[总计]	85	0.00	7594.00
	05 信用卡-[总计]	21	0.00	10800.00
	[总计]	187	20888.00	18394.00

见证人：杨欢　　查核员：李义　　收银员：王芳

收银员入账项目日报表

开始日期：2020-01-11 00:00:00:01　结束日期：2020-01-12 00:00:00　业态：客房　公司：九州国际酒店

收银员	项目	笔数	消费金额	结算金额
1005 王芳				
	01 现金（押金）	97	0.00	18592.00
	01 现金（退押金）	21		8200.00
	01 现金（备用金）	52		-2208.00
	01 现金-[小计]	0		0.00
	05 信用卡（押金）	73	0.00	5992.00
	05 信用卡-[小计]	24		12600.00
		24	0.00	12600.00
SYSTEM SYSTEM		74	18532.00	0.00
	000101 夜房费	74	18532.00	
	01 现金-[总计]	73	0.00	5992.00
	05 信用卡-[总计]	24	0.00	12600.00
	[总计]	171	18532.00	18592.00

见证人：杨欢　　审核员：李义　　收银员：王芳

收银员入账项目日报表

开始日期：2020-01-12 00:00:01　　结束日期：2020-01-13 00:00:00　　业态：客房　　公司：九州国际酒店

收银员	项目	笔数	消费金额	结算金额
1005 王芳		73	0.00	12768.00
	01 现金（押金）	20		8200.00
	01 现金（退押金）	43		-2032.00
	01 现金（备用金）	0		0.00
	01 现金-[小计]	63	0.00	6168.00
	05 信用卡（押金）	10		6600.00
	05 信用卡-[小计]	10	0.00	6600.00
SYSTEM SYSTEM		121	27948.00	0.00
	000101 夜房费	121	27948.00	
	01 现金-[总计]	63	0.00	6168.00
	05 信用卡-[总计]	10	0.00	6600.00
[总计]		194	27948.00	12768.00

见证人：杨欢　　查核员：李义　　收银员：王芳

收银员入账项目日报表

开始日期：2020-01-13 00:00:01　　结束日期：2020-01-14 00:00:00　　业态：客房　　公司：九州国际酒店

收银员	项目	笔数	消费金额	结算金额
1005 王芳		77	0.00	18912.00
	01 现金（押金）	22		7600.00
	01 现金（退押金）	37		-1488.00
	01 现金（备用金）	0		0.00
	01 现金-[小计]	59	0.00	6112.00
	05 信用卡（押金）	18		12800.00
	05 信用卡-[小计]	18	0.00	12800.00
SYSTEM SYSTEM		125	28192.00	0.00
	000101 夜房费	125	28192.00	
	01 现金-[总计]	59	0.00	6112.00
	05 信用卡-[总计]	18	0.00	12800.00
	[总计]	202	28192.00	18912.00

见证人：杨欢　　查核员：李义　　收银员：王芳

收银员入账项目日报表

开始日期:2020-01-09 00:00:01　　结束日期:2020-01-10 00:00:00　　业态:客房　　公司:九州华问国际酒店

收银员	项目	笔数	消费金额	结算金额
1005 王芳				
	01 现金（押金）	93	0.00	44500.00
	01 现金（退押金）	49		18900.00
	01 现金（备用金）	0		0.00
	01 现金-[小计]	1		6000.00
	05 信用卡（押金）	50	0.00	24900.00
	05 信用卡-[小计]	43		19600.00
		43	0.00	19600.00
SYSTEM SYSTEM				0.00
	000101 夜房费	91	23348.00	24900.00
	01 现金-[总计]	91	23348.00	19600.00
	05 信用卡-[总计]	50	0.00	44500.00
	[总计]	43	0.00	
		184	23348.00	

见证人:杨欢　　查核员:李义　　收银员:王芳

每日收入晨报

营业日期:2020-01-09 公司:华间国际酒店

房间收入

项目	房数		出租率		出租数		平均房价			房费收入		
	本日	本年	本日	本年	本日	本月	本年	本日	本月	本年	本日	本月	本年
豪华大床房	90	90	32.22%	32.22%	29	29	29	268.00	268.00	268.00	7772.00	7772.00	7772.00
豪华双人房	103	103	52.43%	52.43%	54	54	54	238.00	238.00	238.00	12852.00	12852.00	12852.00
商务客房	16	16	43.75%	43.75%	7	7	7	318.00	318.00	318.00	2226.00	2226.00	2226.00
商务套房	6	6	16.67%	16.67%	1	1	1	498.00	498.00	498.00	498.00	498.00	498.00
休闲客房													
休闲套房													
合计	215	215	42.33%	42.33%	91	91	91	256.57	256.57	256.57	23348.00	23348.00	23348.00

其它部门收入

部门资源	人数			人均消费			开台数			消费数			挂酒店帐		
	本日	本月	本年	本日	本月	本年	本日	本月	本年	本日	本月	本年	本日	本月	本年
餐饮大厅	41	41	92	62.00	62.00	55.26	13	13	28	2542.00	2542.00	2542.00			
餐饮包厢	30	30	64	64.60	64.60	60.56	3	3	7	1938.00	1938.00	1938.00			
餐饮小计	71	71	156	63.10	63.10	57.44	16	16	35	4480.00	4480.00	4480.00			

客房其它收入

项目	本日	本月	本年	项目	本日	本月	本年
客房破损赔偿费				客房商品			
客房其它				客房其它折扣			
其它服务费(尾数)	3540.00	3540.00	3540.00	会议室收入			
休闲消费				休闲服务费			
公用电话收入				合计	3540.00	3540.00	3540.00
				酒店总收入	31368.00	31368.00	31368.00

收款方式信息

项目	现金收入			项目	POS收入			合计		
	本日	本月	本年		本日	本月	本年	本日	本月	本年
餐饮收入	2688.00	2688.00	2688.00		1792.00	1792.00	1792.00	4480.00	4480.00	4480.00
桑拿收入	3540.00	3540.00	3540.00		0.00	0.00	0.00	3540.00	3540.00	3540.00
商超收入	0.00	0.00	0.00		0.00	0.00	0.00	0.00	0.00	0.00
合计	6228.00	6228.00	6228.00		1792.00	1792.00	1792.00	8020.00	8020.00	8020.00

每日收入晨报

营业日期:2020-01-10 公司:华间国际酒店

房间收入

项目	房数		出租率		出租数		平均房价		房费收入	
	本日	本年	本日	本年	本日	本年	本日	本年	本日	本年
豪华大床房	90	180	25.56%	28.89%	23	52	268.00	268.00	6164.00	13936.00
豪华双人房	103	206	49.51%	50.97%	51	105	238.00	238.00	12138.00	24990.00
商务客房	16	32	31.25%	37.50%	5	12	318.00	318.00	1590.00	3816.00
商务套房	6	12	33.33%	25.00%	2	3	498.00	498.00	996.00	1494.00
休闲客房										
休闲套房										
合计	215	430	37.67%	40.00%	81	172	257.88	257.19	20888.00	44236.00

其它部门收入

部门资源	人数		人均消费		开台数		消费数		挂酒店帐	
	本日	本月	本日	本月	本日	本月	本日	本月	本日	本年
餐饮大厅	34	75	59.32	60.79	8	21	2017.00	4559.00		
餐饮包厢	56	86	63.98	64.20	6	9	3583.00	5521.00		
餐饮小计	90	161	62.22	62.61	14	30	5600.00	10080.00		

客房其它收入

项目	本日	本月	本年	项目	本日	本月	本年
客房破损赔偿费				客房商品			
客房其它				客房其它折扣			
其它服务费(尾数)				会议室收入			
休闲消费	3784.00	3784.00	7324.00	休闲服务费			
客房电话收入				合计	3784.00	3784.00	7324.00
				酒店总收入		30272.00	61640.00

收款方式信息

项目	现金收入			POS收入			合计		
	本日	本月	本年	本日	本月	本年	本日	本月	本年
餐饮收入	3360.00	6048.00	6048.00	2240.00	4032.00	4032.00	5600.00	10080.00	10080.00
桑拿收入	3784.00	7324.00	7324.00	0.00	0.00	0.00	3784.00	7324.00	7324.00
商超收入	0.00	0.00	0.00	0.00	0.00	0.00	0.00	0.00	0.00
合计	7144.00	13372.00	13372.00	2240.00	4032.00	4032.00	9384.00	17404.00	17404.00

每日收入晨报

营业日期:2020-01-11　公司:华间国际酒店

房间收入

项目	房数 本日	房数 本月	房数 本年	出租率 本日	出租率 本月	出租率 本年	出租数 本日	出租数 本月	出租数 本年	平均房价 本日	平均房价 本月	平均房价 本年	房费收入 本日	房费收入 本月	房费收入 本年
豪华大床房	90	270	270	22.22%	26.67%	26.67%	20	72	72	268.00	268.00	268.00	5360.00	19296.00	19296.00
豪华双人房	103	309	309	48.54%	50.16%	50.16%	50	155	155	238.00	238.00	238.00	11900.00	36890.00	36890.00
商务客房	16	48	48	25.00%	33.33%	33.33%	4	16	16	318.00	318.00	318.00	1272.00	5088.00	5088.00
商务套房	6	18	18	0.00%	16.67%	16.67%	0	3	3	0.00	498.00	498.00	0.00	1494.00	1494.00
休闲客房															
休闲套房															
合计	215	645	645	34.42%	38.14%	38.14%	74	246	246	250.43	255.15	255.15	18532.00	62768.00	62768.00

其它部门收入

部门资源	人数 本日	人数 本月	人数 本年	人均消费 本日	人均消费 本月	人均消费 本年	开台数 本日	开台数 本月	开台数 本年	消费数 本日	消费数 本月	消费数 本年
餐饮大厅	38	113	164	65.53	62.38	58.48	9	30	45	2490.00	7049.00	7049.00
餐饮包厢	77	163	197	73.74	68.71	66.69	7	16	20	5678.00	11199.00	11199.00
餐饮小计	115	276	361	71.03	66.12	62.96	16	46	65	8168.00	18248.00	18248.00

客房其它收入

项目	本日	本月	本年	项目	本日	本月	本年
客房破损赔偿费				客房杂项			
客房其它				客房其它服务费			
其它服务费(尾数)	4840.00	12164.00		其它折扣(尾数)			
休闲消费				公用电话收入			
客房电话收入				合计	4840.00	12164.00	

挂酒店帐

	本月	本年
	12164.00	
合计	93180.00	31540.00

收款方式信息

POS收入

项目	本日	本月	本年
餐饮收入	2360.00	6392.00	8168.00
	0.00	0.00	4840.00
	0.00	0.00	0.00
合计	2360.00	6392.00	13008.00

现金收入

项目	本日	本月	本年
餐饮收入	5808.00	11856.00	18248.00
桑拿收入	4840.00	12164.00	12164.00
商超收入	0.00	0.00	0.00
合计	10648.00	24020.00	30412.00

酒店总收入

本日	本月	本年

每日收入晨报

营业日期:2020-01-12 公司:华间国际酒店

房间收入

项目	房数		出租数		出租率		平均房价		房费收入		
	本日	本月	本年	本日	本月	本年	本日	本月	本年	本日	本月	本年
豪华大床房	90	360		11	83		12.22%	23.06%		268.00	268.00		2948.00	22244.00	22244.00
豪华双人房	103	412		103	258		100.00%	62.62%		217.61	229.86		22414.00	59304.00	59304.00
商务客房	16	64		5	21		31.25%	32.81%		318.00	318.00		1590.00	6678.00	6678.00
商务套房	6	24		2	5		33.33%	20.83%		498.00	498.00		996.00	2490.00	2490.00
休闲客房															
休闲套房															
合计	215	860		121	367		56.28%	42.67%	42.67%	230.98	247.18	247.18	27948.00	90716.00	90716.00

其它部门收入

部门资源	人数			开台数			人均消费			消费数			挂酒店帐		
	本日	本月	本年	本日	本月	本年	本日	本月	本年	本日	本月	本年	本日	本月	本年
餐饮大厅	4	168		1	46		59.25	62.27	58.50	237.00	7286.00	7286.00			
餐饮包厢	155	352		31	35		76.41	72.46	70.97	11843.00	23042.00	23042.00			
餐饮小计	159	435	520	16	62	81	75.97	69.72	66.94	12080.00	30328.00	30328.00		3800.00	3800.00

客房其它收入

项目	本日	本月	本年	项目	本日	本月	本年
客房破坏赔偿费				客房杂项			
其它服务费(尾数)	6600.00	18764.00	18764.00	客房其它折扣			
休闲消费				会议室收入	10400.00	22564.00	22564.00
客房电话收入				休闲服务费			
				合计		50428.00	143608.00
				酒店总收入			

收款方式信息

项目	现金收入			POS收入			合计		
	本日	本月	本年	本日	本月	本年	本日	本月	本年
餐饮收入	9664.00	21520.00	21520.00	2416.00	8808.00	8808.00	12080.00	30328.00	30328.00
桑拿收入	6600.00	18764.00	18764.00	0.00	0.00	0.00	6600.00	18764.00	18764.00
商超收入	3800.00	3800.00	3800.00				3800.00	3800.00	3800.00
合计	20064.00	44084.00	44084.00	2416.00	8808.00	8808.00	22480.00	52892.00	52892.00

123

每日收入晨报

营业日期:2020-01-13 公司:华间国际酒店

房间收入

项目	房数 本日	房数 本月	房数 本年	出租数 本日	出租数 本月	出租数 本年	出租率 本日	出租率 本月	出租率 本年	平均房价 本日	平均房价 本月	平均房价 本年	房费收入 本日	房费收入 本月	房费收入 本年
豪华大床房	90	450	450	19	102	102	21.11%	22.67%	22.67%	253.89	265.37	265.37	4824.00	27068.00	27068.00
豪华双人房	103	515	515	103	361	361	100.00%	70.10%	70.10%	217.61	226.37	226.37	22414.00	81718.00	81718.00
商务客房	16	80	80	3	24	24	18.75%	30.00%	30.00%	318.00	318.00	318.00	954.00	7632.00	7632.00
商务套房	6	30	30	0	5	5	0.00%	16.67%	16.67%	0.00	498.00	498.00		2490.00	2490.00
休闲客房															
休闲套房															
合计	215	1075	1075	125	492	492	58.14%	45.77%	45.77%	225.54	241.68	241.68	28192.00	118908.00	118908.00

其它部门收入

部门资源	人数 本日	人数 本月	人数 本年	人均消费 本日	人均消费 本月	人均消费 本年	开台数 本日	开台数 本月	开台数 本年	消费数 本日	消费数 本月	消费数 本年
餐饮大厅	24	141	192	47.13	57.08	59.70	5	36	51	1131.00	8417.00	8417.00
餐饮包厢	72	390	424	54.29	68.13	69.11	8	39	43	3909.00	26951.00	26951.00
餐饮小计	96	531	616	52.50	64.69	66.61	13	75	94	5040.00	35368.00	35368.00

客房其它收入

项目	本日	本月	本年
客房破损赔偿费			
客房其它			
其它服务费（尾数）			
休闲消费			
客房电话收入	4488.00	23252.00	23252.00

挂酒店帐

项目	本日	本月	本年
客房商品			7980.00
客房其它折扣			
会议室收入			
休闲服务费			
合计	8668.00	41900.00	
酒店总收入	31232.00	185508.00	185508.00

收款方式信息

项目	现金收入 本日	现金收入 本月	现金收入 本年	POS收入 本日	POS收入 本月	POS收入 本年	合计 本日	合计 本月	合计 本年
餐饮收入	3528.00	25048.00	25048.00	1512.00	10320.00	10320.00	5040.00	35368.00	35368.00
桑拿收入	4488.00	23252.00	23252.00	0.00	0.00	0.00	4488.00	23252.00	23252.00
商超收入	4180.00	7980.00	7980.00	0.00	0.00	0.00	4180.00	7980.00	7980.00
合计	12196.00	56280.00	56280.00	1512.00	10320.00	10320.00	13708.00	66600.00	66600.00

教学票样

现金盘点单

公司：九州华问国际酒店有限公司　　　　　　　盘点日期：2020年 01 月 13 日

盘点面值	盘点数量	盘点金额	备注
100元	980	98,000.00	
50元	211	10,550.00	
20元	181	3,620.00	
10元	154	1,540.00	
5元	31	155.00	
1元	45	45.00	
0.5元	12	6.00	
0.1元	13	1.30	
盘点合计金额		113,917.30	
当日现金账面余额		117,827.30	
减：未入账借支单		2,000.00	
减：未入账报销单		1,810.00	
调整后账面余额		114,017.30	
差异金额		-100.00	

审核人：秦务长　　　　盘点人：刘云萍　　　　出纳：李义

（财务专用章　九州国际华酒店有限公司）

现金管理要求：
1、出纳每日自盘1次，做到账实相符。
2、主管会计每月应不定期抽查盘点不得少于5次，发现问题当天报告财务经理。
3、财务经理每月应不定期抽查盘点不得少于1次，发现问题应立即处理事件。财务经理应及时整改。

收银员入账项目日报表

开始日期:2020-01-14 00:00:01　　结束日期:2020-01-15 00:00:00　　业态:客房　　公司:九州华问国际酒店

收银员	项目	笔数	消费金额	结算金额
1005 王芳		80	0.00	23942.00
	01 现金（押金）	25		12100.00
	01 现金（退押金）	38		-1858.00
	01 现金（备用金）	0		0.00
	01 现金-[小计]	63	0.00	10242.00
	05 信用卡（押金）	17		13700.00
	05 信用卡-[小计]	17	0.00	13700.00
SYSTEM SYSTEM		74	18132.00	0.00
	000101 夜房费	74	18132.00	0.00
	01 现金-[总计]	63	0.00	10242.00
	05 信用卡-[总计]	17	0.00	13700.00
	[总计]	154	21132.00	23942.00

见证人：杨欢　　查核员：李义　　收银员：王芳

收银员入账项目日报表

开始日期：2020-01-15 00:00:01　　结束日期：2020-01-16 00:00:00　　业态：客房　　公司：九州国际酒店

收银员	项目	笔数	消费金额	结算金额
1005 王芳		53	0.00	11990.00
	01 现金（押金）	15		5500.00
	01 现金（退押金）	28		-1510.00
	01 现金（备用金）	0		0.00
	01 现金-[小计]	43	0.00	3990.00
	05 信用卡（押金）	10		8000.00
	05 信用卡-[小计]	10	0.00	8000.00
SYSTEM SYSTEM		61	14758.00	0.00
	000101 夜房费	61	14758.00	
	01 现金-[总计]	43	0.00	3990.00
	05 信用卡-[总计]	10	0.00	8000.00
	[总计]	114	14758.00	11990.00

见证人：杨欢　　查核员：李义　　收银员：王芳

收银员入账项目日报表

开始日期：2020-01-16 00:00:01　　结束日期：2020-01-17 00:00:00　　业态：客房　　公司：九州国际酒店

收银员	项目	笔数	消费金额	结算金额
1005 王芳		57	0.00	7756.00
	01 现金（押金）	10		3000.00
	01 现金（退押金）	36		-1744.00
	01 现金（备用金）	0		0.00
	01 现金-[小计]	46	0.00	1256.00
	05 信用卡（押金）	11		6500.00
	05 信用卡-[小计]	11	0.00	6500.00
SYSTEM SYSTEM		46	11358.00	0.00
	000101 夜房费	46	11358.00	
	01 现金-[总计]	46	0.00	1256.00
	05 信用卡-[总计]	11	0.00	6500.00
	[总计]	103	11358.00	7756.00

见证人：杨欢　　查核员：李义　　收银员：王芳

收银员入账项目日报表

开始日期：2020-01-17 00:00:01　结束日期：2020-01-18 00:00:00　业态：客房　公司：九州华问国际酒店

收银员	项目	笔数	消费金额	结算金额
1005 王芳				
	01 现金（押金）	52	0.00	17900.00
	01 现金（退押金）	40	0.00	8000.00
	01 现金（备用金）	0	0.00	0.00
	01 现金-[小计]	0	0.00	0.00
	05 信用卡（押金）	40	0.00	8000.00
	05 信用卡-[小计]	12	0.00	9900.00
		12	0.00	9900.00
SYSTEM SYSTEM				
	000101 夜房费	46	11438.00	0.00
	01 现金-[总计]	46	11438.00	0.00
	05 信用卡-[总计]	40	0.00	8000.00
		12	0.00	9900.00
[总计]		98	11438.00	17900.00

见证人：杨欢　　查核员：李义　　收银员：王芳

收银员入账项目日报表

开始日期:2020-01-18 00:00:01　结束日期:2020-01-19 00:00:00　业态:客房　公司:九州国际酒店

收银员	项目	笔数	消费金额	结算金额
1005 王芳		44	0.00	9986.00
	01 现金(押金)	10		3000.00
	01 现金(退押金)	24		-2014.00
	01 现金(备用金)	0		0.00
	01 现金-[小计]	34	0.00	986.00
	05 信用卡(押金)	10		9000.00
	05 信用卡-[小计]	10	0.00	9000.00
SYSTEM SYSTEM		193	37774.00	0.00
	000101 夜房费	193	37774.00	
	01 现金-[总计]	34	0.00	986.00
	05 信用卡-[总计]	10	0.00	9000.00
	[总计]	237	37774.00	9986.00

见证人:杨欢　查核员:李义　收银员:王芳

收银员入账项目日报表

开始日期：2020-01-19 00:00:01　　结束日期：2020-01-20 00:00:00　　业态：客房　　公司：九州国际酒店

收银员	项目	笔数	消费金额	结算金额
1005 王芳		28	0.00	2852.00
	01 现金（押金）	5		2100.00
	01 现金（退押金）	18		-748.00
	01 现金（备用金）	0		0.00
	01 现金-[小计]	23	0.00	1352.00
	05 信用卡（押金）	5		1500.00
	05 信用卡-[小计]	5	0.00	1500.00
SYSTEM SYSTEM		185	35350.00	0.00
	000101 夜房费	185	35350.00	
	01 现金-[总计]	23	0.00	1352.00
	05 信用卡-[总计]	5	0.00	1500.00
[总计]		213	35350.00	2852.00

见证人：杨欢　　查核员：李义　　收银员：王芳

收银员入账项目日报表

开始日期：2020-01-20 00:00:01　　结束日期：2020-01-21 00:00:00　　业态：客房　　公司：九州国际酒店

收银员	项目	笔数	消费金额	结算金额
1005 王芳				
	01 现金（押金）	28	0.00	1820.00
	01 现金（押金）	10		3000.00
	01 现金（退押金）	18		-1180.00
	01 现金（备用金）	0		0.00
	01 现金-[小计]	28	0.00	1820.00
	05 信用卡（押金）	0		0.00
	05 信用卡-[小计]	0	0.00	0.00
SYSTEM SYSTEM		177	33206.00	
	000101 夜房费	177	33206.00	
	01 现金-[总计]	28	0.00	1820.00
	05 信用卡-[总计]	0	0.00	0.00
[总计]		205	33206.00	1820.00

见证人：杨欢　　查核员：李义　　收银员：王芳

每日收入晨报

营业日期:2020-01-14 公司:华间国际酒店

房间收入

项目	房数 本日	房数 本月	房数 本年	出租数 本日	出租数 本月	出租数 本年	出租率 本日	出租率 本月	出租率 本年	平均房价 本日	平均房价 本月	平均房价 本年	房费收入 本日	房费收入 本月	房费收入 本年
豪华大床房	90	540	540	12	114	114	13.33%	21.11%	21.11%	268.00	265.65	265.65	3216.00	30284.00	30284.00
豪华双人房	103	618	618	60	421	421	58.25%	68.12%	68.12%	238.00	228.02	228.02	14280.00	95998.00	95998.00
商务客房	16	96	96	2	26	26	12.50%	27.08%	27.08%	318.00	318.00	318.00	636.00	8268.00	8268.00
商务套房	6	36	36	0	5	5	0.00%	13.89%	13.89%	0.00	498.00	498.00	0.00	2490.00	2490.00
休闲客房															
休闲套房															
合计	215	1290	1290	74	566	566	34.42%	43.88%	43.88%	245.03	242.12	242.12	18132.00	137040.00	137040.00

其它部门收入

部门资源	人数 本日	人数 本月	人数 本年	开台数 本日	开台数 本月	开台数 本年	人均消费 本日	人均消费 本月	人均消费 本年	消费数 本日	消费数 本月	消费数 本年
餐饮大厅	69	210	261	12	48	63	60.87	60.08	58.08	4200.00	12617.00	12617.00
餐饮包厢		390	424		39	43		69.11	68.13		26951.00	26951.00
餐饮小计	69	600	685	12	87	106	60.87	65.95	64.30	4200.00	39568.00	39568.00

客房其它收入

项目	本日	本月	本年	项目	本日	本月	本年
客房破损赔偿费				客房商品			
客房杂项		27988.00	27988.00	客房其它折扣			
其它服务费		24836.00	24836.00	会议室全收入			7980.00
其它折扣包厢费		7980.00	7980.00	休闲服务费			3000.00
休闲消费	1584.00	24836.00	24836.00				
客房电话收入				合计		35816.00	35816.00
公用电话收入				酒店总收入	26916.00	212424.00	212424.00
合计	4524.00	60804.00	60804.00				

收款方式信息

项目	现金收入 本日	现金收入 本月	现金收入 本年	POS收入 本日	POS收入 本月	POS收入 本年	挂酒店帐 本日	挂酒店帐 本月	挂酒店帐 本年	合计 本日	合计 本月	合计 本年
餐饮收入	2940.00	27988.00	27988.00	1260.00	11580.00	11580.00				4200.00	39568.00	39568.00
桑拿收入	1584.00	24836.00	24836.00	0.00	0.00	0.00				1584.00	24836.00	24836.00
商超收入	0.00	7980.00	7980.00	0.00	0.00	0.00				0.00	7980.00	7980.00
合计	4524.00	60804.00	60804.00	1260.00	11580.00	11580.00				5784.00	72384.00	72384.00

每日收入晨报

营业日期:2020-01-15 公司:华间国际酒店

房间收入

项目	房数 本日	房数 本月	房数 本年	出租率 本日	出租率 本月	出租率 本年	人均消费 本日	人均消费 本月	人均消费 本年	出租数 本日	出租数 本月	出租数 本年	平均房价 本日	平均房价 本月	平均房价 本年	房费收入 本日	房费收入 本月	房费收入 本年
豪华大床房	90	630	630	8.89%	19.37%	19.37%				8	122	122	268.00	265.80	265.80	2144.00	32428.00	32428.00
豪华双人房	103	721	721	51.46%	65.74%	65.74%				53	474	474	238.00	229.14	229.14	12614.00	108612.00	108612.00
商务客房	16	112	112	0.00%	23.21%	23.21%				0	26	26	0.00	318.00	318.00	0.00	8268.00	8268.00
商务套房	6	42	42	0.00%	11.90%	11.90%				0	5	5	0.00	498.00	498.00	0.00	2490.00	2490.00
休闲客房																		
休闲套房																		
合计	215	1505	1505	28.37%	41.66%	41.66%				61	627	627	241.93	242.10	242.10	14758.00	151798.00	151798.00

其它部门收入

部门资源	人数 本日	人数 本月	人数 本年	人均消费 本日	人均消费 本月	人均消费 本年	开台数 本日	开台数 本月	开台数 本年	消费数 本日	消费数 本月	消费数 本年
餐饮大厅	80	290	341	58.85	59.74	58.26	8	56	71	4708.00	17325.00	17325.00
餐饮包厢		390	424		69.11	68.13		39	43		26951.00	26951.00
餐饮小计	80	680	765	58.85	65.11	63.73	8	95	114	4708.00	44276.00	44276.00

客房其它收入

项目	本日	本月	本年	项目	本日	本月	本年
客房破损赔偿费				客房杂项		29608.00	29608.00
客房其它				客房其它服务费		26596.00	26596.00
其它服务费(尾数)				其它折扣(尾数)		7980.00	7980.00
休闲消费	1760.00	26596.00	26596.00	休闲包厢费			
客房电话收入				公用电话收入			
				客房其它收入	1760.00	64184.00	64184.00

项目	本日	本月	本年
客房商品		7980.00	7980.00
客房其它折扣			
会议室收入		3000.00	3000.00
休闲服务费			
合计		37576.00	37576.00
挂酒店帐			
酒店总收入	21226.00	233650.00	233650.00

收款方式信息

项目	现金收入 本日	现金收入 本月	POS收入 本日	POS收入 本月	合计 本日	合计 本月
餐饮收入	1620.00	29608.00	3088.00	14668.00	4708.00	44276.00
桑拿收入	1760.00	26596.00	0.00	0.00	1760.00	26596.00
商超收入	0.00	7980.00	0.00	0.00	0.00	7980.00
合计	3380.00	64184.00	3088.00	14668.00	6468.00	78852.00

每日收入晨报

营业日期:2020-01-16 公司:华间国际酒店

房间收入

项目	房数		人数		出租率		人均消费		平均房价		房费收入	
	本日	本月	本日	本月	本日	本月	本日	本月	本日	本月	本日	本年
豪华大床房	90	720	82	372	5.56%	17.64%			268.00	265.89	1340.00	33768.00
豪华双人房	103	824		423	38.83%	62.38%			238.00	229.83	9520.00	118132.00
商务客房	16	128			0.00%	20.31%			0.00	318.00		8268.00
商务套房	6	48			16.67%	12.50%			498.00	498.00	498.00	2988.00
休闲客房												
休闲套房												
合计	215	1720			39.13%	39.13%			246.91	242.43	11358.00	163156.00

其它部门收入

部门资源	房数		人数		开台数		人均消费		消费数		挂酒店账	
	本日	本月	本日	本月	本日	本月	本日	本月	本日	本月	本日	本年
餐饮大厅	82	372			10	66	81	57.88	4617.00	21942.00		
餐饮其它		390				39	43	68.13		26951.00		
餐饮小计	82	762	2112.00	28708.00	10	105	124	63.01	4617.00	48893.00		

客房其它收入

项目	本日	本月	本年	项目	本日	本月	本年
客房破损赔偿费				客房商品			2000.00
客房其它				客房其它折扣		9980.00	9980.00
休闲服务费(尾数)				会议室收入			
客房电话收入	4576.00	68760.00		休闲服务费		3000.00	3000.00
				合计	4112.00	20087.00	253737.00
				酒店总收入	41688.00	253737.00	

收款方式信息

项目	现金收入		POS收入		合计	
	本日	本月	本日	本月	本日	本年
餐饮收入	2464.00	32072.00	2153.00	16821.00	4617.00	48893.00
桑拿收入	2112.00	28708.00	0.00	0.00	2112.00	28708.00
商超收入	0.00	7980.00	2000.00	2000.00	2000.00	9980.00
合计	4576.00	68760.00	4153.00	18821.00	8729.00	87581.00

每日收入晨报

营业日期:2020-01-17 公司:华闰国际酒店

房间收入

项目	房数		出租率		出租数		平均房价			房费收入		
	本日	本年	本日	本年	本日	本年	本日	本月	本年	本日	本月	本年
豪华大床房	90	810	5.56%	16.30%	5	132	268.00	265.97	265.97	1340.00	35108.00	35108.00
豪华双人房	103	927	37.86%	59.65%	39	553	238.00	230.41	230.41	9282.00	127414.00	127414.00
商务客房	16	144	6.25%	18.75%	1	27	318.00	318.00	318.00	318.00	8586.00	8586.00
商务套房	6	54	16.67%	12.96%	1	7	498.00	498.00	498.00	498.00	3486.00	3486.00
休闲客房												
休闲套房												
合计	215	1935	21.40%	37.16%	46	719	248.65	242.83	242.83	11438.00	174594.00	174594.00

其它部门收入

部门资源	人数			人均消费			开台数			消费数			挂酒店帐		
	本日	本月	本年	本日	本月	本年	本日	本月	本年	本日	本月	本年	本日	本月	本年
餐饮大厅	78	450	501	58.97	58.98	58.05	8	74	89	4600.00	26542.00	26542.00			
餐饮包厢		390	424		69.11	68.13		39	43		26951.00	26951.00		9980.00	9980.00
餐饮小计	78	840	925	58.97	63.68	62.67	8	113	132	4600.00	53493.00	53493.00			

客房其它收入

项目	本日	本月	本年	项目	本日	本月	本年
客房破损赔偿费		2880.00		客房杂项		34952.00	
客房其它		1760.00		客房其它服务费		30468.00	
其它服务费(尾数)		0.00		其它折扣		7980.00	
休闲消费	1760.00	30468.00	30468.00	休闲包厢费			
客房电话收入		4640.00		公用电话收入		73400.00	
				客房商品			3000.00
				客房其它折扣			
				会议室收入			
				休闲服务费			43448.00
				合计	1760.00	17798.00	271535.00
				酒店总收入			271535.00

收款方式信息

项目	现金收入			POS收入			合计		
	本日	本月	本年	本日	本月	本年	本日	本月	本年
餐饮收入		34952.00		1720.00	18541.00		4600.00	53493.00	53493.00
桑拿收入		30468.00		0.00	0.00		1760.00	30468.00	30468.00
商超收入		7980.00			2000.00			9980.00	9980.00
合计	4640.00	73400.00		1720.00	20541.00		6360.00	93941.00	93941.00

每日收入晨报

营业日期:2020-01-18 公司:华间国际酒店

房间收入

项目	房数 本日	房数 本月	房数 本年	出租率 本日	出租率 本月	出租率 本年	人数 本日	人数 本月	人数 本年	出租数 本日	出租数 本月	出租数 本年	平均房价 本日	平均房价 本月	平均房价 本年	房费收入 本日	房费收入 本月	房费收入 本年
豪华大床房	90	900	900	97.78%	24.44%	24.44%	186	636	687	88	220	220	209.82	243.51	243.51	18464.00	53572.00	53572.00
豪华双人房	103	1030	1030	100.00%	63.69%	63.69%	186	636	687	103	656	656	179.55	222.42	222.42	18494.00	145908.00	145908.00
商务客房	16	160	160	6.25%	17.50%	17.50%				1	28	28	318.00	318.00	318.00	318.00	8904.00	8904.00
商务套房	6	60	60	16.67%	13.33%	13.33%				1	8	8	498.00	498.00	498.00	498.00	3984.00	3984.00
休闲客房																		
休闲套房																		
合计	215	2150	2150	89.77%	42.42%	42.42%				193	912	912	195.72	232.86	232.86	37774.00	212368.00	212368.00

其它部门收入

部门资源	人数 本日	人数 本月	人数 本年	人均消费 本日	人均消费 本月	人均消费 本年	开台数 本日	开台数 本月	开台数 本年	消费数 本日	消费数 本月	消费数 本年
餐饮大厅	186	636	687	67.38	61.44	60.58	16	90	105	12533.00	39075.00	39075.00
餐饮包厢		390	424		69.11	68.13		39	43		26951.00	26951.00
餐饮小计	186	1026	1111	67.38	64.35	63.46	16	129	148	12533.00	66026.00	66026.00

客房其它收入

项目	本日	本月	本年	项目	本日	本月	本年
客房破损赔偿费				客房杂项			
客房其它				客房其它折扣		41300.00	41300.00
其它服务费（尾数）				会议室收入		3000.00	3000.00
休闲包厢费	16896.00	47364.00	47364.00	休闲服务费			
客房电话收入				合计	48216.00	91664.00	91664.00
				酒店总收入	98523.00	370058.00	370058.00

挂酒店帐

	本日	本月	本年

收款方式信息

项目	现金收入 本日	现金收入 本月	现金收入 本年	POS收入 本日	POS收入 本月	POS收入 本年	合计 本日	合计 本月	合计 本年
餐饮收入	2880.00	37832.00	37832.00	9653.00	28194.00	28194.00	12533.00	66026.00	66026.00
桑拿收入	1584.00	32052.00	32052.00	15312.00	15312.00	15312.00	16896.00	47364.00	47364.00
商租收入	0.00	7980.00	7980.00	31320.00	33320.00	33320.00	31320.00	41300.00	41300.00
合计	4464.00	77864.00	77864.00	56285.00	76826.00	76826.00	60749.00	154690.00	154690.00

每日收入晨报

营业日期:2020-01-19 公司:华间国际酒店

房间收入

项目	房数 本日	房数 本月	房数 本年	出租率 本日	出租率 本月	出租率 本年	出租数 本日	出租数 本月	出租数 本年	平均房价 本日	平均房价 本月	平均房价 本年	房费收入 本日	房费收入 本月	房费收入 本年
豪华大床房	90	990	990	91.11%	30.51%	30.51%	82	302	302	205.56	233.21	233.21	16856.00	70428.00	70428.00
豪华双人房	103	1133	1133	100.00%	66.99%	66.99%	103	759	759	179.55	216.60	216.60	18494.00	164402.00	164402.00
商务客房	16	176	176	0.00%	15.91%	15.91%	0	28	28	0.00	318.00	318.00	0.00	8904.00	8904.00
商务套房	6	66	66	0.00%	12.12%	12.12%	0	8	8	0.00	498.00	498.00	0.00	3984.00	3984.00
休闲客房															
休闲套房															
合计	215	2365	2365	86.05%	46.38%	46.38%	185	1097	1097	191.08	225.81	225.81	35350.00	247718.00	247718.00

其它部门收入

部门资源	人数 本日	人数 本月	人数 本年	人均消费 本日	人均消费 本月	人均消费 本年	开台数 本日	开台数 本月	开台数 本年	消费数 本日	消费数 本月	消费数 本年	挂酒店帐 本日	挂酒店帐 本月	挂酒店帐 本年
餐饮大厅	110	746	797	50.91	59.89	59.24	11	101	116	5600.00	44675.00	44675.00			
餐饮包厢		390	424		69.11	68.13		39	43		26951.00	26951.00			
餐饮小计	110	1136	1221	50.91	63.05	62.33	11	140	159	5600.00	71626.00	71626.00			

客房其它收入

项目	本日	本月	本年	项目	本日	本月	本年
客房破损赔偿费				客房商品			
客房其它				客房其它折扣			41300.00
其它服务费(尾数)				会议室收入		3000.00	3000.00
休闲消费				休闲服务费			
客房电话收入	1848.00	49212.00	49212.00	合计	1848.00	42798.00	93512.00
				酒店总收入		412856.00	412856.00

收款方式信息

项目	现金收入 本日	现金收入 本月	现金收入 本年	POS收入 本日	POS收入 本月	POS收入 本年	合计 本日	合计 本月	合计 本年
餐饮收入	2195.00	40027.00	40027.00	3405.00	31599.00	31599.00	5600.00	71626.00	71626.00
桑拿收入	1848.00	33900.00	33900.00	0.00	15312.00	15312.00	1848.00	49212.00	49212.00
商超收入	0.00	7980.00	7980.00	0.00	33320.00	33320.00	0.00	41300.00	41300.00
合计	4043.00	81907.00	81907.00	3405.00	80231.00	80231.00	7448.00	162138.00	162138.00

每日收入晨报

营业日期:2020-01-20　公司:华间国际酒店

房间收入

项目	房数 本日	房数 本月	房数 本年	出租率 本日	出租率 本月	出租率 本年	人均消费 本日	人均消费 本月	人均消费 本年	出租数 本日	出租数 本月	出租数 本年	平均房价 本日	平均房价 本月	平均房价 本年	房费收入 本日	房费收入 本月	房费收入 本年
豪华大床房	90	1080		82.22%	34.81%	34.81%	198.81	59.35	54.95	74	376	376	226.44	226.44		14712.00	85140.00	85140.00
豪华双人房	103	1236		100.00%	69.74%	69.74%	179.55	69.11	68.13	103	862	862	212.12	212.18		18494.00	182896.00	182896.00
商务客房	16	192		0.00%	14.58%	14.58%	0.00			0	28	28	318.00	318.00		0.00	8904.00	8904.00
商务套房	6	72		0.00%	11.11%	11.11%	0.00			0	8	8	498.00	498.00		0.00	3984.00	3984.00
休闲套房																		
合计	215	2580		82.33%	49.38%	49.38%	187.60			177	1274	1274	220.51	220.51		33206.00	280924.00	280924.00

其它部门收入

部门资源	人数 本日	人数 本月	人数 本年	人均消费 本日	人均消费 本月	人均消费 本年	开台数 本日	开台数 本月	开台数 本年	消费数 本日	消费数 本月	消费数 本年	挂酒店帐 本日	挂酒店帐 本月	挂酒店帐 本年
餐饮大厅	91	837	888	54.95	59.35	58.80	11	112	127	5000.00	49675.00	49675.00			
餐饮包厢		390	424		69.11	68.13		39	43		26951.00	26951.00			
餐饮小计	91	1227	1312	54.95	62.45	61.82	11	151	170	5000.00	76626.00	76626.00			

客房其它收入

项目	本日	本月	本年	项目	本日	本月	本年
客房破损赔偿费				客房商品		45800.00	45800.00
客房其它				客房其它折扣			
其它服务费(尾数)				会议室收入		3000.00	3000.00
休闲消费	1320.00	50532.00	50532.00	休闲服务费			
客房电话收入				合计	5820.00	99332.00	99332.00
				酒店总收入	44026.00	456882.00	456882.00

收款方式信息

项目	现金收入 本日	现金收入 本月	现金收入 本年	POS收入 本日	POS收入 本月	POS收入 本年	合计 本日	合计 本月	合计 本年
餐饮收入	2360.00	42387.00		2640.00	34239.00		5000.00	76626.00	76626.00
桑拿收入	1320.00	35220.00		0.00	15312.00		1320.00	50532.00	50532.00
商超收入	4500.00	12480.00		0.00	33320.00		4500.00	45800.00	45800.00
合计	8180.00	90087.00		2640.00	82871.00		10820.00	172958.00	172958.00

增值税应税货物或劳务销货清单

[教学票样]

购货单位名称：九州华问国际酒店有限公司

销货单位名称：九州丰盛果蔬批发部

所属增值税专用发票代码：1100191130　　号码：02857097　　共 1 页 第 1 页

序号	货物（劳务）名称	规格型号	单位	数量	单价	金额	税率	税额
1	*谷物加工品*玉米粒		斤	60.00	4.67	279.90	9%	25.20
2	*豆制品*攸县香干		斤	30.00	15.55	466.50	9%	42.00
3	*蔬菜*长豆角		斤	65.00	4.15	269.55	9%	24.25
4	*豆制品*白豆腐		斤	60.00	4.15	248.82	9%	22.38
5	*蔬菜*白辣椒		斤	10.00	3.63	36.28	9%	3.27
6	*蔬菜加工品*干豆角		斤	10.00	11.36	113.62	9%	10.23
7	*蔬菜*干椒节		斤	10.00	4.91	49.14	9%	4.42
8	*蔬菜*菠菜		斤	115.00	3.11	357.65	9%	32.20
9	*蔬菜*花菜		斤	90.00	2.90	261.27	9%	23.49
10	*蔬菜*闽笋		斤	50.00	22.55	1127.43	9%	101.45
11	*蔬菜*芋头		斤	40.00	1.66	66.36	9%	5.96
12	*蔬菜*茄子		斤	60.00	1.87	111.95	9%	10.08
13	*蔬菜*朝天椒		斤	5.00	7.26	36.28	9%	3.27
14	*蔬菜*大青尖椒		斤	45.00	2.07	93.29	9%	8.41
15	*蔬菜*青美人椒		斤	50.00	4.66	233.24	9%	21.00
16	*蔬菜*红美人椒		斤	15.00	5.18	77.75	9%	7.00
17	*蔬菜*日本青瓜仔		斤	80.00	4.15	331.76	9%	29.84
18	*蔬菜*蒜苗		斤	10.00	3.42	34.22	9%	3.08
19	*蔬菜*蒜肉		斤	20.00	1.35	26.95	9%	2.43
20	*食用菌*大黑木耳		斤	10.00	12.44	124.40	9%	11.20
21	*熟肉制品*腊肠		斤	20.00	39.39	787.88	9%	70.92
22	*水果*大熟木瓜		斤	5.00	3.32	16.59	9%	1.49
23	*水果*九头木瓜		斤	5.00	4.15	20.73	9%	1.87
24	*水果*国产橙		斤	10.00	1.87	18.66	9%	1.68
25	*水果*无籽西瓜		斤	30.00	3.11	93.30	9%	8.40
26	*水果*香蕉		斤	15.00	1.56	23.33	9%	2.10
						5306.85		477.62

备注

销货单位（章）：发票专用章（九州丰盛果蔬批发部 91110168581625817K）　　开票日期 2020年01月20日　　国家税务总局印制

【教学票样】

增值税应税货物或劳务销货清单

购货单位名称：九州华问国际酒店有限公司

销货单位名称：九州永盛水产有限公司

所属增值税专用发票代码：1100191130　　　　号码：04158123　　　　共 1 页 第 1 页

序号	货物（劳务）名称	规格型号	单位	数量	单价	金额	税率	税额
1	*海水产品*2S北极贝		盒	1.00	176.24	176.24	9%	15.86
2	*海水产品*进口青口贝		斤	5.00	57.02	285.09	9%	25.66
3	*海水产品*三文鱼		斤	3.00	35.25	105.74	9%	9.52
4	*海水产品*大鲜鱿鱼		斤	10.00	7.26	72.56	9%	6.54
5	*海水产品*桂鱼		斤	9.80	34.21	335.27	9%	30.17
6	*海水产品*多宝鱼		斤	5.00	37.32	186.61	9%	16.79
7	*淡水产品*基围虾		斤	5.00	22.81	114.04	9%	10.26
8	*淡水产品*羔蟹		斤	4.00	140.99	563.96	9%	50.76
9	*淡水产品*龙虾仔		斤	1.00	124.40	124.40	9%	11.20
10	*淡水产品*鲈鱼		斤	35.00	10.37	362.84	9%	32.66
11	*淡水产品*水鱼		斤	10.00	20.73	207.34	9%	18.66
12	*淡水产品*鱼头王		斤	40.00	7.26	290.28	9%	26.12
						2824.37		254.20

备注：

销货单位（章）：　　　　开票日期 2020年01月20日　　　　国家税务总局印制

[教学票样] **增值税应税货物或劳务销货清单**

购货单位名称：九州华问国际酒店有限公司

销货单位名称：九州诚泰商贸有限公司

所属增值税专用发票代码：1100191130　　号码：01134088　　共 1 页 第 1 页

序号	货物（劳务）名称	规格型号	单位	数量	单价	金额	税率	税额
1	*肉及肉制品*土仔鸡		斤	20.00	8.81	176.24	9%	15.88
2	*肉及肉制品*黑土鸡		斤	50.00	14.51	725.70	9%	65.30
3	*肉及肉制品*鸡腿		斤	10.00	7.05	70.50	9%	6.34
4	*肉及肉制品*老母鸡		斤	5.00	10.37	51.83	9%	4.67
5	*肉及肉制品*老水鸭		斤	60.00	17.11	1026.32	9%	92.37
6	*肉及肉制品*毛肚		斤	15.00	15.03	225.48	9%	20.29
7	*肉及肉制品*无骨凤爪		斤	35.00	14.51	507.99	9%	45.71
8	*肉及肉制品*牛肉		斤	15.00	20.73	311.01	9%	27.99
9	*肉及肉制品*野鸭		斤	25.00	21.77	544.27	9%	48.98
10	*肉及肉制品*猪大肠		斤	20.00	8.81	176.24	9%	15.86
11	*肉及肉制品*猪肚		斤	10.00	16.59	165.87	9%	14.93
12	*肉及肉制品*猪耳（新鲜）		斤	10.00	14.51	145.14	9%	13.06
13	*肉及肉制品*猪肘		斤	50.00	9.33	466.52	9%	41.98
14	*肉及肉制品*赤肉		斤	20.00	11.40	228.08	9%	20.52
15	*肉及肉制品*肉排		斤	35.00	14.51	507.99	9%	45.71
16	*肉及肉制品*五花肉		斤	140.00	11.40	1596.49	9%	143.71
						6925.67		623.30
备注								

销货单位（章）：[发票专用章：九州诚泰商贸有限公司 911101690055409270]　　开票日期 2020年01月20日　　国家税务总局印制

[教学票样] **增值税应税货物或劳务销货清单**

购货单位名称：九州华问国际酒店有限公司

销货单位名称：福泰日用瓷器有限公司

所属增值税专用发票代码：1100195130　　号码：01120987　　共 1 页 第 1 页

序号	货物（劳务）名称	规格型号	单位	数量	单价	金额	税率	税额
1	*非金属矿物制品*窑变花瓶三件套	GD-013	套	10.00	247.79	2477.88	13%	322.12
2	*非金属矿物制品*青瓷手绘三件套	SH-267	套	10.00	247.79	2477.88	13%	322.12
3	*非金属矿物制品*青花瓷三件套山水花瓶	SJT-139	套	10.00	247.79	2477.88	13%	322.12
4	*非金属矿物制品*现代中式储物罐三件套	CWG-258	套	10.00	247.79	2477.88	13%	322.12
5	*非金属矿物制品*水点桃花三件套花瓶盘子	SJT-140	套	10.00	247.79	2477.88	13%	322.12
6	*非金属矿物制品*手绘荷花异性尖口三件套	SH-331	套	10.00	247.79	2477.88	13%	322.12
7	*非金属矿物制品*高档仿古官窑开片花瓶	FG-015	套	10.00	132.75	1327.52	13%	172.58
8	*非金属矿物制品*喜鹊盘+龙架	35cm	套	20.00	79.65	1592.92	13%	207.08
9	*非金属矿物制品*孔雀盘+龙架	35cm	套	20.00	79.65	1592.92	13%	207.08
10	*非金属矿物制品*金边和字盘+龙架	35cm	套	20.00	79.65	1592.92	13%	207.08
11	*非金属矿物制品*百福盘+龙架	35cm	套	19.00	79.65	1513.27	13%	196.73
12	*非金属矿物制品*６０头骨质瓷餐具	疏影系列	套	15.00	247.79	3716.81	13%	483.19
13	*非金属矿物制品*６０头骨质瓷餐具	芸阙系列	套	15.00	247.79	3716.81	13%	483.19
14	*非金属矿物制品*６０头骨质瓷餐具	金边系列	套	14.00	247.78	3468.94	13%	450.96
15	*非金属矿物制品*６０头骨质瓷餐具	百合系列	套	15.00	247.79	3716.81	13%	483.19
16	*非金属矿物制品*６０头骨质瓷餐具	鸢尾花系列	套	15.00	247.79	3716.81	13%	483.19
备注						40823.01		5306.99

销货单位（章）：　　　　　　开票日期 2020年01月20日　　国家税务总局印制

收银员入账项目日报表

开始日期：2020-01-21 00:00:01　　结束日期：2020-01-22 00:00:00　　业态：客房　　公司：九州国际酒店

收银员	项目	笔数	消费金额	结算金额
1005 王芳		68	0.00	20256.00
	01 现金（押金）	23		8500.00
	01 现金（退押金）	27		-1844.00
	01 现金（备用金）	0		0.00
	01 现金-[小计]	50	0.00	6656.00
	05 信用卡（押金）	18		13600.00
	05 信用卡-[小计]	18	0.00	13600.00
SYSTEM SYSTEM		41	9878.00	0.00
	000101 夜房费	41	9878.00	
	01 现金-[总计]	50	0.00	6656.00
	05 信用卡-[总计]	18	0.00	13600.00
[总计]		109	9878.00	20256.00

见证人：杨欢　　查核员：李义　　收银员：王芳

收银员入账项目日报表

开始日期：2020-01-22 00:00:01　　结束日期：2020-01-23 00:00:00　　业态：客房　　公司：九州国际酒店

收银员	项目	笔数	消费金额	结算金额
1005 王芳		39	0.00	10908.00
	01 现金（押金）	10		4000.00
	01 现金（退押金）	16		-992.00
	01 现金（备用金）	0		0.00
	01 现金-[小计]	26	0.00	3008.00
	05 信用卡（押金）	13		7900.00
	05 信用卡-[小计]	13	0.00	7900.00
SYSTEM SYSTEM		48	11694.00	0.00
	000101 夜房费	48	11694.00	
	01 现金-[总计]	26	0.00	3008.00
	05 信用卡-[总计]	13	0.00	7900.00
	[总计]	87	11694.00	10908.00

见证人：杨欢　　查核员：李义　　收银员：王芳

收银员入账项目日报表

开始日期：2020-01-23 00:00:01　结束日期：2020-01-24 00:00:00　业态：客房　公司：九州国际酒店

收银员	项目	笔数	消费金额	结算金额
1005 王芳		76	0.00	26218.00
	01 现金（押金）	23		9800.00
	01 现金（退押金）	23		-782.00
	01 现金（备用金）	0		0.00
	01 现金-[小计]	46	0.00	9018.00
	05 信用卡（押金）	30		17200.00
	05 信用卡-[小计]	30	0.00	17200.00
SYSTEM SYSTEM		78	19834.00	0.00
	000101 夜房费	78	19834.00	
	01 现金-[总计]	46	0.00	9018.00
	05 信用卡-[总计]	30	0.00	17200.00
	[总计]	154	19834.00	26218.00

见证人：杨欢　　查核员：李义　　收银员：王芳

收银员入账项目日报表

开始日期：2020-01-24 00:00:01　结束日期：2020-01-25 00:00:00　业态：客房　公司：九州国际酒店

收银员	项目	笔数	消费金额	结算金额
1005 王芳		45	0.00	2156.00
	01 现金（押金）	4		2800.00
	01 现金（退押金）	36		-2144.00
	01 现金（备用金）	0		0.00
	01 现金-[小计]	40	0.00	656.00
	05 信用卡（押金）	5		1500.00
	05 信用卡-[小计]	5	0.00	1500.00
SYSTEM SYSTEM		51	13098.00	0.00
	000101 夜房费	51	13098.00	
	01 现金-[总计]	40	0.00	656.00
	05 信用卡-[总计]	5	0.00	1500.00
[总计]		96	13098.00	2156.00

见证人：杨欢　　查核员：李义　　收银员：王芳

收银员入账项目日报表

开始日期：2020-01-25 00:00:01　结束日期：2020-01-26 00:00:00　业态：客房　公司：九州国际酒店

收银员	项目	笔数	消费金额	结算金额
1005 王芳		63	0.00	5748.00
	01 现金（押金）	17		5300.00
	01 现金（退押金）	38		-1952.00
	01 现金（备用金）	0		0.00
	01 现金-[小计]	55	0.00	3348.00
	05 信用卡（押金）	8		2400.00
	05 信用卡-[小计]	8	0.00	2400.00
SYSTEM SYSTEM		191	36858.00	0.00
	000101 夜房费	191	36858.00	
	01 现金-[总计]	55	0.00	3348.00
	05 信用卡-[总计]	8	0.00	2400.00
	[总计]	254	36858.00	5748.00

见证人：杨欢　　查核员：李义　　收银员：王芳

收银员入账项目日报表

开始日期：2020-01-26 00:00:01　　结束日期：2020-01-27 00:00:00　　业态：客房　　公司：九州国际酒店

收银员	项目	笔数	消费金额	结算金额
1005 王芳		55	0.00	9240.00
	01 现金（押金）	10		5000.00
	01 现金（退押金）	35		-1760.00
	01 现金（备用金）	0		0.00
	01 现金-[小计]	45	0.00	3240.00
	05 信用卡（押金）	10		6000.00
	05 信用卡-[小计]	10	0.00	6000.00
SYSTEM SYSTEM		176	32738.00	0.00
	000101 夜房费	176	32738.00	
	01 现金-[总计]	45	0.00	3240.00
	05 信用卡-[总计]	10	0.00	6000.00
	[总计]	231	32738.00	9240.00

见证人：杨欢　　查核员：李义　　收银员：王芳

收银员入账项目日报表

开始日期：2020-01-27 00:00:01　　结束日期：2020-01-28 00:00:00　　业态：客房　　公司：九州国际酒店

收银员	项目	笔数	消费金额	结算金额
1005 王芳		43	0.00	20842.00
	01 现金（押金）	18		9600.00
	01 现金（退押金）	3		-258.00
	01 现金（备用金）	0		0.00
	01 现金-[小计]	21	0.00	9342.00
	05 信用卡（押金）	22		11500.00
	05 信用卡-[小计]	22	0.00	11500.00
SYSTEM SYSTEM		60	14890.00	0.00
	000101 夜房费	60	14890.00	
	01 现金-[总计]	21	0.00	9342.00
	05 信用卡-[总计]	22	0.00	11500.00
	[总计]	103	14890.00	20842.00

见证人：杨欢　　查核员：李义　　收银员：王芳

每日收入晨报

营业日期:2020-01-21 公司:华间国际酒店

房间收入

项目	房数		出租率		人均消费		出租数		平均房价		房费收入	
	本日	本年	本日	本年	本日	本年	本日	本年	本日	本年	本日	本年
豪华大床房	90	1170	4.44%	32.48%			4	380	268.00	226.87	1072.00	86212.00
豪华双人房	103	1339	35.92%	67.14%			37	899	238.00	213.24	8806.00	191702.00
商务客房	16	208	0.00%	13.46%			0	28	0.00	318.00	0.00	8904.00
商务套房	6	78	0.00%	10.26%			0	8	0.00	498.00	0.00	3984.00
休闲客房												
休闲套房												
合计	215	2795	19.07%	47.05%			41	1315	240.93	221.14	9878.00	290802.00

其它部门收入

部门资源	人数		开台数		人均消费		消费数		挂酒店帐	
	本日	本年	本日	本年	本日	本年	本日	本年	本日	本年
餐饮大厅	80	917	80	968	57.75	58.72	4620.00	54295.00		
餐饮包厢		390		124		59.21		26951.00		
餐饮小计	80	1307	80	1392	57.75	61.58	4620.00	81246.00		

客房其它收入

项目	本日	本月	本年	项目	本日	本月	本年
客房破损赔偿费				客房商品		3000.00	48800.00
客房杂项	2032.00		44975.00	客房其它折扣			
客房其它服务费	0.00		36892.00	会议室收入			3000.00
其它服务费(尾数)	3000.00		12480.00	休闲其它服务费			
休闲包厢费				合计		3000.00	104004.00
客房电话收入	1672.00	52204.00	94347.00	酒店总收入	4672.00	19170.00	476052.00

收款方式信息

项目	现金收入			POS收入			合计		
	本日	本月	本年	本日	本月	本年	本日	本月	本年
餐饮收入	2588.00			2032.00	36271.00	81246.00	4620.00	81246.00	81246.00
桑拿收入	1672.00			0.00	15312.00	52204.00	1672.00	52204.00	52204.00
商超收入	0.00			3000.00	36320.00	48800.00	3000.00	48800.00	48800.00
合计	4260.00			5032.00	87903.00	182250.00	9292.00	182250.00	182250.00

每日收入晨报

营业日期:2020-01-22 公司:华间国际酒店

房间收入

项目	房数 本日	房数 本月	房数 本年	出租率 本日	出租率 本月	出租率 本年	人均消费 本日	人均消费 本月	人均消费 本年	出租数 本日	出租数 本月	出租数 本年	平均房价 本日	平均房价 本月	平均房价 本年	房费收入 本日	房费收入 本月	房费收入 本年
豪华大床房	90	1260	1260	10.00%	30.87%	30.87%				9	389	389	268.00	227.83	227.83	2412.00	88624.00	88624.00
豪华双人房	103	1442	1442	37.86%	65.05%	65.05%				39	938	938	238.00	214.27	214.27	9282.00	200984.00	200984.00
商务客房	16	224	224	0.00%	12.50%	12.50%				0	28	28	0.00	318.00	318.00	0.00	8904.00	8904.00
商务套房	6	84	84	0.00%	9.52%	9.52%				0	8	8	0.00	498.00	498.00	0.00	3984.00	3984.00
休闲客房																		
休闲套房																		
合计	215	3010	3010	22.33%	45.28%	45.28%				48	1363	1363	243.63	221.93	221.93	11694.00	302496.00	302496.00

其它部门收入

部门资源	人数 本日	人数 本月	人数 本年	人均消费 本日	人均消费 本月	人均消费 本年	开台数 本日	开台数 本月	开台数 本年	消费数 本日	消费数 本月	消费数 本年	挂酒店帐 本日	挂酒店帐 本月	挂酒店帐 本年
餐饮大厅	66	983	1034	47.38	57.99		10	134	149	6362.00	60657.00	60657.00	3235.00	3235.00	3235.00
餐饮其它		390	424		69.11	68.13		39	43		26951.00	26951.00			
餐饮包厢	66	1373	1458	96.39	61.45	60.94	10	173	192	6362.00	87608.00	87608.00			
餐饮小计															

客房其它收入

项目	本日	本月	本年	项目	本日	本月	本年
客房破损赔偿费				客房商品		48800.00	48800.00
客房其它				客房其它折扣			
其它服务费（尾数）				会议室收入		3000.00	3000.00
休闲消费	3432.00	55636.00	55636.00	休闲服务费			
客房电话收入				合计	3432.00	107436.00	107436.00
				酒店总收入	21488.00	497540.00	497540.00

收款方式信息

项目	现金收入 本日	现金收入 本月	现金收入 本年	项目	POS收入 本日	POS收入 本月	POS收入 本年	合计 本日	合计 本月	合计 本年
餐饮收入	2018.00	46993.00	46993.00	餐饮收入	1109.00	37380.00	37380.00	3127.00	84373.00	84373.00
桑拿收入	1672.00	38564.00	38564.00	桑拿收入	0.00	15312.00	15312.00	1672.00	53876.00	53876.00
商超收入	0.00	12480.00	12480.00	商超收入	0.00	36320.00	36320.00	0.00	48800.00	48800.00
合计	3690.00	98037.00	98037.00	合计	1109.00	89012.00	89012.00	4799.00	187049.00	187049.00

每日收入晨报

营业日期:2020-01-23 公司:华间国际酒店

房间收入

项目	房数 本日	房数 本年	人数 本日	人数 本年	出租率 本日	出租率 本年	出租数 本日	出租数 本年	平均房价 本日	平均房价 本年	房费收入 本月	房费收入 本年
豪华大床房	90	1350			18.89%	30.07%	17	406	268.00	229.51	4556.00	93180.00
豪华双人房	103	1545			54.37%	64.34%	56	994	238.00	215.61	13328.00	214312.00
商务客房	16	240			18.75%	12.92%	3	31	318.00	318.00	954.00	9858.00
商务套房	6	90			33.33%	11.11%	2	10	498.00	498.00	996.00	4980.00
休闲客房												
休闲套房												
合计	215	3225			36.28%	44.68%	78	1441	254.28	223.68	19834.00	322330.00

其它部门收入

部门资源	人数 本日	人数 本年	人均消费 本日	人均消费 本年	开台数 本日	开台数 本年	消费数 本月	消费数 本年	挂酒店帐 本月	挂酒店帐 本年
餐饮大厅	83	1117	69.86	58.87	10	159	66455.00	64455.00	0.00	3235.00
餐饮包厢		390		69.11	144	43	26951.00	26951.00		
餐饮小计	83	1456	69.86	61.93	39	183	90171.00	90171.00		
					10	202				

客房其它收入

项目	本日	本年	项目	本月	本年
客房破损赔偿费			客房商品		48800.00
客房其它			客房其它折扣		
其它服务费(尾数)			会议室收入		3000.00
休闲消费	1584.00	57220.00	休闲服务费		
客房电话收入			合计	109020.00	
			酒店总收入	27216.00	521521.00

收款方式信息

项目	现金收入 本日	现金收入 本年	POS收入 本日	POS收入 本年	合计 本月	合计 本年
餐饮收入	3948.00	50941.00	39230.00	5798.00	1850.00	90171.00
桑拿收入	1584.00	40148.00	15312.00	1584.00	0.00	55460.00
商超收入	0.00	12480.00	36320.00			48800.00
合计	5532.00	103569.00	90862.00	7382.00	1850.00	194431.00

每日收入晨报

营业日期:2020-01-24 公司:华间国际酒店

房间收入

项目	房数			出租数			出租率			平均房价			房费收入		
	本日	本月	本年	本日	本月	本年	本日	本月	本年	本日	本月	本年	本日	本月	本年
豪华大床房	90	1440	1440	12	418	418	13.33%	29.03%	29.03%	268.00	230.61	230.61	3216.00	96396.00	96396.00
豪华双人房	103	1648	1648	36	1030	1030	34.95%	62.50%	62.50%	238.00	216.39	216.39	8568.00	222880.00	222880.00
商务客房	16	256	256	1	32	32	6.25%	12.50%	12.50%	318.00	318.00	318.00	318.00	10176.00	10176.00
商务套房	6	96	96	1	12	12	33.33%	12.50%	12.50%	498.00	498.00	498.00	996.00	5976.00	5976.00
休闲客房															
休闲套房															
合计	215	3440	3440	51	1492	1492	23.72%	43.37%	43.37%	256.82	224.82	224.82	13098.00	335428.00	335428.00

其它部门收入

部门资源	人数			开台数			人均消费			消费数			挂酒店帐		
	本日	本月	本年	本日	本月	本年	本日	本月	本年	本日	本月	本年	本日	本月	本年
餐饮大厅	88	1154	1205	11	155	170	61.03	59.44	59.03	5371.00	71826.00	71826.00	3235.00	3235.00	3235.00
餐饮包厢		390	424		39	43		69.11	68.13		26951.00	26951.00		0.00	
餐饮小计	88	1544	1629	11	194	213	61.03	61.88	61.40	5371.00	95542.00	95542.00			

客房其它收入

项目	本日	本月	本年	项目	本日	本月	本年
客房破损赔偿费				客房商品			
客房其它				客房其它折扣		48800.00	48800.00
其它服务费(尾数)				会议室收入		3000.00	3000.00
休闲消费	2112.00	59332.00		休闲服务费			
客房电话收入				合计	2112.00	20581.00	111132.00
				酒店总收入		542102.00	542102.00

收款方式信息

项目	现金收入			POS收入			合计		
	本日	本月	本年	本日	本月	本年	本日	本月	本年
餐饮收入	2615.00	53556.00	53556.00	2756.00	41986.00	41986.00	5371.00	95542.00	95542.00
桑拿收入	2112.00	42260.00	42260.00	0.00	15312.00	15312.00	2112.00	57572.00	57572.00
商超收入	0.00	12480.00	12480.00	0.00	36320.00	36320.00	0.00	48800.00	48800.00
合计	4727.00	108296.00	108296.00	2756.00	93618.00	93618.00	7483.00	201914.00	201914.00

每日收入晨报

营业日期:2020-01-25 公司:华间国际酒店

房间收入

项目	房数		出租率		出租数		平均房价		房费收入	
	本日	本年	本日	本年	本日	本年	本日	本年	本日	本年
豪华大床房	90	1530	95.56%	32.94%	86	504	209.40	226.99	18008.00	114404.00
豪华双人房	103	1751	100.00%	64.71%	103	1133	176.84	212.79	18214.00	241094.00
商务客房	16	272	12.50%	12.50%	2	34	318.00	318.00	636.00	10812.00
商务套房	6	102	0.00%	11.76%	0	12	0.00	498.00		5976.00
休闲客房										
休闲套房										
合计	215	3655	88.84%	46.05%	191	1683	192.97	221.20	36858.00	372286.00

其它部门收入

部门资源	人数		人均消费		开台数		消费数		挂酒店帐	
	本日	本年	本日	本年	本日	本年	本日	本年	本日	本年
餐饮大厅	163	1317	59.42	59.08	16	186	9685.00	81511.00	0.00	3235.00
餐饮包厢		390		69.11		39		26951.00		
餐饮小计	163	1707	59.42	61.22	16	210	9685.00	108462.00		

客房其它收入

项目	本日	本年	项目	本日	本年
客房破损赔偿费			客房商品	48800.00	48800.00
客房其它			客房其它折扣		
其它服务费(尾数)			会议室收入	3000.00	3000.00
休闲消费	13464.00	72796.00	休闲服务费		
客房电话收入			合计	124596.00	124596.00
			酒店总收入	605344.00	605344.00

收款方式信息

项目	现金收入		POS收入		合计	
	本日	本年	本日	本年	本日	本年
餐饮收入	685.00	54241.00	9000.00	50986.00	9685.00	105227.00
桑拿收入	13464.00	55724.00	0.00	15312.00	13464.00	71036.00
商超收入	0.00	12480.00	0.00	36320.00	0.00	48800.00
合计	14149.00	122445.00	9000.00	102618.00	23149.00	225063.00

每日收入晨报

营业日期:2020-01-26 公司:华间国际酒店

房间收入

项目	房数 本日	房数 本月	房数 本年	出租率 本日	出租率 本月	出租率 本年	人数 本日	人数 本月	人数 本年	出租数 本日	出租数 本月	出租数 本年	平均房价 本日	平均房价 本月	平均房价 本年	房费收入 本日	房费收入 本月	房费收入 本年
豪华大床房	90	1620	1620	81.11%	35.62%	35.62%				73	577	577	223.45	223.45		14524.00	128928.00	128928.00
豪华双人房	103	1854	1854	100.00%	66.67%	66.67%				103	1236	1236	209.80	209.80		18214.00	259308.00	259308.00
商务客房	16	288	288	0.00%	11.81%	11.81%				0	34	34		318.00	318.00	0.00	10812.00	10812.00
商务套房	6	108	108	0.00%	11.11%	11.11%				0	12	12		498.00	498.00	0.00	5976.00	5976.00
休闲客房																		
休闲套房																		
合计	215	3870	3870	81.86%	48.04%	48.04%				176	1859	1859	186.01	217.87	217.87	32738.00	405024.00	405024.00

其它部门收入

部门资源	人数 本日	人数 本月	人数 本年	人均消费 本日	人均消费 本月	人均消费 本年	开台数 本日	开台数 本月	开台数 本年	消费数 本日	消费数 本月	消费数 本年	挂酒店帐 本日	挂酒店帐 本月	挂酒店帐 本年
餐饮大厅	199	1516	1567	67.98	60.56	60.21	19	190	205	13529.00	95040.00			3235.00	3235.00
餐饮包厢		390	424		69.11	68.13		39	43		26951.00				
餐饮小计	199	1906	1991	67.98	62.31	61.90	19	229	248	13529.00	121991.00				

客房其它收入

项目	本日	本月	本年	项目	本日	本月	本年
客房破损赔偿费				客房商品		48800.00	48800.00
客房其它				客房其它折扣			
其它服务费(尾数)		88284.00	88284.00	会议室收入		3000.00	3000.00
休闲消费	15488.00			休闲服务费			
公用电话收入				合计		140084.00	140084.00
				酒店总收入	61755.00	667099.00	667099.00

收款方式信息

项目	现金收入 本日	现金收入 本月	现金收入 本年	POS收入 本日	POS收入 本月	POS收入 本年	合计 本日	合计 本月	合计 本年
餐饮收入	2518.00	56759.00	56759.00	11011.00	61997.00	61997.00	13529.00	118756.00	118756.00
桑拿收入	2024.00	57748.00	57748.00	13464.00	28776.00	28776.00	15488.00	86524.00	86524.00
商超收入	0.00	12480.00	12480.00	0.00	36320.00	36320.00	0.00	48800.00	48800.00
合计	4542.00	126987.00	126987.00	24475.00	127093.00	127093.00	29017.00	254080.00	254080.00

每日收入晨报

营业日期:2020-01-27 公司:华闰国际酒店

房间收入

项目	房数		出租数		出租率		平均房价		房费收入	
	本日	本年	本日	本年	本日	本年	本日	本年	本日	本年
豪华大床房	90	1710	15	592	16.67%	34.62%	224.57	224.57	4020.00	132948.00
豪华双人房	103	1957	43	1279	41.75%	65.36%	210.74	210.74	10234.00	269542.00
商务客房	16	304	2	36	12.50%	11.84%	318.00	318.00	636.00	11448.00
商务套房	6	114	0	12	0.00%	10.53%		498.00		5976.00
休闲客房										
休闲套房										
合计	215	4085	60	1919	27.91%	46.98%	248.17	218.82	14890.00	419914.00

其它部门收入

部门资源	人数		开台数		人均消费		挂酒店帐	
	本日	本年	本日	本年	本日	本年	本日	本年
餐饮大厅	57	1624	6	196	51.60	60.23	59.91	3235.00
餐饮包厢		390		39		69.11	68.13	
餐饮小计	57	2048	6	235	51.60	62.00	61.61	

客房其它收入

项目	本日	本月	本年	项目	本日	本月	本年
客房杂项			57884.00	客房商品		87000.00	135800.00
客房破损赔偿费			62412.00	客房其它折扣			
客房其它			12480.00	会议室收入			3000.00
其它折扣(尾数)				休闲服务费			
休闲服务费(尾数)	4664.00	92948.00		合计	88816.00	91664.00	231748.00
休闲包厢费				酒店总收入		109495.00	776594.00
公用电话收入							
客房电话收入	1125.00		132776.00				

收款方式信息

项目	现金收入			POS收入			合计	
	本日	本月	本年	本日	本月	本年	本日	本年
餐饮收入		57884.00		1816.00	63813.00		2941.00	121697.00
桑拿收入	4664.00	62412.00		0.00	28776.00		4664.00	91188.00
商超收入	0.00	12480.00		87000.00	123320.00		87000.00	135800.00
合计	5789.00	132776.00		88816.00	215909.00		94605.00	348685.00

157

增值税应税货物或劳务销货清单

[教学票样]

购货单位名称：九州华问国际酒店有限公司

销货单位名称：九州丰盛果蔬批发部

所属增值税专用发票代码：1100191130　　号码：02857113　　共 1 页　第 1 页

序号	货物（劳务）名称	规格型号	单位	数量	单价	金额	税率	税额
1	*谷物加工品*玉米粒		斤	30.00	4.67	139.95	9%	12.60
2	*豆制品*攸县香干		斤	15.00	15.55	233.25	9%	21.00
3	*蔬菜*长豆角		斤	25.00	4.15	103.66	9%	9.34
4	*豆制品*白豆腐		斤	40.00	4.15	165.88	9%	14.92
5	*蔬菜*菠菜		斤	75.00	3.11	233.25	9%	21.00
6	*蔬菜*花菜		斤	35.00	2.90	101.60	9%	9.14
7	*蔬菜*闽笋		斤	15.00	22.55	338.22	9%	30.45
8	*蔬菜*芋头		斤	20.00	1.66	33.17	9%	2.99
9	*蔬菜*茄子		斤	20.00	1.87	37.32	9%	3.36
10	*蔬菜*大青尖椒		斤	20.00	2.07	41.48	9%	3.72
11	*蔬菜*青美人椒		斤	20.00	4.67	93.30	9%	8.40
12	*蔬菜*大红椒		斤	5.00	6.74	33.68	9%	3.03
13	*蔬菜*日本青瓜仔		斤	45.00	4.15	186.61	9%	16.79
14	*食用菌*大黑木耳		斤	5.00	12.44	62.20	9%	5.60
15	*熟肉制品*腊肠		斤	10.00	39.39	393.94	9%	35.46
						2197.51		197.80
备注								

销货单位（章）：发票专用章　　开票日期 2020年01月27日　　国家税务总局印制

增值税应税货物或劳务销货清单

[教学票样]

购货单位名称：九州华问国际酒店有限公司

销货单位名称：九州诚泰商贸有限公司

所属增值税专用发票代码：1100191130　　号码：01134115　　共 1 页　第 1 页

序号	货物（劳务）名称	规格型号	单位	数量	单价	金额	税率	税额
1	*肉及肉制品*黑土鸡		斤	15.00	14.51	217.71	9%	19.59
2	*肉及肉制品*老母鸡		斤	5.00	10.37	51.83	9%	4.67
3	*肉及肉制品*老水鸭		斤	45.00	17.11	769.77	9%	69.26
4	*肉及肉制品*毛肚		斤	10.00	15.03	150.34	9%	13.52
5	*肉及肉制品*无骨凤爪		斤	20.00	14.51	290.28	9%	26.12
6	*肉及肉制品*牛肉		斤	20.00	20.73	414.68	9%	37.32
7	*肉及肉制品*野鸭		斤	15.00	21.77	326.55	9%	29.40
8	*肉及肉制品*猪大肠		斤	30.00	8.81	264.35	9%	23.79
9	*肉及肉制品*猪肚		斤	10.00	16.59	165.87	9%	14.93
10	*肉及肉制品*猪耳（新鲜）		斤	5.00	14.51	72.57	9%	6.53
11	*肉及肉制品*猪肘		斤	65.00	9.33	606.47	9%	54.58
12	*肉及肉制品*赤肉		斤	10.00	11.40	114.04	9%	10.26
13	*肉及肉制品*肉排		斤	20.00	14.51	290.28	9%	26.12
14	*肉及肉制品*五花肉		斤	150.00	11.40	1710.53	9%	153.96
15	*肉及肉制品*野猪		斤	5.00	14.10	70.50	9%	6.34
						5515.77		496.39
备注								

销货单位（章）：发票专用章　　开票日期　2020年01月27日　　国家税务总局印制

增值税应税货物或劳务销货清单

[教学票样]

购货单位名称：九州华问国际酒店有限公司

销货单位名称：福泰日用瓷器有限公司

所属增值税专用发票代码：1100191130　　号码：01121102　　　　共 1 页 第 1 页

序号	货物（劳务）名称	规格型号	单位	数量	单价	金额	税率	税额
1	*非金属矿物制品*窑变花瓶三件套	GD-013	套	15.00	247.79	3716.81	13%	483.19
2	*非金属矿物制品*青瓷手绘三件套	SH-267	套	15.00	247.79	3716.81	13%	483.19
3	*非金属矿物制品*青花瓷三件套山水花瓶	SJT-139	套	15.00	247.79	3716.81	13%	483.19
4	*非金属矿物制品*现代中式储物罐三件套	CWG-258	套	15.00	247.79	3716.81	13%	483.19
5	*非金属矿物制品*水点桃花三件套花瓶盘子	SJT-140	套	15.00	247.79	3716.81	13%	483.19
6	*非金属矿物制品*手绘荷花异性尖口三件套	SH-331	套	15.00	247.79	3716.81	13%	483.19
7	*非金属矿物制品*高档仿古官窑开片花瓶	FG-015	套	20.00	132.75	2655.04	13%	345.16
8	*非金属矿物制品*喜鹊盘+龙架	35cm	套	20.00	79.65	1592.92	13%	207.08
9	*非金属矿物制品*孔雀盘+龙架	35cm	套	20.00	79.65	1592.92	13%	207.08
10	*非金属矿物制品*金边和字盘+龙架	35cm	套	20.00	79.65	1592.92	13%	207.08
11	*非金属矿物制品*百福盘+龙架	35cm	套	20.00	79.65	1592.92	13%	207.08
12	*非金属矿物制品*60头骨质瓷餐具	疏影系列	套	20.00	247.79	4955.75	13%	644.25
13	*非金属矿物制品*60头骨质瓷餐具	芸阙系列	套	20.00	247.79	4955.75	13%	644.25
14	*非金属矿物制品*60头骨质瓷餐具	金边系列	套	20.00	247.78	4955.58	13%	644.22
15	*非金属矿物制品*60头骨质瓷餐具	百合系列	套	20.00	247.79	4955.75	13%	644.25
16	*非金属矿物制品*60头骨质瓷餐具	鸢尾花系列	套	20.00	247.79	4955.75	13%	644.25
17	*非金属矿物制品*60头骨质瓷餐具	青花系列	套	32.00	234.51	7504.42	13%	975.58
						63610.58		8269.42
备注								

销货单位（章）：发票专用章　　　开票日期 2020年01月27日　　　国家税务总局印制

收银员入账项目日报表

开始日期：2020-01-28 00:00:01　结束日期：2020-01-29 00:00:00　业态：客房　公司：九州国际酒店

收银员	项目	笔数	消费金额	结算金额
1005 王芳		73	0.00	16200.00
	01 现金（押金）	16		6400.00
	01 现金（退押金）	35		-1700.00
	01 现金（备用金）	0		0.00
	01 现金-[小计]	51	0.00	4700.00
	05 信用卡（押金）	22		11500.00
	05 信用卡-[小计]	22	0.00	11500.00
SYSTEM SYSTEM		63	15904.00	0.00
	000101 夜房费	63	15904.00	
	01 现金-[总计]	51	0.00	4700.00
	05 信用卡-[总计]	22	0.00	11500.00
	[总计]	136	15904.00	16200.00

见证人：杨欢　　查核员：李义　　收银员：王芳

收银员入账项目日报表

开始日期:2020-01-29 00:00:01　结束日期:2020-01-30 00:00:00　业态:客房　公司:九州国际酒店

收银员	项目	笔数	消费金额	结算金额
1005 王芳		52	0.00	7566.00
	01 现金(押金)	8		2400.00
	01 现金(退押金)	30		-1134.00
	01 现金(备用金)	0		0.00
	01 现金-[小计]	38	0.00	1266.00
	05 信用卡(押金)	14		6300.00
	05 信用卡-[小计]	14	0.00	6300.00
SYSTEM SYSTEM		55	13420.00	0.00
	000101 夜房费	55	13420.00	
	01 现金-[总计]	38	0.00	1266.00
	05 信用卡-[总计]	14	0.00	6300.00
	[总计]	107	13420.00	7566.00

见证人:杨欢　　查核员:李义　　收银员:王芳

收银员入账项目日报表

开始日期：2020-01-30 00:00:01　　结束日期：2020-01-31 00:00:00　　业态：客房　　公司：九州国际酒店

收银员	项目	笔数	消费金额	结算金额
1005 王芳		129	0.00	34596.00
	01 现金（押金）	37		7800.00
	01 现金（退押金）	41		-2404.00
	01 现金（备用金）	0		0.00
	01 现金-[小计]	78	0.00	5396.00
	05 信用卡（押金）	51		18100.00
	05 信用卡-[小计]	51	0.00	18100.00
SYSTEM SYSTEM		102	16110.00	0.00
	000101 夜房费	102	16110.00	0.00
	01 现金-[总计]	78	0.00	5396.00
	05 信用卡-[总计]	51	0.00	18100.00
[总计]		231	16110.00	23496.00

见证人：杨欢　　查核员：李义　　收银员：王芳

收银员入账项目日报表

开始日期：2020-01-31 00:00:01　　结束日期：2020-02-01 00:00:00　　业态：客房　　公司：九州国际酒店

收银员	项目	笔数	消费金额	结算金额
1005 王芳				
	01 现金（押金）	60	0.00	11740.00
	01 现金（退押金）	12	0.00	3600.00
	01 现金（备用金）	31	0.00	-1560.00
	01 现金-[小计]	0	0.00	0.00
	05 信用卡（押金）	43	0.00	2040.00
	05 信用卡-[小计]	17	0.00	9700.00
		17	0.00	9700.00
SYSTEM SYSTEM				
	000101 夜房费	63	15394.00	0.00
	01 现金-[总计]	63	15394.00	2040.00
	05 信用卡-[总计]	43	0.00	9700.00
	[总计]	17	0.00	11740.00
		123	15394.00	

见证人：杨欢　　查核员：李义　　收银员：王芳

每日收入晨报

营业日期:2020-01-28 公司:华间国际酒店

房间收入

项目	房数 本日	房数 本月	房数 本年	人数 本日	人数 本月	人数 本年	出租率 本日	出租率 本月	出租率 本年	出租数 本日	出租数 本月	出租数 本年	平均房价 本日	平均房价 本月	平均房价 本年	房费收入 本日	房费收入 本月	房费收入 本年
豪华大床房	90	1800	1800	83	1656	1707	5.56%	33.17%	33.17%	5	597	597	268.00	224.94	224.94	1340.00	134288.00	134288.00
豪华双人房	103	2060	2060		390	424	51.46%	64.66%	64.66%	53	1332	1332	238.00	211.83	211.83	12614.00	282156.00	282156.00
商务客房	16	320	320				18.75%	12.19%	12.19%	3	39	39	318.00	318.00	318.00	954.00	12402.00	12402.00
商务套房	6	120	120				33.33%	11.67%	11.67%	2	14	14	498.00	498.00	498.00	996.00	6972.00	6972.00
休闲客房																		
休闲套房																		
合计	215	4300	4300	83	2046	2131	29.30%	46.09%	46.09%	63	1982	1982	252.44	219.89	219.89	15904.00	435818.00	435818.00

其它部门收入

部门资源	人均消费 本日	人均消费 本月	人均消费 本年	开台数 本日	开台数 本月	开台数 本年	消费数 本日	消费数 本月	消费数 本年	挂酒店帐 本日	挂酒店帐 本月	挂酒店帐 本年
餐饮大厅		55.42	59.99	9	205	220	4600.00	102581.00	102581.00	0.00	3235.00	3235.00
餐饮包厢		69.11	68.13		39	43		26951.00	26951.00			
餐饮小计	83	55.42	61.73	9	244	263	4600.00	129532.00	129532.00			

客房其它收入

项目	本日	本月	本年	项目	本日	本月	本年
客房破损赔偿费				客房商品		135800.00	135800.00
客房杂项		59402.00	59402.00	客房其它折扣			
客房其它		65052.00	65052.00	会议室收入		3000.00	3000.00
其它服务费(尾款)				休闲服务费			
休闲消费				合计	2640.00	234388.00	234388.00
公用电话收入		12480.00	12480.00	酒店总收入	23144.00	799738.00	799738.00
客房小计	2640.00	95588.00	95588.00				

收款方式信息

项目	现金收入 本日	现金收入 本月	现金收入 本年	POS收入 本日	POS收入 本月	POS收入 本年	合计 本日	合计 本月	合计 本年
餐饮收入	1518.00	59402.00	59402.00	3082.00	66895.00	66895.00	4600.00	126297.00	126297.00
豪拿收入	2640.00	65052.00	65052.00	0.00	28776.00	28776.00	2640.00	93828.00	93828.00
商超收入	0.00	12480.00	12480.00	0.00	123320.00	123320.00	0.00	135800.00	135800.00
合计	4158.00	136934.00	136934.00	3082.00	218991.00	218991.00	7240.00	355925.00	355925.00

每日收入晨报

营业日期:2020-01-29 公司:华间国际酒店

房间收入

项目	房数		出租率		人均消费		人数		平均房价		房费收入	
	本日	本年	本日	本年	本日	本年	本日	本年	本日	本年	本日	本年
豪华大床房	90	1890	3.33%	31.75%					268.00	225.15	804.00	135092.00
豪华双人房	103	2163	47.57%	63.85%					238.00	212.76	11662.00	293818.00
商务客房	16	336	18.75%	12.50%					318.00	318.00	954.00	13356.00
商务套房	6	126	0.00%	11.11%					498.00	498.00	0.00	6972.00
休闲客房												
休闲套房												
合计	215	4515	25.58%	45.12%					244.00	220.54	13420.00	449238.00

其它部门收入

部门资源	人数		人均消费		开台数		消费数		挂酒店帐	
	本日	本年	本日	本年	本日	本年	本日	本年	本日	本年
餐饮大厅	65	1721	54.15	59.88	8	213	228	106101.00	0.00	3235.00
餐饮包厢		390		69.11		39	43	26951.00		
餐饮小计	65	2111	54.15	60.59	8	252	271	133052.00		

客房其它收入

项目	本日	本年	项目	本日	本年
客房杂项			客房小商品		135800.00
客房破损赔偿费			客房其它折扣		
其它服务费（尾数）			会议室收入	3000.00	3000.00
休闲服务费			休闲服务费		
客房电话收入	1848.00	97436.00	合计	1848.00	236236.00
			酒店总收入	18788.00	818526.00

收款方式信息

项目	现金收入		POS收入		合计	
	本日	本年	本日	本年	本日	本年
餐饮收入	1464.00	60866.00	2056.00	68951.00	3520.00	129817.00
桑拿收入	1848.00	66900.00	0.00	28776.00	1848.00	95676.00
商租收入	0.00	12480.00		123320.00	0.00	135800.00
合计	3312.00	140246.00	2056.00	221047.00	5368.00	361293.00

每日收入晨报

营业日期:2020-01-30 公司:华间国际酒店

房间收入

项目	房数			出租率			出租数			平均房价			房费收入		
	本日	本月	本年	本日	本月	本年	本日	本月	本年	本日	本月	本年	本日	本月	本年
豪华大床房	90	1980	1980	17.78%	31.11%	31.11%	16	616	616	268.00	226.27	226.27	4288.00	139380.00	139380.00
豪华双人房	103	2266	2266	45.63%	63.02%	63.02%	47	1428	1428	238.00	213.59	213.59	11186.00	305004.00	305004.00
商务客房	16	352	352	12.50%	12.50%	12.50%	2	44	44	318.00	318.00	318.00	636.00	13992.00	13992.00
商务套房	6	132	132	0.00%	10.61%	10.61%	0	14	14		498.00	498.00	0.00	6972.00	6972.00
休闲客房															
休闲套房															
合计	215	4730	4730	30.23%	44.44%	44.44%	65	2102	2102	247.85	221.38	221.38	16110.00	465348.00	465348.00

其它部门收入

部门资源	人数			人均消费			开台数			消费数			挂酒店帐		
	本日	本月	本年	本日	本月	本年	本日	本月	本年	本日	本月	本年	本日	本月	本年
餐饮大厅	85	1741	1792	60.21	63.88	62.06	10	215	230	5118.00	111219.00	111219.00	0.00	3235.00	3235.00
餐饮其它		390	424		69.11	68.13		39	43		26951.00	26951.00			
餐饮小计	85	2131	2216	60.21	64.84	62.35	10	254	273	5118.00	138170.00	138170.00			

客房其它收入

项目	本日	本月	本年	项目	本日	本月	本年
客房破损赔偿费				客房小商品		135800.00	135800.00
客房其它				客房其它折扣			
其它服务费(尾数)		1584.00	1584.00	会议室收入			3000.00
休闲包厢费	1584.00	99020.00	99020.00	休闲服务费			
客房电话收入				合计	1584.00	237820.00	237820.00
				酒店总收入	22812.00	841338.00	841338.00

收款方式信息

项目	现金收入			POS收入			合计		
	本日	本月	本年	本日	本月	本年	本日	本月	本年
餐饮收入	1948.00	62814.00	62814.00	3170.00	72121.00	72121.00	5118.00	134935.00	134935.00
桑拿收入	1584.00	68484.00	68484.00	0.00	28776.00	28776.00	1584.00	97260.00	97260.00
商超收入	0.00	12480.00	12480.00	0.00	123320.00	123320.00	0.00	135800.00	135800.00
合计	3532.00	143778.00	143778.00	3170.00	224217.00	224217.00	6702.00	367995.00	367995.00

每日收入晨报

营业日期:2020-01-31 公司:华间国际酒店

房间收入

项目	房数 本日	房数 本月	房数 本年	出租率 本日	出租率 本月	出租率 本年	出租数 本日	出租数 本月	出租数 本年	平均房价 本日	平均房价 本月	平均房价 本年	房费收入 本日	房费收入 本月	房费收入 本年
豪华大床房	90	2070	2070	8.89%	30.14%	30.14%	8	624	624	268.00	226.80	226.80	2144.00	141524.00	141524.00
豪华双人房	103	2369	2369	51.46%	62.52%	62.52%	53	1481	1481	238.00	214.46	214.46	12614.00	317618.00	317618.00
商务客房	16	368	368	12.50%	12.50%	12.50%	2	46	46	318.00	318.00	318.00	636.00	14628.00	14628.00
商务套房	6	138	138	0.00%	10.14%	10.14%	0	14	14	498.00	498.00	498.00	0.00	6972.00	6972.00
休闲客房															
休闲套房															
合计	215	4945	4945	29.30%	43.78%	43.78%	63	2165	2165	244.35	222.05	222.05	15394.00	480742.00	480742.00

其它部门收入

部门资源	人数 本日	人数 本月	人数 本年	人均消费 本日	人均消费 本月	人均消费 本年	开台数 本日	开台数 本月	开台数 本年	消费数 本日	消费数 本月	消费数 本年	挂酒店帐 本日	挂酒店帐 本月	挂酒店帐 本年
餐饮大厅	108	1764	1815	61.36	66.81	64.93	11	216	231	6627.00	117846.00	117846.00	0.00	3235.00	3235.00
餐饮包厢		390	424		69.11	68.13		39	43		26951.00	26951.00			
餐饮小计	108	2154	2239	61.36	67.22	64.67	11	255	274	6627.00	144797.00	144797.00			

客房其它收入

项目	本日	本月	本年	项目	本日	本月	本年
客房破损赔偿费				客房小商品		135800.00	135800.00
客房其它				客房其它折扣			
其它服务费(尾数)	2552.00	101572.00	101572.00	会议室收入		3000.00	3000.00
休闲消费				休闲服务费			
客房电话收入				合计	2552.00	240372.00	240372.00
				酒店总收入	24573.00	865911.00	865911.00

收款方式信息

项目	现金收入 本日	现金收入 本月	现金收入 本年	POS收入 本日	POS收入 本月	POS收入 本年	合计 本日	合计 本月	合计 本年
餐饮收入	3712.00	66526.00	66526.00	2915.00	75036.00	75036.00	6627.00	141562.00	141562.00
桑拿收入	2552.00	71036.00	71036.00	0.00	28776.00	28776.00	2552.00	99812.00	99812.00
商超收入	0.00	12480.00	12480.00	0.00	123320.00	123320.00	0.00	135800.00	135800.00
合计	6264.00	150042.00	150042.00	2915.00	227132.00	227132.00	9179.00	377174.00	377174.00

增值税应税货物或劳务销货清单

[教学票样]

购货单位名称：九州华问国际酒店有限公司

销货单位名称：九州丰盛果蔬批发部

所属增值税专用发票代码：1100191130　　号码：02857124　　　共 1 页　第 1 页

序号	货物（劳务）名称	规格型号	单位	数量	单价	金额	税率	税额
1	*谷物加工品*玉米粒		斤	10.00	4.67	46.65	9%	4.20
2	*豆制品*攸县香干		斤	5.00	15.55	77.75	9%	7.00
3	*蔬菜*干椒节		斤	15.00	4.91	73.71	9%	6.63
4	*蔬菜*菠菜		斤	20.00	3.11	62.20	9%	5.60
5	*蔬菜*花菜		斤	15.00	2.90	43.54	9%	3.92
6	*蔬菜*腐竹		斤	5.00	20.73	103.67	9%	9.33
7	*蔬菜*闽笋		斤	5.00	22.55	112.74	9%	10.15
8	*食用菌*鲜口菇		斤	3.00	5.70	17.11	9%	1.54
9	*蔬菜*芋头		斤	10.00	1.66	16.59	9%	1.49
10	*蔬菜*日本青瓜仔		斤	10.00	4.15	41.47	9%	3.73
11	*蔬菜*葱肉		斤	5.00	3.11	15.55	9%	1.40
12	*食用菌*大黑木耳		斤	5.00	12.44	62.20	9%	5.60
13	*熟肉制品*腊肠		斤	10.00	39.39	393.94	9%	35.46
14	*谷物加工品*乾中细米粉	500克/包	斤	10.00	5.18	51.83	9%	4.67
15	*水果*进口黄柠檬		个	5.00	2.07	10.37	9%	0.93
16	*水果*台农芒果		斤	3.00	5.70	17.11	9%	1.54
17	*水果*无籽西瓜		斤	32.50	3.11	101.08	9%	9.10
18	*水果*香蕉		斤	5.00	1.55	7.77	9%	0.7
19	*软饮料*木瓜汁		斤	1.00	60.13	60.13	9%	5.41
						1315.41		118.40

备注

销货单位（章）：发票专用章　　开票日期：2020年01月31日　　国家税务总局印制

增值税应税货物或劳务销货清单

[教学票样]

购货单位名称：九州华问国际酒店有限公司

销货单位名称：九州仲祥商贸有限公司

所属增值税专用发票代码：1100191130　　号码：03569099　　共 1 页　第 1 页

序号	货物（劳务）名称	规格型号	单位	数量	单价	金额	税率	税额
1	*软饮料*听装可口可乐		听	24.00	1.76	42.25	13%	5.49
2	*软饮料*听装雪碧	330ml	听	24.00	1.76	42.25	13%	5.49
3	*软饮料*王老吉		瓶	72.00	3.11	223.65	13%	29.07
4	*酒*小百威		瓶	96.00	6.21	596.38	13%	77.53
5	*酒*小红星二锅头		瓶	50.00	3.11	155.31	13%	20.19
6	*酒*小劲酒		瓶	20.00	7.25	144.96	13%	18.84
7	*酒*青岛纯生		瓶	60.00	6.21	372.74	13%	48.46
8	*酒*烟台:长城赤霞珠		瓶	15.00	33.13	496.99	13%	64.61
9	*酒*五粮液		瓶	3.00	481.46	1444.38	13%	187.77
						3518.91		457.45

备注：

销货单位（章）：发票专用章　　开票日期 2020年01月31日　　国家税务总局印制

[教学票样]

增值税应税货物或劳务销货清单

购货单位名称：九州华问国际酒店有限公司

销货单位名称：九州昌盛食品有限公司

所属增值税专用发票代码：1100191130　　　号码：02201479　　　共 1 页 第 1 页

序号	货物（劳务）名称	规格型号	单位	数量	单价	金额	税率	税额
1	*调味品*调料包		包	1200.00	2.59	3110.08	9%	279.92
2	*加工盐*食盐		包	100.00	1.01	100.56	9%	9.05
3	*糖料*优果糖	1*2000g	瓶	3.00	46.65	139.95	9%	12.60
4	*谷物加工品*糯米粉	1*20*500g	包	5.00	5.18	25.92	9%	2.33
5	*淀粉制品*美玫面粉	45斤	斤	45.00	2.49	111.96	9%	10.08
6	*乳制品*三花淡奶		瓶	20.00	6.22	124.40	9%	11.20
7	*谷物加工品*东北大米	1*50	斤	200.00	3.11	622.02	9%	55.98
8	*水产加工品*碎干贝		斤	2.00	114.04	228.07	9%	20.53
9	*蔬菜加工品*玉兰片		斤	10.00	18.66	186.61	9%	16.79
10	*蔬菜加工品*真空鲜百合		包	10.00	4.98	49.76	9%	4.48
11	*茶及饮料*观音王		克	1000.00	0.25	248.81	9%	22.39
12	*中草药材*虫草花		斤	1.00	124.40	124.40	9%	11.20
13	*中草药材*雪蛤		斤	0.5	1326.98	663.49	9%	59.71
14	*中草药材*花旗参		斤	2.00	134.77	269.54	9%	24.26
15	*茶及饮料*甜贡菊		克	1000.00	0.05	51.83	9%	4.67
16	*茶及饮料*普洱茶		坨	20.00	2.90	58.06	9%	5.22
17	*茶及饮料*普通绿茶		克	5000.00	0.04	207.34	9%	18.66
						6322.80		569.07
备注								

销货单位（章）：　　　　　　　　开票日期：2020年01月31日　　　　国家税务总局印制

增值税应税货物或劳务销货清单

[教学票样]

购货单位名称：九州华问国际酒店有限公司

销货单位名称：九州诚泰商贸有限公司

所属增值税专用发票代码：1100191130　　号码：01134127　　　　共 1 页 第 1 页

序号	货物（劳务）名称	规格型号	单位	数量	单价	金额	税率	税额
1	*肉及肉制品*土仔鸡		斤	5.00	8.81	44.06	9%	3.97
2	*肉及肉制品*黑土鸡		斤	10.00	14.51	145.14	9%	13.06
3	*肉及肉制品*老水鸭		斤	30.00	17.11	513.18	9%	46.17
4	*肉及肉制品*毛肚		斤	5.00	15.03	75.17	9%	6.76
5	*肉及肉制品*无骨凤爪		斤	10.00	14.51	145.14	9%	13.06
6	*肉及肉制品*牛腩		斤	5.00	18.14	90.72	9%	8.16
7	*肉及肉制品*牛肉		斤	5.00	20.73	103.67	9%	9.33
8	*肉及肉制品*野鸭		斤	15.00	21.77	326.55	9%	29.39
9	*肉及肉制品*猪大肠		斤	15.00	8.81	132.18	9%	11.90
10	*肉及肉制品*猪肚		斤	10.00	16.59	165.87	9%	14.93
11	*肉及肉制品*猪耳（新鲜）		斤	5.00	14.51	72.57	9%	6.53
12	*肉及肉制品*猪肘		斤	20.00	9.33	186.60	9%	16.80
13	*肉及肉制品*五花肉		斤	25.00	11.40	285.09	9%	25.65
14	*肉及肉制品*一字梅肉		斤	5.00	11.40	57.02	9%	5.13
15	*肉及肉制品*野猪		斤	5.00	14.10	70.50	9%	6.34
						2413.46		217.18
备注								

销货单位（章）：　　　开票日期 2020年01月31日　　　　国家税务总局印制

单位编号：A118

招商银行借款凭证 （回单）③

日期：2020年01月31日　　　银行编号：3081

借款人	名称	九州华润国际酒店有限公司	收款人	名称	九州华润国际酒店有限公司
	账号	3621172112900009		账号	82110128345
	开户银行	招商银行九州市支行		开户银行	中国银行九州海淀支行

借款期限（最后还款日）	2020年2月28日	利率	8%	起息日期	2020年1月31日

借款申请金额	美元 叁万元整（大写）				千	百	十	万	千	百	十	元	角	分
								$	3	0	0	0	0	0

借款用途	经营周转	银行核定金额			千	百	十	万	千	百	十	元	角	分
								$	3	0	0	0	0	0

期限	计划还款日期	分次还款	期次	计划还款金额	还款日期	还款金额	结欠
		✓					
1							
2							
3							
4							

备注：

上述借款已同意贷给并转入借款单位在采账户，借款到期时应按期归还。此致

借款单位　　　　　　　　　　　九州市支行

投资协议书

第一条 共同投资人的姓名及住所
甲方：<u>九州华问金属制品有限公司</u> 住所：<u>高新大道 98 号华问大厦</u>
乙方：<u>华问集团有限公司</u> 住所：<u>九州市高新路 888 号</u>
甲乙双方共同投资人（以下简称"共同投资人"）经友好协商，根据中华人民共和国法律、法规的规定，就各方共同作为发起人参与 <u>九州华问国际酒店有限公司</u> 的发起设立事宜，达成如下协议。

第二条 共同投资人的投资额和投资方式
共同出资人的出资额为人民币 <u>3000 万元</u>，其中甲方出资 <u>1800 万元</u>，占出资总额的 <u>60%</u>；乙方出资 <u>1200 万元</u>，占出资总额的 <u>40%</u>。

第三条 利润分享和亏损分担
共同投资人按其出资额占出资总额的比例分享共同投资的利润，分担共同投资的亏损。
共同投资人各自以其出资额为限对共同投资承担责任，共同投资人以其出资总额为限对股份有限公司承担责任。
共同投资人的出资形成的股份及其孳生物为共同投资人的共有财产，由共同投资人按其出资比例共有。
若共同投资的股份转让后，各共同投资人有权按其出资比例取得财产。

第四条 事务执行
1. 共同投资人委托甲方代表全体共同投资人执行共同投资的日常事务，包括但不限于：
(1) 在股份公司发起设立阶段，行使及履行作为股份有限公司发起人的权利和义务；
(2) 在股份公司成立后，行使其作为股份公司股东的权利，履行相应义务；
(3) 收集共同投资所产生的孳息，并按照本协议有关规定处置。
2. 其他投资人有权检查日常事务的执行情况，甲方有义务向乙方报告共同投资的经营状况和财务状况。
3. 甲方执行共同投资事务所产生的收益归共同投资人共有，所产生的亏损或者民事责任，由共同投资人承担。
4. 甲方在执行事务时如因其过失或不遵守本协议而造成共同投资人损失时，应承担赔偿责任。
5. 共同投资人可以对甲方执行共同投资事务提出异议。提出异议时，应暂停该项事务的执行。如果发生争议，由共同投资人共同决定。
6. 共同投资的下列事务必须经全体共同投资人同意：
(1) 转让共同投资于股份有限公司的股份；
(2) 以上述股份对外出质；
(3) 更换事务执行人。

第五条 投资的转让
1. 共同投资人向共同投资人以外的人转让其在共同投资中的全部或部分出资额时，须经共同投资人同意。

2.共同投资人之间转让在共同投资中的全部或部分投资额时,应当通知其他共同出资人。

3.共同投资人依法转让其出资额的,在同等条件下,其他共同投资人有优先受让的权利。

第六条 其他权利和义务

1.甲方及其他共同投资人不得私自转让或者处分共同投资的股份。

2.共同投资人在股份有限公司登记之日起三年内,不得转让其持有的股份及出资额。

3.股份有限公司成立后,任一共同投资人不得从共同投资中抽回出资额。

4.股份有限公司不能成立时,对设立行为所产生的债务和费用按各共同投资人的出资比例分担。

第七条 违约责任

为保证本协议的实际履行,甲方自愿提供其所有财产向其他共同投资人提供担保。甲方承诺在其违约并造成其他共同投资人损失的情况下,以上述财产向其他共同投资人承担违约责任。

第八条 其他

1.本协议未尽事宜由共同投资人协商一致后,另行签订补充协议。

2.本协议经全体共同投资人签字盖章后生效。本协议一式两份,共同投资人各执一份。

甲方(签字): 王晓华

乙方(签字): 黄凯

2020 年 01 月 02 日

装修合同

委托方(甲方)：王晓华　　　　　　　　　　承接方(乙方)：尚品装饰装修有限公司

甲、乙双方经友好洽谈和协商，甲方决定委托乙方对房屋进行装修，订立本协议，以共同恪守。

一、工程名称：**酒店装饰工程**。

二、工程地点：**九州市迎丰中路 98 号**。

三、形式结构：__10__ 层整栋装修。

四、工程期限：工程期限__120__天，开工日期__2019__年__8__月__1__日，竣工日期__2019__年__12__月__28__日。

五、承包方式：甲方按乙方要求保证装修期间的所需材料（乙方需提前通知甲方）和施工期间的午餐供应，乙方负责施工。

六、质量标准：施工质量要符合质量要求，装修质量不得低于双方认可的同一施工类型的装修标准。工程竣工验收合格后，3个月内因乙方施工出现质量问题，乙方负责无偿返工维修。

七、工程造价：材料由甲方提供，甲方支付乙方装修人工费￥**7,200,000.00**元人民币。包含乙方为本工程和参与本工程施工作业人员的保险费和为完成本工程所采取的措施费。

八、付款方式：乙方应在完成全部隐蔽工程后，向甲方提供相关质量验收合格记录，经甲方验收，如符合以上施工项目和设计要求，三天内付清款项。

九、甲、乙方不能按合同约定履行自己的各项义务时应承担相应的违约责任，包括支付违约金、赔偿因违约给对方造成的经济损失。甲方不能按时支付工程预付款、工程进度款、竣工结算款的，每延误一日应向乙方支付迟延部分工程款3‰的违约金。由于乙方责任延误工期的，每延误一日乙方应向甲方支付合同金额3‰的违约金。

十、因九州华问国际酒店有限公司尚在注册中，待公司成立之后，由九州华问国际酒店有限公司代王晓华履行合同中的权利义务。

本协议一式两份，甲、乙方各执一份，具有相同效力。本协议自双方签字之日起生效。

委托方(甲方)：**王晓华**　　　　　　　　　承接方(乙方)：**尚品装饰装修有限公司**

日期：2019年08月01日　　　　　　　　　日期：2019年08月01日

房屋租赁合同

出租房（甲方）：九州茂苑物业管理有限公司

承租方（乙方）：王晓华

甲、乙双方就房屋租赁事宜，达成如下协议：

一、甲方将位于 九州市迎丰中路 98 号盘古大厦 A 栋 的房屋出租给乙方使用，租赁期限自 2020 年 01 月 01 日至 2029 年 12 月 31 日，计 120 个月。

二、本房屋月租金为人民币 277,500.00 元，按月交。每月月初 15 日内，乙方向甲方支付全月租金，租金每年递增5%。

三、乙方租赁期间，水费、电费、取暖费、燃气费、电话费以及其他由乙方使用而产生的费用由乙方负担。租赁结束时，乙方须交清欠费。

四、租赁期满后，如乙方要求继续租赁，则须提前1个月向甲方提出，甲方收到乙方要求后7天内答复。如同意继续租赁，则续签租赁合同。同等条件下，乙方享有优先租赁的权利。

五、租赁期间，任何一方提出终止合同，需提前1个月书面通知对方，经双方协商后签订终止合同书。若一方强行中止合同，须向另一方支付违约金 5,000,000.00 元。

六、发生争议，甲、乙双方友好协商解决。协商不成时，提请由当地人民法院仲裁。

七、因九州华问国际酒店有限公司尚在注册中，待公司成立之后，由九州华问国际酒店有限公司代王晓华履行合同中的权利义务。

八、本合同连一式两份，甲、乙双方各执一份，自双方签字之日起生效。

甲方： 张明　　　　　　　　　　　　乙方： 王晓华

日期：2019 年 7 月 1 日　　　　　　日期：2019 年 7 月 1 日

2020年1月份工资汇总表

序号	部门	姓名	基本工资	岗位工资	福利补贴	加班	考勤扣款	应发合计	代扣社保及公积金 养老保险	失业保险	医疗保险	住房公积金	小计	专项附加扣除 子女教育	继续教育	大病医疗	住房贷款利息	住房租金	赡养老人	小计	个人所得税	实发工资
1	办公室	王晓华	8000.00	2,000.00				10000.00	175.20	21.90	43.80	130.00	370.90	2000.00			1000.00		1000.00	4000.00		9629.10
2	办公室	徐向明	5600.00	1,400.00				7000.00	175.20	21.90	43.80	130.00	370.90	1000.00			1000.00		1000.00	3000.00		6629.10
3	办公室	郑武	5600.00	1,400.00				7000.00	175.20	21.90	43.80	130.00	370.90	1000.00				1500.00		2500.00		6629.10
4	办公室	余慧	5600.00	1,400.00				7000.00	175.20	21.90	43.80	130.00	370.90					1500.00		1500.00		6629.10
5	办公室	李小路	4000.00	1,000.00				5000.00	175.20	21.90	43.80	130.00	370.90							0.00		4629.10
6	人事部	段菲	1600.00	400.00				2000.00	175.20	21.90	43.80	130.00	370.90		400.00					400.00		1629.10
7	人事部	潘娇	4000.00	1,000.00				5000.00	175.20	21.90	43.80	130.00	370.90							0.00		4629.10
8	财务部	蔡寿权	2800.00	700.00				3500.00	175.20	21.90	43.80	130.00	370.90						1000.00	1000.00		3129.10
9	财务部	陈科	2240.00	560.00				2800.00	175.20	21.90	43.80	130.00	370.90							0.00		2429.10
10	财务部	陈美娇	1760.00	440.00				2200.00	175.20	21.90	43.80	130.00	370.90							0.00		1829.10
11	财务部	李义	1600.00	400.00				2000.00	175.20	21.90	43.80	130.00	370.90							0.00		1629.10
12	财务部	罗志远	1600.00	400.00				2000.00	175.20	21.90	43.80	130.00	370.90							0.00		1629.10
13	采购部	程冬冬	2800.00	700.00				3500.00	175.20	21.90	43.80	130.00	370.90							0.00		3129.10
14	采购部	朱裕	2800.00	700.00				3500.00	175.20	21.90	43.80	130.00	370.90							0.00		3129.10
15	工程部	熊虎	1440.00	360.00				1800.00	175.20	21.90	43.80	130.00	370.90							0.00		1429.10
16	工程部	万斌	1440.00	360.00				1800.00	175.20	21.90	43.80	130.00	370.90							0.00		1429.10
17	保安部	何建	4000.00	1,000.00				5000.00	175.20	21.90	43.80	130.00	370.90				1000.00			1000.00		4629.10
18	保安部	吴根生	1600.00	400.00				2000.00	175.20	21.90	43.80	130.00	370.90							0.00		1629.10
19	餐饮部	刘云萍	1600.00	400.00				2000.00	175.20	21.90	43.80	130.00	370.90							0.00		1629.10
20	餐饮部	王芬芬	1760.00	440.00				2200.00	175.20	21.90	43.80	130.00	370.90							0.00		1829.10
21	餐饮部	欧华	1600.00	400.00				2000.00	175.20	21.90	43.80	130.00	370.90							0.00		1629.10
22	餐饮部	张小佳	1600.00	400.00				2000.00	175.20	21.90	43.80	130.00	370.90							0.00		1629.10
23	餐饮部	张志远	1600.00	400.00				2000.00	175.20	21.90	43.80	130.00	370.90							0.00		1629.10
24	餐饮部	李小川	1600.00	400.00				2000.00	175.20	21.90	43.80	130.00	370.90							0.00		1629.10
25	餐饮部	林志晶	1600.00	400.00				2000.00	175.20	21.90	43.80	130.00	370.90							0.00		1629.10
26	餐饮部	王宏达	1600.00	400.00				2000.00	175.20	21.90	43.80	130.00	370.90							0.00		1629.10
27	餐饮部	邵军明	1600.00	400.00				2000.00	175.20	21.90	43.80	130.00	370.90							0.00		1629.10
28	餐饮部	陈建舟	1600.00	400.00				2000.00	175.20	21.90	43.80	130.00	370.90							0.00		1629.10
29	餐饮部	刘川	1600.00	400.00				2000.00	175.20	21.90	43.80	130.00	370.90							0.00		1629.10
30	餐饮部	赖涛	1600.00	400.00				2000.00	175.20	21.90	43.80	130.00	370.90							0.00		1629.10
31	餐饮部	汪斌	4000.00	1,000.00	200.00			5200.00	175.20	21.90	43.80	130.00	370.90		400.00					400.00		4829.10
32	餐饮部	李旺旺	2800.00	700.00	200.00			3700.00	175.20	21.90	43.80	130.00	370.90							0.00		3329.10
33	餐饮部	程义	2800.00	700.00	200.00			3700.00	175.20	21.90	43.80	130.00	370.90							0.00		3329.10
34	餐饮部	石梦	2800.00	700.00	200.00			3700.00	175.20	21.90	43.80	130.00	370.90							0.00		3329.10
35	餐饮部	王江川	2400.00	600.00	200.00			3200.00	175.20	21.90	43.80	130.00	370.90							0.00		2829.10
36	餐饮部	万小兵	2400.00	600.00	200.00			3200.00	175.20	21.90	43.80	130.00	370.90							0.00		2829.10

2020年1月份工资汇总表

序号	部门	姓名	基本工资	岗位工资	福利补贴	加班	考勤扣款	应发合计	代扣社保及公积金					专项附加扣除					小计	个人所得税	实发工资
									养老保险	失业保险	医疗保险	住房公积金	小计	子女教育	继续教育	大病医疗	住房贷款利息	住房租金	赡养老人			
37	餐饮部	谢泽刚	1600.00	400.00	200.00			2200.00	175.20	21.90	43.80	130.00	370.90							0.00		1829.10
38	餐饮部	汪海洋	1600.00	400.00	200.00			2200.00	175.20	21.90	43.80	130.00	370.90							0.00		1829.10
39	餐饮部	欧俊杰	1200.00	300.00	200.00			1700.00	175.20	21.90	43.80	130.00	370.90							0.00		1329.10
40	餐饮部	朱义江	1200.00	300.00	200.00			1700.00	175.20	21.90	43.80	130.00	370.90							0.00		1329.10
41	餐饮部	胡伟强	4000.00	1,000.00				5000.00	175.20	21.90	43.80	130.00	370.90							0.00		4629.10
42	客房部	陈文佳	1760.00	440.00				2200.00	175.20	21.90	43.80	130.00	370.90							0.00		1829.10
43	客房部	王芳	1600.00	400.00				2000.00	175.20	21.90	43.80	130.00	370.90							0.00		1629.10
44	客房部	杨欢	1600.00	400.00				2000.00	175.20	21.90	43.80	130.00	370.90							0.00		1629.10
45	客房部	张媛	1600.00	400.00				2000.00	175.20	21.90	43.80	130.00	370.90							0.00		1629.10
46	客房部	李香妹	1600.00	400.00				2000.00	175.20	21.90	43.80	130.00	370.90							0.00		1629.10
47	客房部	李晨	1600.00	400.00				2000.00	175.20	21.90	43.80	130.00	370.90							0.00		1629.10
48	客房部	杨文琦	4000.00	1,000.00				5000.00	175.20	21.90	43.80	130.00	370.90							0.00		4629.10
49	客房部	徐兰	1760.00	440.00				2200.00	175.20	21.90	43.80	130.00	370.90							0.00		1829.10
50	客房部	徐芳	1600.00	400.00				2000.00	175.20	21.90	43.80	130.00	370.90							0.00		1629.10
51	桑拿部	郑国平	2800.00	700.00				3500.00	175.20	21.90	43.80	130.00	370.90							0.00		3129.10
52	桑拿部	李丽	2800.00	700.00				3500.00	175.20	21.90	43.80	130.00	370.90							0.00		3129.10
53	桑拿部	吴黄玲	1600.00	400.00				2000.00	175.20	21.90	43.80	130.00	370.90							0.00		1629.10
54	桑拿部	欧阳杰	2800.00	700.00				3500.00	175.20	21.90	43.80	130.00	370.90							0.00		3129.10
55	桑拿部	魏杨	2800.00	700.00				3500.00	175.20	21.90	43.80	130.00	370.90							0.00		3129.10
56	桑拿部	彭俊杰	2400.00	600.00				3000.00	175.20	21.90	43.80	130.00	370.90							0.00		2629.10
57	桑拿部	许强	2400.00	600.00				3000.00	175.20	21.90	43.80	130.00	370.90							0.00		2629.10
58	桑拿部	高文斌	2400.00	600.00				3000.00	175.20	21.90	43.80	130.00	370.90							0.00		2629.10
59	桑拿部	刘伟	1600.00	400.00				2000.00	175.20	21.90	43.80	130.00	370.90							0.00		1629.10
60	桑拿部	王俊豪	1600.00	400.00				2000.00	175.20	21.90	43.80	130.00	370.90							0.00		1629.10
61	桑拿部	刘昊	1600.00	400.00				2000.00	175.20	21.90	43.80	130.00	370.90							0.00		1629.10
62	桑拿部	张涛	1600.00	400.00				2000.00	175.20	21.90	43.80	130.00	370.90							0.00		1629.10
63	桑拿部	黄勇	1600.00	400.00				2000.00	175.20	21.90	43.80	130.00	370.90							0.00		1629.10
64	桑拿部	林荣平	1600.00	400.00				2000.00	175.20	21.90	43.80	130.00	370.90							0.00		1629.10
65	桑拿部	向阳	1600.00	400.00				2000.00	175.20	21.90	43.80	130.00	370.90							0.00		1629.10
66	桑拿部	何平	1600.00	400.00				2000.00	175.20	21.90	43.80	130.00	370.90							0.00		1629.10
67	桑拿部	何军	1600.00	400.00				2000.00	175.20	21.90	43.80	130.00	370.90							0.00		1629.10
68	桑拿部	赵强	1600.00	400.00				2000.00	175.20	21.90	43.80	130.00	370.90							0.00		1629.10
69	商超部	徐娇	1760.00	440.00				2200.00	175.20	21.90	43.80	130.00	370.90							0.00		1829.10
合计			160,720.00	40,180.00	2,200.00	0.00	0.00	203,100.00	12088.80	1511.10	3022.20	8970.00	25592.10	5000.00	800.00	0.00	3000.00	3000.00	2000.00	13800.00	0.00	177507.90

2020年1月社会保险费及住房公积金计算汇总表

序号	部门	姓名	企业							个人					合计					
			养老保险	失业保险	医疗保险	工伤保险	生育保险	住房公积金	养老保险	失业保险	医疗保险	住房公积金	养老保险	失业保险	医疗保险	工伤保险	生育保险	住房公积金
1	办公室	王晓华	438.00	43.80	131.40	17.52	17.52	130.00	175.20	21.90	43.80	130.00	613.20	65.70	175.20	17.52	17.52	260.00
2	办公室	徐向明	438.00	43.80	131.40	17.52	17.52	130.00	175.20	21.90	43.80	130.00	613.20	65.70	175.20	17.52	17.52	260.00
3	办公室	郑武	438.00	43.80	131.40	17.52	17.52	130.00	175.20	21.90	43.80	130.00	613.20	65.70	175.20	17.52	17.52	260.00
4	办公室	余慧	438.00	43.80	131.40	17.52	17.52	130.00	175.20	21.90	43.80	130.00	613.20	65.70	175.20	17.52	17.52	260.00
5	办公室	李小路	438.00	43.80	131.40	17.52	17.52	130.00	175.20	21.90	43.80	130.00	613.20	65.70	175.20	17.52	17.52	260.00
6	人事部	段菲	438.00	43.80	131.40	17.52	17.52	130.00	175.20	21.90	43.80	130.00	613.20	65.70	175.20	17.52	17.52	260.00
7	人事部	潘娇	438.00	43.80	131.40	17.52	17.52	130.00	175.20	21.90	43.80	130.00	613.20	65.70	175.20	17.52	17.52	260.00
8	财务部	蔡寿权	438.00	43.80	131.40	17.52	17.52	130.00	175.20	21.90	43.80	130.00	613.20	65.70	175.20	17.52	17.52	260.00
9	财务部	陈科	438.00	43.80	131.40	17.52	17.52	130.00	175.20	21.90	43.80	130.00	613.20	65.70	175.20	17.52	17.52	260.00
10	财务部	陈美娇	438.00	43.80	131.40	17.52	17.52	130.00	175.20	21.90	43.80	130.00	613.20	65.70	175.20	17.52	17.52	260.00
11	财务部	李义	438.00	43.80	131.40	17.52	17.52	130.00	175.20	21.90	43.80	130.00	613.20	65.70	175.20	17.52	17.52	260.00
12	财务部	罗志远	438.00	43.80	131.40	17.52	17.52	130.00	175.20	21.90	43.80	130.00	613.20	65.70	175.20	17.52	17.52	260.00
13	采购部	程冬冬	438.00	43.80	131.40	17.52	17.52	130.00	175.20	21.90	43.80	130.00	613.20	65.70	175.20	17.52	17.52	260.00
14	采购部	朱裕	438.00	43.80	131.40	17.52	17.52	130.00	175.20	21.90	43.80	130.00	613.20	65.70	175.20	17.52	17.52	260.00
15	工程部	熊虎	438.00	43.80	131.40	17.52	17.52	130.00	175.20	21.90	43.80	130.00	613.20	65.70	175.20	17.52	17.52	260.00
16	工程部	万斌	438.00	43.80	131.40	17.52	17.52	130.00	175.20	21.90	43.80	130.00	613.20	65.70	175.20	17.52	17.52	260.00
17	保安部	何建	438.00	43.80	131.40	17.52	17.52	130.00	175.20	21.90	43.80	130.00	613.20	65.70	175.20	17.52	17.52	260.00
18	保安部	吴根生	438.00	43.80	131.40	17.52	17.52	130.00	175.20	21.90	43.80	130.00	613.20	65.70	175.20	17.52	17.52	260.00
19	餐饮部	刘云萍	438.00	43.80	131.40	17.52	17.52	130.00	175.20	21.90	43.80	130.00	613.20	65.70	175.20	17.52	17.52	260.00
20	餐饮部	王芬芬	438.00	43.80	131.40	17.52	17.52	130.00	175.20	21.90	43.80	130.00	613.20	65.70	175.20	17.52	17.52	260.00
21	餐饮部	欧华	438.00	43.80	131.40	17.52	17.52	130.00	175.20	21.90	43.80	130.00	613.20	65.70	175.20	17.52	17.52	260.00
22	餐饮部	张小佳	438.00	43.80	131.40	17.52	17.52	130.00	175.20	21.90	43.80	130.00	613.20	65.70	175.20	17.52	17.52	260.00
23	餐饮部	张志远	438.00	43.80	131.40	17.52	17.52	130.00	175.20	21.90	43.80	130.00	613.20	65.70	175.20	17.52	17.52	260.00
24	餐饮部	李小川	438.00	43.80	131.40	17.52	17.52	130.00	175.20	21.90	43.80	130.00	613.20	65.70	175.20	17.52	17.52	260.00
25	餐饮部	林志晶	438.00	43.80	131.40	17.52	17.52	130.00	175.20	21.90	43.80	130.00	613.20	65.70	175.20	17.52	17.52	260.00
26	餐饮部	王宏达	438.00	43.80	131.40	17.52	17.52	130.00	175.20	21.90	43.80	130.00	613.20	65.70	175.20	17.52	17.52	260.00
27	餐饮部	邵军明	438.00	43.80	131.40	17.52	17.52	130.00	175.20	21.90	43.80	130.00	613.20	65.70	175.20	17.52	17.52	260.00
28	餐饮部	陈建舟	438.00	43.80	131.40	17.52	17.52	130.00	175.20	21.90	43.80	130.00	613.20	65.70	175.20	17.52	17.52	260.00
29	餐饮部	刘川	438.00	43.80	131.40	17.52	17.52	130.00	175.20	21.90	43.80	130.00	613.20	65.70	175.20	17.52	17.52	260.00
30	餐饮部	赖涛	438.00	43.80	131.40	17.52	17.52	130.00	175.20	21.90	43.80	130.00	613.20	65.70	175.20	17.52	17.52	260.00
31	餐饮部	汪斌	438.00	43.80	131.40	17.52	17.52	130.00	175.20	21.90	43.80	130.00	613.20	65.70	175.20	17.52	17.52	260.00
32	餐饮部	李旺旺	438.00	43.80	131.40	17.52	17.52	130.00	175.20	21.90	43.80	130.00	613.20	65.70	175.20	17.52	17.52	260.00
33	餐饮部	程义	438.00	43.80	131.40	17.52	17.52	130.00	175.20	21.90	43.80	130.00	613.20	65.70	175.20	17.52	17.52	260.00
34	餐饮部	石梦	438.00	43.80	131.40	17.52	17.52	130.00	175.20	21.90	43.80	130.00	613.20	65.70	175.20	17.52	17.52	260.00
35	餐饮部	王江川	438.00	43.80	131.40	17.52	17.52	130.00	175.20	21.90	43.80	130.00	613.20	65.70	175.20	17.52	17.52	260.00

2020年1月社会保险费及住房公积金计算汇总表

序号	部门	姓名	企业 养老保险	失业保险	医疗保险	工伤保险	生育保险	住房公积金	个人 养老保险	失业保险	医疗保险	住房公积金	合计 养老保险	失业保险	医疗保险	工伤保险	生育保险	住房公积金
36	餐饮部	万小兵	438.00	43.80	131.40	17.52	17.52	130.00	175.20	21.90	43.80	130.00	613.20	65.70	175.20	17.52	17.52	260.00
37	餐饮部	谢泽刚	438.00	43.80	131.40	17.52	17.52	130.00	175.20	21.90	43.80	130.00	613.20	65.70	175.20	17.52	17.52	260.00
38	餐饮部	汪海洋	438.00	43.80	131.40	17.52	17.52	130.00	175.20	21.90	43.80	130.00	613.20	65.70	175.20	17.52	17.52	260.00
39	餐饮部	欧俊杰	438.00	43.80	131.40	17.52	17.52	130.00	175.20	21.90	43.80	130.00	613.20	65.70	175.20	17.52	17.52	260.00
40	餐饮部	朱又江	438.00	43.80	131.40	17.52	17.52	130.00	175.20	21.90	43.80	130.00	613.20	65.70	175.20	17.52	17.52	260.00
41	餐饮部	胡伟强	438.00	43.80	131.40	17.52	17.52	130.00	175.20	21.90	43.80	130.00	613.20	65.70	175.20	17.52	17.52	260.00
42	客房部	陈文佳	438.00	43.80	131.40	17.52	17.52	130.00	175.20	21.90	43.80	130.00	613.20	65.70	175.20	17.52	17.52	260.00
43	客房部	王芳	438.00	43.80	131.40	17.52	17.52	130.00	175.20	21.90	43.80	130.00	613.20	65.70	175.20	17.52	17.52	260.00
44	客房部	杨欢	438.00	43.80	131.40	17.52	17.52	130.00	175.20	21.90	43.80	130.00	613.20	65.70	175.20	17.52	17.52	260.00
45	客房部	张媛	438.00	43.80	131.40	17.52	17.52	130.00	175.20	21.90	43.80	130.00	613.20	65.70	175.20	17.52	17.52	260.00
46	客房部	李香姝	438.00	43.80	131.40	17.52	17.52	130.00	175.20	21.90	43.80	130.00	613.20	65.70	175.20	17.52	17.52	260.00
47	客房部	李晨	438.00	43.80	131.40	17.52	17.52	130.00	175.20	21.90	43.80	130.00	613.20	65.70	175.20	17.52	17.52	260.00
48	客房部	杨文琦	438.00	43.80	131.40	17.52	17.52	130.00	175.20	21.90	43.80	130.00	613.20	65.70	175.20	17.52	17.52	260.00
49	客房部	徐兰	438.00	43.80	131.40	17.52	17.52	130.00	175.20	21.90	43.80	130.00	613.20	65.70	175.20	17.52	17.52	260.00
50	客房部	徐芳	438.00	43.80	131.40	17.52	17.52	130.00	175.20	21.90	43.80	130.00	613.20	65.70	175.20	17.52	17.52	260.00
51	桑拿部	郑国平	438.00	43.80	131.40	17.52	17.52	130.00	175.20	21.90	43.80	130.00	613.20	65.70	175.20	17.52	17.52	260.00
52	桑拿部	李丽	438.00	43.80	131.40	17.52	17.52	130.00	175.20	21.90	43.80	130.00	613.20	65.70	175.20	17.52	17.52	260.00
53	桑拿部	吴美玲	438.00	43.80	131.40	17.52	17.52	130.00	175.20	21.90	43.80	130.00	613.20	65.70	175.20	17.52	17.52	260.00
54	桑拿部	欧阳杰	438.00	43.80	131.40	17.52	17.52	130.00	175.20	21.90	43.80	130.00	613.20	65.70	175.20	17.52	17.52	260.00
55	桑拿部	魏杨	438.00	43.80	131.40	17.52	17.52	130.00	175.20	21.90	43.80	130.00	613.20	65.70	175.20	17.52	17.52	260.00
56	桑拿部	彭俊杰	438.00	43.80	131.40	17.52	17.52	130.00	175.20	21.90	43.80	130.00	613.20	65.70	175.20	17.52	17.52	260.00
57	桑拿部	许强	438.00	43.80	131.40	17.52	17.52	130.00	175.20	21.90	43.80	130.00	613.20	65.70	175.20	17.52	17.52	260.00
58	桑拿部	高文斌	438.00	43.80	131.40	17.52	17.52	130.00	175.20	21.90	43.80	130.00	613.20	65.70	175.20	17.52	17.52	260.00
59	桑拿部	刘伟	438.00	43.80	131.40	17.52	17.52	130.00	175.20	21.90	43.80	130.00	613.20	65.70	175.20	17.52	17.52	260.00
60	桑拿部	王俊豪	438.00	43.80	131.40	17.52	17.52	130.00	175.20	21.90	43.80	130.00	613.20	65.70	175.20	17.52	17.52	260.00
61	桑拿部	刘昊	438.00	43.80	131.40	17.52	17.52	130.00	175.20	21.90	43.80	130.00	613.20	65.70	175.20	17.52	17.52	260.00
62	桑拿部	张涛	438.00	43.80	131.40	17.52	17.52	130.00	175.20	21.90	43.80	130.00	613.20	65.70	175.20	17.52	17.52	260.00
63	桑拿部	黄勇	438.00	43.80	131.40	17.52	17.52	130.00	175.20	21.90	43.80	130.00	613.20	65.70	175.20	17.52	17.52	260.00
64	桑拿部	林荣平	438.00	43.80	131.40	17.52	17.52	130.00	175.20	21.90	43.80	130.00	613.20	65.70	175.20	17.52	17.52	260.00
65	桑拿部	向阳	438.00	43.80	131.40	17.52	17.52	130.00	175.20	21.90	43.80	130.00	613.20	65.70	175.20	17.52	17.52	260.00
66	桑拿部	何平	438.00	43.80	131.40	17.52	17.52	130.00	175.20	21.90	43.80	130.00	613.20	65.70	175.20	17.52	17.52	260.00
67	桑拿部	何军	438.00	43.80	131.40	17.52	17.52	130.00	175.20	21.90	43.80	130.00	613.20	65.70	175.20	17.52	17.52	260.00
68	桑拿部	赵强	438.00	43.80	131.40	17.52	17.52	130.00	175.20	21.90	43.80	130.00	613.20	65.70	175.20	17.52	17.52	260.00
69	商超部	徐娇	438.00	43.80	131.40	17.52	17.52	130.00	175.20	21.90	43.80	130.00	613.20	65.70	175.20	17.52	17.52	260.00
	合计		30222.00	3022.20	9066.60	1208.88	1208.88	8970.00	12088.80	1511.10	3022.20	8970.00	42310.80	4533.30	12088.80	1208.88	1208.88	17940.00

招商银行借款合同

招商银行网上"企业银行"自助贷款授信

合同编号：__2020__ 年 __借__ 字第 __530__ 号

授信人：招商银行 __九州市支行__
地址：__九州市迎丰中路 369 号__
法定代表人/主要负责人：__陈伟明__
授信申请人：__九州华问国际酒店有限公司__
地址：__九州市迎丰中路 98 号__
法定代表人/主要负责人：__王晓华__
开户银行及账号：__中国银行九州海淀支行 821101283345__

  经乙方申请，甲方同意向乙方提供总额美元 __叁__ 万元的网上自助贷款授信额度。现甲方与乙方按照有关法律规定，经充分协商，就下列条款达成一致，特订立本合同。

第 1 条 授信额度

  甲方向乙方提供美元 __叁__ 万元整的网上自助贷款授信额度。此额度是指甲方提供乙方通过甲方"一网通"中的网上"企业银行"系统自助提取流动资金贷款的最高额度。

第 2 条 授信期间

  授信期间为 __壹__ 个月，即从 __2020__ 年 __01__ 月 __31__ 日起到 __2020__ 年 __02__ 月 __28__ 日止。

第 3 条 授信额度

  1. 在授信期间内，乙方可循环使用授信额度，但必须逐笔通过网上申请使用。
  2. 授信额度内每笔贷款的实际发生和归还以甲方在"企业银行"系统中保存的业务记录或甲方据此填制或打印的借款借据、客户对账单等业务记录为准。
  3. 每笔网上自助贷款的期限最长为 1 个月，并且网上不办理展期。

第 4 条 贷款利率

  授信额度内贷款利率按照人民银行规定的同档次利率执行，利率为 __8%__ 。

第 5 条 贷款用途

  此授信额度内贷款只能用于 __企业日常经营活动__ 。未经甲方书面同意，乙方不得挪作他用。

……

材料盘点表

2020 年 01 月 31 日

物料编码	物料名称	规格	计量单位	盘存数量	物料编码	物料名称	规格	计量单位	盘存数量
0900012	2S北极贝		盒	1.63	0301021	优果粉		斤	7.44
0900005	16-20青虾仁(全干)		斤	5.80	0105002	优果糖	1*2000g	瓶	4.79
0900006	31-40青虾仁		斤	5.80	0301019	糯米粉	1*20*500g	包	6.60
0900050	进口青口贝		斤	4.80	0203002	美玫面粉	45斤	斤	72.65
0700053	三文鱼		斤	3.00	0403144	南韩幼砂糖	1*60	袋	0.88
0900011	大鲜鱿鱼		斤	5.80	0403153	三花淡奶		瓶	28.60
0700026	中鲜鱿		斤	2.80	0403007	15kg海天酱油	15kg	桶	4.00
0700041	大红蟹		斤	12.00	0403067	佛手味精	2.25kg	桶	1.70
0700009	桂鱼		斤	7.60	0201001	东北大米	1*50	斤	435.40
0700007	多宝鱼		斤	11.00	0403010	山胡椒油		瓶	13.00
0700051	基围虾		斤	8.00	0403001	鲁花花生油		桶	10.00
0700037	羔蟹		斤	3.00	0301014	西米	1*60	包	10.50
0700043	龙虾仔		斤	3.00	0303003	碎干贝		斤	3.96
0700008	鲈鱼		斤	15.30	0301044	玉兰片		斤	12.80
0700031	水鱼		斤	6.00	0600092	真空鲜百合		包	12.40
0700056	鱼头王		斤	9.00	0107008	观音王		克	1300.00
0900036	玉米粒		斤	18.00	0302015	虫草花		斤	2.14
0600121	攸县香干		斤	8.50	0303004	海马		斤	1.33
0600041	长豆角		斤	8.00	0303005	雪蛤		斤	0.87
0600133	白豆腐		斤	6.00	0301055	花旗参		斤	2.12
0403111	白辣椒		斤	11.30	0107005	甜贡菊		克	1168.00
0301040	干豆角		斤	10.20	0107010	普洱茶		坨	25.00
0403112	干椒节		斤	18.10	0107007	普通绿茶		克	6072.60
0600039	菠菜		斤	9.00	0600134	鲜花		把	10.00
0600042	花菜		斤	9.80	0900120	土仔鸡		斤	7.30
0600065	金针菇		斤	4.80	0900113	黑土鸡		斤	6.00
0301056	腐竹		斤	10.20	0900153	鸡腿		斤	11.80
0301042	闽笋		斤	6.00	0900116	老母鸡		斤	4.20
0600063	鲜口菇		斤	3.10	0900124	老水鸭		斤	12.50
0600091	芋头		斤	12.40	0900060	毛肚		斤	6.80
0600018	茄子		斤	17.00	0900025	无骨凤爪		斤	12.00
0600011	朝天椒		斤	7.20	0900104	牛腩		斤	9.00
0600111	大青尖椒		斤	5.10	0900130	牛肉		斤	8.00
0600012	青美人椒		斤	15.60	0900139	野鸭		斤	7.00
0600013	红美人椒		斤	10.20	0900086	猪大肠		斤	11.00
0600015	大红椒		斤	6.10	0900083	猪肚		斤	11.20
0600024	日本青瓜仔		斤	13.00	0900089	猪耳(新鲜)		斤	10.20
0600079	蒜苗		斤	1.00	0900076	猪皮		斤	2.60
0600005	蒜肉		斤	13.60	0900138	猪肘		斤	12.50
0600004	葱肉		斤	7.60	0900072	赤肉		斤	7.80
0301029	大黑木耳		斤	11.10	0900074	肉排		斤	10.70
0900059	腊肠		斤	11.90	0900075	五花肉		斤	8.90
0301003	河南粉皮		斤	8.00	0900081	一字梅肉		斤	7.80
0203009	乾中细米粉	500克/包	包	16.00	0900135	野猪		斤	8.00
0800011	大熟木瓜		斤	6.82	0105015	1升蒙牛奶		瓶	6.00
0800010	九头木瓜		斤	10.00	0105017	1.25升雪碧		瓶	32.00
0800029	进口黄柠檬		个	8.00	0105025	大可口可乐	125ml	瓶	33.00
0800007	国产橙		斤	5.20	0105019	听装可口可乐			69.00
0800013	台农芒果		斤	5.20	0105018	听装雪碧			60.00
0800036	无籽西瓜		斤	34.50	0105021	王老吉		瓶	95.00
0800036	有籽西瓜		斤	28.00	0105012	旺仔牛奶	145ml*20	瓶	20.00
0800015	香蕉		斤	9.60	0105016	红牛			5.00
0800028	榴莲		斤	6.80	0101002	小百威	330ml	瓶	114.00
0105001	木瓜汁	1*2000g	瓶	1.71	0102015	小红星二锅头		瓶	65.00
0403082	新的橙汁		瓶	3.94	0102014	小劲酒		瓶	39.00
0403081	新的柠檬汁		瓶	9.40	0101004	青岛纯生		瓶	130.00
0403184	调料包		包	953.90	0103013	烟台：长城赤霞珠		瓶	16.00
0403125	食盐		包	169.00	0102002	五粮液		瓶	4.00

会盘人：陈美娇   盘点人：程义

收发存月报表

部门：　　2020 年 1 月

物料编码	物料名称	计量单位	期初结存			本期入库			本期出库			期末结存		
			数量	单价	金额	数量	单价	金额	数量	单价	金额	数量	单价	金额
0900012	2S北极贝	盒										1.63	176.24	287.27
0900005	16-20青虾仁（全干）	斤										5.80	18.66	108.23
0900006	31-40青虾仁	斤										5.80	22.81	132.30
0900050	进口青口贝	斤										4.80	57.02	273.70
0700053	三文鱼	斤										3.00	35.25	105.75
0900011	大鲜鱿鱼	斤										5.80	7.26	42.11
0700026	中鲜鱿	斤										2.80	26.95	75.46
0700041	大红蟹	斤										12.00	36.28	435.36
0700009	桂鱼	斤										7.60	34.21	260.00
0700007	多宝鱼	斤										11.00	37.32	410.52
0700051	基围虾	斤										8.00	22.81	182.48
0700037	蒸蟹	斤										3.00	140.99	422.97
0700043	龙虾仔	斤										3.00	124.40	373.20
0700008	鲈鱼	斤										15.30	10.37	158.66
0700031	水鱼	斤										6.00	20.73	124.38
0700056	鱼头王	斤										9.00	7.26	65.34
0900036	玉米粒	斤										18.00	4.67	84.06
0600121	攸县香干	斤										8.50	15.55	132.18
0600041	长豆角	斤										8.00	4.15	33.20
0600133	白豆腐	斤										6.00	4.15	24.90
0403111	白辣椒	斤										11.30	3.63	41.02
0301040	干豆角	斤										10.20	11.36	115.87
0403112	干椒节	斤										18.10	4.91	88.87
0600039	菠菜	斤										9.00	3.11	27.99
0600042	花菜	斤										9.80	2.90	28.42
0600065	金针菇	斤										4.80	3.63	17.42
0301056	腐竹	斤										10.20	20.73	211.45
0301042	闽笋	斤										6.00	22.55	135.30
0600063	鲜口菇	斤										3.10	5.70	17.67
0600091	芋头	斤										12.40	1.66	20.58
0600018	茄子	斤										17.00	1.87	31.79
0600011	朝天椒	斤										7.20	7.26	52.27
0600111	大青尖人椒	斤										5.10	2.07	10.56
0600012	青美人椒	斤										15.60	4.66	72.70
0600013	红美人椒	斤										10.10	5.18	52.32
0600015	大红椒	斤										6.10	6.74	41.11
合计														4697.41

收发存月报表

部门：　　　2020年 1 月

物料编码	物料名称	计量单位	期初结存			本期入库			本期出库			期末结存		
			数量	单价	金额	数量	单价	金额	数量	单价	金额	数量	单价	金额
0600024	日本青瓜仔	斤										13.00	4.15	53.95
0600079	蒜苗	斤										1.00	3.42	3.42
0600005	蒜肉	斤										13.60	1.35	18.36
0600004	葱肉	斤										7.60	3.11	23.64
0301029	大黑木耳	斤										11.10	12.44	138.08
0900059	腊肠	斤										11.90	39.39	468.74
0301003	河南粉皮	包										8.00	6.74	53.92
0203009	乾中细米粉	斤										16.00	5.18	82.88
0800011	大熟木瓜	斤										6.82	3.32	22.64
0800010	九头木瓜	斤										10.00	4.15	41.50
0800029	进口黄柠檬	个										8.00	2.07	16.56
0800007	国产橙	斤										5.20	1.87	9.72
0800013	台农芒果	斤										5.20	5.70	29.64
0800003	无籽西瓜	斤										34.50	3.11	107.30
0800036	有籽西瓜	斤										28.00	3.11	87.08
0800015	香蕉	斤										9.60	1.56	14.98
0800028	榴莲	斤										6.80	7.25	49.30
0105001	木瓜汁	瓶										1.71	60.13	102.82
0403082	新的橙汁	瓶										3.94	31.10	122.53
0403081	新的柠檬汁	瓶										9.40	31.10	292.34
0403084	调料包	包										953.90	2.59	2470.60
0403125	食盐	包										169.00	1.01	170.69
0301021	优果粉	瓶										7.44	3.11	23.14
0105002	优果糖	瓶										4.79	46.65	223.45
0301019	糯米粉	包										6.60	5.18	34.19
0203002	美玫面粉	斤										72.65	2.49	180.90
0403144	南韩幼砂糖	袋										0.88	199.05	175.16
0403153	三花淡奶	瓶										28.60	6.22	177.89
0403007	15kg海天酱油	桶										4.00	99.52	398.08
0403067	佛手味精	桶										1.70	124.40	211.48
0201001	东北大米	斤										435.40	3.11	1354.09
0403010	山胡椒油	瓶										13.00	5.18	67.34
0403001	鲁花花生油	桶										10.00	105.02	1050.20
0301014	西米	包										10.50	1.56	16.38
0303003	碎干贝	斤										3.96	114.04	451.60
0301044	玉兰片	斤										12.80	18.66	238.85
	合计													8983.44

收发存月报表

部门：　　2020 年 1 月

物料编码	物料名称	计量单位	期初结存			本期入库			本期出库			期末结存		
			数量	单价	金额	数量	单价	金额	数量	单价	金额	数量	单价	金额
0600092	真空鲜百合	包										12.40	4.98	61.75
0107008	观音王	克										1300.00	0.25	325.00
0302015	虫草花	斤										2.14	124.40	266.22
0303004	海马	斤										1.33	984.86	1309.86
0303005	雪蛤	斤										0.87	1326.98	1154.47
0301055	花旗参	斤										2.12	134.77	285.71
0107005	甜贡菊	克										1168.00	0.05	58.40
0107010	普洱茶	坨										25.00	2.90	72.50
0107007	普通绿茶	克										6072.60	0.04	242.90
0600134	鲜花	把										10.00	2.77	27.70
0900120	土仔鸡	斤										7.30	8.81	64.31
0900113	黑土鸡	斤										6.00	14.51	87.06
0900153	鸡腿	斤										11.80	7.05	83.19
0900116	老母鸡	斤										4.20	10.37	43.55
0900124	老水鸭	斤										12.50	17.11	213.88
0900060	毛肚	斤										6.80	15.03	102.20
0900025	无骨凤爪	斤										12.00	14.51	174.12
0900104	牛腩	斤										9.00	18.14	163.26
0900130	牛肉	斤										8.00	20.73	165.84
0900139	野鸭	斤										7.00	21.77	152.39
0900086	猪大肠	斤										11.00	8.81	96.91
0900083	猪肚	斤										11.20	16.59	185.81
0900089	猪耳（新鲜）	斤										10.20	14.51	148.00
0900076	猪皮	斤										2.60	5.18	13.47
0900138	猪肘	斤										12.50	9.33	116.63
0900072	赤肉	斤										7.80	11.40	88.92
0900074	肉排	斤										10.70	14.51	155.26
0900075	五花肉	斤										8.90	11.40	101.46
0900081	一字梅肉	斤										7.80	11.40	88.92
0900135	野猪	斤										8.00	14.10	112.80
0105015	1升蒙牛奶	瓶										6.00	7.25	43.50
0105017	1.25升雪碧	瓶										32.00	4.14	132.48
0105025	大可口可乐	瓶										33.00	4.14	136.62
0105019	听装可口可乐	听										69.00	1.76	121.44
0105018	听装雪碧	听										60.00	1.76	105.60
0105021	王老吉	瓶										95.00	3.11	295.45
合计														6997.58

186

收发存月报表

部门: 　　2020 年 1 月

物料编码	物料名称	计量单位	期初结存			本期入库			本期出库			期末结存		
			数量	单价	金额	数量	单价	金额	数量	单价	金额	数量	单价	金额
0105012	旺仔牛奶	瓶										20.00	3.11	62.20
0105016	红牛	听										5.00	3.62	18.10
0101002	小百威	瓶										114.00	6.21	707.94
0102015	小红星二锅头	瓶										65.00	3.11	202.15
0102014	小劲酒	瓶										39.00	7.25	282.75
0101004	青岛纯生	瓶										130.00	6.21	807.30
0103013	烟台：长城赤霞珠	瓶										16.00	33.13	530.08
0102002	五粮液	瓶										4.00	481.46	1925.84
	合计													4536.36

收发存月报表

部门：　　年　　月

商品名称	计量单位	期初结存			本期入库			本期出库			期末结存		
		数量	单价	金额	数量	单价	金额	数量	单价	金额	数量	单价	金额
窑变花瓶三件套	套												
青瓷手绘三件套	套												
青花瓷三件套山水花瓶	套												
现代中式储物罐三件套	套												
水点桃花三件套花瓶 盘子	套												
手绘荷花异形尖口三件套	套												
高档仿古官窑开片花瓶	套												
喜鹊盘+龙架	套												
孔雀盘+龙架	套												
金边和字盘+龙架	套												
百福盘+龙架	套												
60头骨质瓷餐具	套												
60头骨质瓷餐具	套												
60头骨质瓷餐具	套												
60头骨质瓷餐具	套												
60头骨质瓷餐具	套												
56头骨质瓷餐具	套												
合计													

招商银行单位账户对账单

客户名： 九州华问国际酒店有限公司　　**地址：** 九州市迎丰中路98号

开户机构： 招商银行九州市支行　　**客户账号：** 3621172112900009　　**币种：** 人民币

起止日期： 2020-01-01 至 2020-01-31　　**打印日期：** 2020-02-01　　**钞汇标志：** 钞

交易日期	摘要	凭证类型	借方发生额	贷方发生额	账户余额
20200108	投资款	网银		12,000,000.00	12,000,000.00
20200108	投资款	网银		18,000,000.00	22,800,000.00
20200108	装修款	网银	7,200,000.00		22,290,000.00
20200108	购买固定资产	网银	510,000.00		22,278,320.00
20200108	购买固定资产	网银	11,680.00		22,198,320.00
20200108	购买固定资产	网银	80,000.00		21,512,399.00
20200108	购买固定资产	网银	685,921.00		20,814,549.00
20200108	购买固定资产	网银	697,850.00		20,800,406.00
20200108	购买固定资产	网银	14,143.00		19,254,886.00
20200108	购买固定资产	网银	1,545,520.00		19,211,382.70
20200108	采购低耗品	网银	43,503.30		19,211,342.20
20200108	对公手续费	网银	40.5		19,211,326.70
20200108	对公手续费	网银	15.5		19,211,316.20
20200108	对公手续费	网银	10.5		19,211,305.70
20200108	对公手续费	网银	10.5		19,211,295.20
20200108	对公手续费	网银	10.5		19,211,279.70
20200108	对公手续费	网银	15.5		19,211,264.20
20200108	对公手续费	网银	15.5		19,211,253.70
20200108	对公手续费	网银	10.5		19,211,243.20
20200108	对公手续费	网银	10.5		19,211,232.70
20200108	对公手续费	网银	10.5		19,211,212.20
20200108	对公手续费	网银	20.5		19,211,191.70
20200108	对公手续费	网银	20.5		19,211,176.20
20200108	对公手续费	网银	15.5		19,211,170.70
20200108	对公手续费	网银	5.5		19,211,170.70
20200109	收款	POS刷卡		19,600.00	19,230,770.70
20200109	收款	POS刷卡		1,792.00	19,232,562.70
20200110	收款	POS刷卡		10,800.00	19,243,362.70
20200110	收款	POS刷卡		2,240.00	19,245,602.70
20200110	现金存入	现金存入		25,128.00	19,270,730.70
20200111	收款	POS刷卡		12,600.00	19,283,330.70
20200111	收款	POS刷卡		2,360.00	19,285,690.70
20200111	现金存入	现金存入		14,738.00	19,300,428.70
20200112	收款	POS刷卡		6,600.00	19,307,028.70
20200112	收款	POS刷卡		2,416.00	19,240,444.70
20200113	提取备用金	现金支票	69,000.00		19,220,644.70

招商银行单位账户对账单

客户名：九州华间国际酒店有限公司　　　地址：九州市迎丰中路98号

开户机构：招商银行九州市支行　　　客户账号：3621172112900009　　币种：人民币

起止日期：2020-01-01 至 2020-01-31　　　打印日期：2020-02-01　　钞汇标志：钞

交易日期	摘要	凭证类型	借方发生额	贷方发生额	账户余额
20200113	支付电费	网银	19,800.00		19,216,908.70
20200113	支付水费	网银	3,736.00		18,939,408.70
20200113	支付1月份租金	网银	277,500.00		18,939,403.20
20200113	对公手续费	网银	5.5		18,939,403.20
20200113	收款	POS刷卡		12,800.00	18,952,203.20
20200113	收款	POS刷卡		1,512.00	18,951,715.20
20200113	支付广告费	网银	2,000.00		18,949,915.20
20200113	支付消毒服务费	网银	1,800.00		18,949,915.20
20200114	收款	POS刷卡		13,700.00	18,963,615.20
20200114	收款	POS刷卡		1,260.00	18,964,875.20
20200114	现金存入	现金存入		61,180.00	19,026,055.20
20200115	收款	POS刷卡		8,000.00	19,034,055.20
20200115	收款	POS刷卡		3,088.00	19,037,143.20
20200115	现金存入	现金存入		17,766.00	19,054,909.20
20200116	收款	POS刷卡		6,500.00	19,061,409.20
20200116	收款	POS刷卡		4,153.00	19,065,562.20
20200116	现金存入	现金存入		7,370.00	19,072,932.20
20200117	收款	POS刷卡		9,900.00	19,082,832.20
20200117	收款	POS刷卡		1,720.00	19,084,552.20
20200117	现金存入	现金存入		5,832.00	19,090,384.20
20200118	收款	POS刷卡		9,000.00	19,099,384.20
20200118	收款	POS刷卡		56,285.00	19,155,669.20
20200118	现金存入	现金存入		12,640.00	19,168,309.20
20200119	收款	POS刷卡		1,500.00	19,169,809.20
20200119	收款	POS刷卡		3,405.00	19,103,214.20
20200120	提取备用金	现金支票	70,000.00		19,103,214.20
20200120	收款	POS刷卡		2,640.00	19,105,854.20
20200120	收到易彩账款	网银		24,360.00	19,108,314.20
20200120	采购劳保用品	网银	21,900.00		19,062,184.20
20200120	购买瓷器一批	网银	46,130.00		19,024,589.05
20200120	支付汽车保险费	网银	37,595.15		19,024,578.55
20200120	对公手续费	网银	10.5		19,024,568.05
20200120	对公手续费	网银	10.5		19,024,568.05
20200121	收款	POS刷卡		13,600.00	19,038,168.05
20200121	收款	POS刷卡		5,032.00	19,043,200.05
20200121	现金存入	现金存入		20,845.00	19,064,045.05

招商银行单位账户对账单

客户名： 九州华问国际酒店有限公司 **地址：** 九州市迎丰中路98号

开户机构： 招商银行九州市支行 **客户账号：** 362117211290009 **币种：** 人民币

起止日期： 2020-01-01 至 2020-01-31 **打印日期：** 2020-02-01 **钞汇标志：** 钞

交易日期	摘要	凭证类型	借方发生额	贷方发生额	账户余额
20200122	收款	POS刷卡		7,900.00	19,071,945.05
20200122	收款	POS刷卡		1,109.00	19,073,054.05
20200122	现金存入	现金存入		10,916.00	19,083,970.05
20200123	收款	POS刷卡		17,200.00	19,101,170.05
20200123	收款	POS刷卡		1,850.00	19,103,020.05
20200123	现金存入	现金存入		6,698.00	19,109,718.05
20200124	收款	POS刷卡		1,500.00	19,111,218.05
20200124	收款	POS刷卡		2,756.00	19,113,974.05
20200124	现金存入	现金存入		14,550.00	19,128,524.05
20200125	收款	POS刷卡		2,400.00	19,130,924.05
20200125	收款	POS刷卡		9,000.00	19,139,924.05
20200125	现金存入	现金存入		5,383.00	19,145,307.05
20200126	收款	POS刷卡		6,000.00	19,151,307.05
20200126	收款	POS刷卡		24,475.00	19,175,782.05
20200127	收款	POS刷卡		11,500.00	19,187,282.05
20200127	收款	POS刷卡		88,816.00	19,276,098.05
20200127	收到易彩账款	网银		79,440.00	19,355,538.05
20200127	收到易彩账款	网银		53,928.00	19,337,586.05
20200127	购买瓷器一批	网银	71,880.00		19,334,586.05
20200127	支付律师咨询费	网银	3,000.00		19,294,586.05
20200127	提取备用金	现金支票	40,000.00		19,294,586.05
20200128	收款	POS刷卡		11,500.00	19,306,086.05
20200128	收款	POS刷卡		3,082.00	19,309,168.05
20200128	现金存入	现金存入		40,410.00	19,349,578.05
20200129	收款	POS刷卡		6,300.00	19,355,878.05
20200129	收款	POS刷卡		2,056.00	19,357,934.05
20200129	现金存入	现金存入		8,858.00	19,366,792.05
20200130	收款	POS刷卡		18,100.00	19,384,892.05
20200130	收款	POS刷卡		3,170.00	19,388,062.05
20200130	现金存入	现金存入		4,578.00	19,392,629.55
20200131	支付银行手续费	网银	10.5		19,392,619.05
20200131	支付银行手续费	网银	10.5		19,392,619.05
20200131	收款	POS刷卡		9,700.00	19,402,319.05
20200131	收款	POS刷卡		2,915.00	19,384,948.05
20200131	支付洗涤费	网银	20,286.00		19,380,348.05
20200131	支付清洗费	网银	4,600.00		19,371,471.41

招商银行单位账户对账单

客户名： 九州华问国际酒店有限公司 **地址：** 九州市迎丰中路98号

开户机构： 招商银行九州市支行 **客户账号：** 3621172112290009 **币种：** 人民币

起止日期： 2020-01-01 至 2020-01-31 **打印日期：** 2020-02-01 **钞汇标志：** 钞

交易日期	摘要	凭证类型	借方发生额	贷方发生额	账户余额
20200131	POS机手续费	POS刷卡	8,876.64		19,371,471.41
20200131	现金存入	现金存入		8,928.00	19,380,399.41
20200131	现金存入	现金存入		68,000.00	19,445,399.41
20200131	支付员工培训费	网银	3,000.00		19,445,399.41

九州增值税普通发票

No 01314708

开票日期：2020-01-08

校验码：75459 54212 58490 32326

购买方	名称：九州华间国际酒店有限公司
	纳税人识别号：91110168MC001YIDHV
	地址、电话：九州市迎丰中路98号 011-86663915
	开户行及账号：招商银行九州市支行 362117 211290 009

密码区：
>>17675*12345713193 52*93158
55>1<863>*19-*4<>836012324>
475310/581++54/*49>4352<>><>

货物或应税劳务名称	规格型号	单位	数量	单价	金额	税率	税额
*炸药烟火*烟花		箱	1.00	3,689.32	3,689.32	3%	110.68
合 计					¥3,689.32		¥110.68

价税合计（大写）： ⊗叁仟捌佰圆整　　（小写）¥3,800.00

销售方	名称：利民烟花礼炮商行
	纳税人识别号：960124500212752 78H
	地址、电话：九州洪城路134号 011-89740526
	开户行及账号：邮政储蓄银行抚生支行 955112 347879 786630 8

备注：

收款人：方慧　　复核：李文倩　　开票人：王云

九州增值税普通发票

校验码 23329 58912 34490 18953

№ 02125617

开票日期：2020-01-13

购买方	名　称：九州华间国际酒店有限公司
	纳税人识别号：91110168MC001YIDHV
	地　址、电　话：九州市迎丰中路98号 011-86663915
	开户行及账号：招商银行九州市支行 362117 211290 009

货物或应税劳务名称	规格型号	单位	数量	单价	金额	税率	税额
*广告服务*广告费			1.00	1,941.75	1,941.75	3%	58.25
合　计					￥1,941.75		￥58.25

价税合计（大写）　⊗贰仟圆整　（小写）￥2,000.00

销售方	名　称：真彩文化有限公司
	纳税人识别号：96010221004052K84
	地　址、电　话：九州市海淀区38号 011-81128306
	开户行及账号：招商银行海淀分理处 362117 358013 860

备注：屈志淼

收款人：王嘉云　复核：付甜甜　开票人：付甜甜

九州增值税普通发票

No 04012483

开票日期：2020-01-13

校验码：98300 58912 34490 56789

购买方	名 称：九州华同国际酒店有限公司
	纳税人识别号：91110168MC001YIDHV
	地 址、电 话：九州市迎丰中路98号 011-86663915
	开户行及账号：招商银行九州市支行 362117 211290 009

密码区：
>>12564*+23925713193522*93158
55>1/<863>*19-*4<>336012324>
475310/672++54/*49>2178<>><>

货物或应税劳务名称	规格型号	单位	数量	单价	金额	税率	税额
*纸制品*蓝宝石 热敏收银纸	80*50	卷	20.00	3.79	75.73	3%	2.27
*纸质品*齐心 金旗舰 复印纸	A4 70G	包	6.00	24.76	148.54	3%	4.46
*文具*齐心 多功能转头型订书机	B3828	个	10.00	10.29	102.91	3%	3.09
*文具*晨光 中性笔K-35	1	盒	5.00	20.39	101.94	3%	3.06
*文具*得力 彩色长尾票夹8553	32mm(24只/筒)	筒	4.00	8.54	34.17	3%	1.03
*文具*齐心 A415MM背宽单张票夹	AB151A/P	箱	1.00	90.29	90.29	3%	2.71
*文具*树德 清新资料册S204D		个	4.00	7.23	28.93	3%	0.87
合　计					￥582.51		￥17.49

价税合计（大写）　⊗陆佰圆整　　　（小写）￥600.00

销售方	名 称：欧树实业有限公司
	纳税人识别号：91160501457485671K
	地 址、电 话：九州市子安路211号 011-62571012
	开户行及账号：中国工商银行沿江支行 422006 183614 587970 8

收款人：李博浩　　复核：方振杰　　开票人：张芳华

九州增值税普通发票

No 03134112

开票日期：2020-01-13

校验码：23578 18112 68925 57831

购买方	名称：九州华间国际酒店有限公司
	纳税人识别号：91110168MC001YIDHV
	地址、电话：九州市迎丰中路98号 011-86663915
	开户行及账号：招商银行九州市支行 362117 211290 009

密码区：
>>14564*+23925713193S2*93158
55>1/<163>*19-*4<>526013424>
595310/572++73/*49>1178<><><>

货物或应税劳务名称	规格型号	单位	数量	单价	金额	税率	税额
*其他生活服务*消毒服务费			1.00	1,747.57	1,747.57	3%	52.43
合 计					¥1,747.57		¥52.43

价税合计（大写）：⊗壹仟捌佰圆整　（小写）¥1,800.00

销售方	名称：长谐企业管理服务有限公司
	纳税人识别号：9360106506S283875T
	地址、电话：九州周家嘴军工路486号 011-80480502
	开户行及账号：交通银行军工路支行 310088 862045 382085 138

备注：余少华

收款人：万云翔　　复核：连志森　　开票人：余少华

九州增值税普通发票

校验码: 11001922002   68300 58912 31190 88123

No 03451102

开票日期: 2020-01-13

	名 称:	九州华闰国际酒店有限公司		密	>>35564*+23925713174441*93158
购买方	纳税人识别号:	91110168MC001Y1DHV		码	55>1/<863>*19-*4<>116013424>
	地 址、电 话:	九州市迎丰中路98号 011-86663915		区	68622I/672++73/*49>7896<>><>
	开户行及账号:	招商银行九州市支行 362117 211290 009			

货物或应税劳务名称	规格型号	单位	数量	单价	金额	税率	税额
*洗涤剂*玻璃水	1.82L	瓶	20.00	18.93	378.64	3%	11.36
*日用杂品*拖把		把	15.00	25.89	388.35	3%	11.65
合 计					¥766.99		¥23.01

价税合计 (大写) ⊗ 柒佰玖拾圆整   (小写) ¥790.00

	名 称:	创美百货商行		备	
销售方	纳税人识别号:	93611235110127512K		注	
	地 址、电 话:	九州洪都中大道78号 011-83492112			
	开户行及账号:	中国银行广电支行 402571 453511			

收款人: 段瑜   复核: 潘子聪   开票人: 曾祥   销售方: (章)

九州增值税普通发票

校验码 56789 58912 32318 44568

No 02140529

开票日期：2020-01-13

购买方	名称：九州华间国际酒店有限公司 纳税人识别号：91110168MC001YIDHV 地址、电话：九州市迎丰中路98号 011-86663915 开户行及账号：招商银行九州市支行 362117 211290 009					密码区	>>14564*+23925713I7441*93148 76>1/<323>*19-*4<>795013424> 686231/142++73/*49>6218<><>

货物或应税劳务名称	规格型号	单位	数量	单价	金额	税率	税额
*劳务*维修费			1.00	407.77	407.77	3%	12.23
合计					¥407.77		¥12.23

价税合计（大写） ⊗ 肆佰贰拾圆整　　（小写）¥420.00

销售方	名称：安信维修部 纳税人识别号：91104026H00328576K 地址、电话：九州广场南路113号 011-68211123 开户行及账号：中信银行恒茂办理处 742111 101826 820742 2

备注：樊莉

收款人：涂雅慧　　复核：谢子瑜　　开票人：樊莉

九州增值税普通发票

No 03157113

开票日期：2020-01-20

校验码：95578 56564 30090 65578

购买方	名称：	九州华间国际酒店有限公司
	纳税人识别号：	91110168MC001Y1DHV
	地址、电话：	九州市迎丰中路98号 011-86663915
	开户行及账号：	招商银行九州市支行 362117 211290 009

密码区：
>>14564*+23925718194441*93148
76>1/<863>*19-*4<>885013424>
686221/672+73/*49>3178<>><>

货物或应税劳务名称	规格型号	单位	数量	单价	金额	税率	税额
*服装*工衣		套	200.00	96.90	19,380.53	13%	2,519.47
合计					¥19,380.53		¥2,519.47

价税合计（大写） ⊗贰万壹仟玖佰圆整 （小写）¥21,900.00

销售方	名称：	九州玄艺服装有限公司
	纳税人识别号：	93601005200001468AP
	地址、电话：	九州市新港中路35号 011-85053671
	开户行及账号：	招商银行九州市支行 362117 814654 3868

备注：夏云

收款人：曾倩华　　复核：熊梅竹坛　　开票人：曾倩华

九州增值税普通发票

发票代码： 111001962005
号码： No 01103213
开票日期： 2020-01-20
校验码： 92278 56564 31190 64449

购买方	名称：九州华间国际酒店有限公司 纳税人识别号：91110168MC001Y1DHV 地址、电话：九州市迎丰中路98号 011-8663915 开户行及账号：招商银行九州市支行 362117 211290 009

密码区：
```
>>14564*23925718194441*93148
76>1/<863>*19-*4<>885013424>
686121/672+73/*24>3178<>><>
```

货物或应税劳务、服务名称	规格型号	单位	数量	单价	金额	税率	税额
*生活服务*服务费			1.00	2,971.70	2,971.70	3%	178.30
合计					¥2,971.70		¥178.30

价税合计（大写） ⊗叁仟壹佰伍拾圆整　　（小写）¥3,150.00

销售方	名称：欢乐迪娱乐服务有限公司 纳税人识别号：9361131412280F9372P 地址、电话：九州市船山路21号 011-83841882 开户行及账号：中国工商银行沿江支行 660218 332121 79023

备注： 熊旎

收款人： 曹吉祥　　**复核：** 曾世嘉　　**开票人：** 熊旎　　**销售方：**（章）

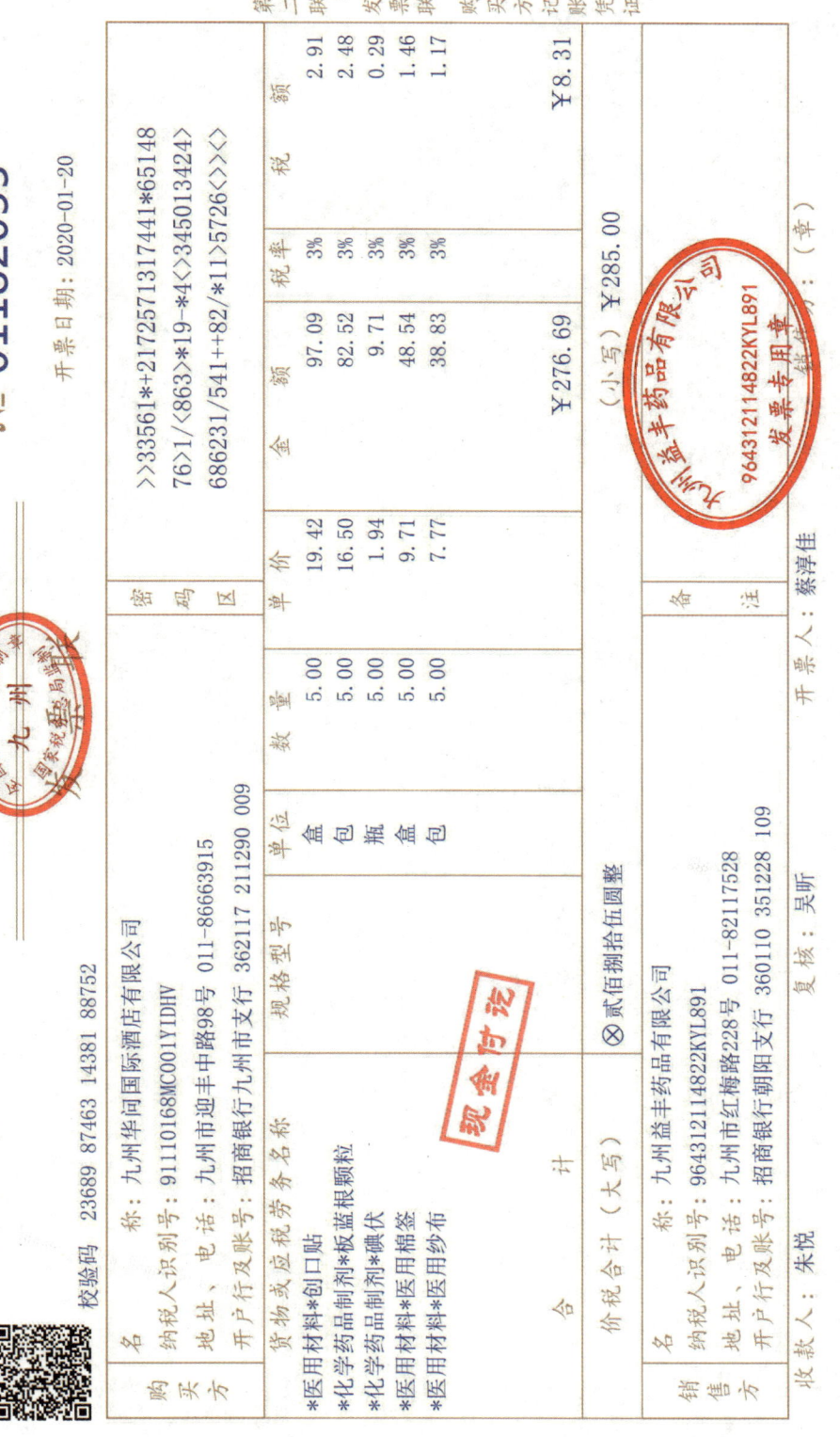

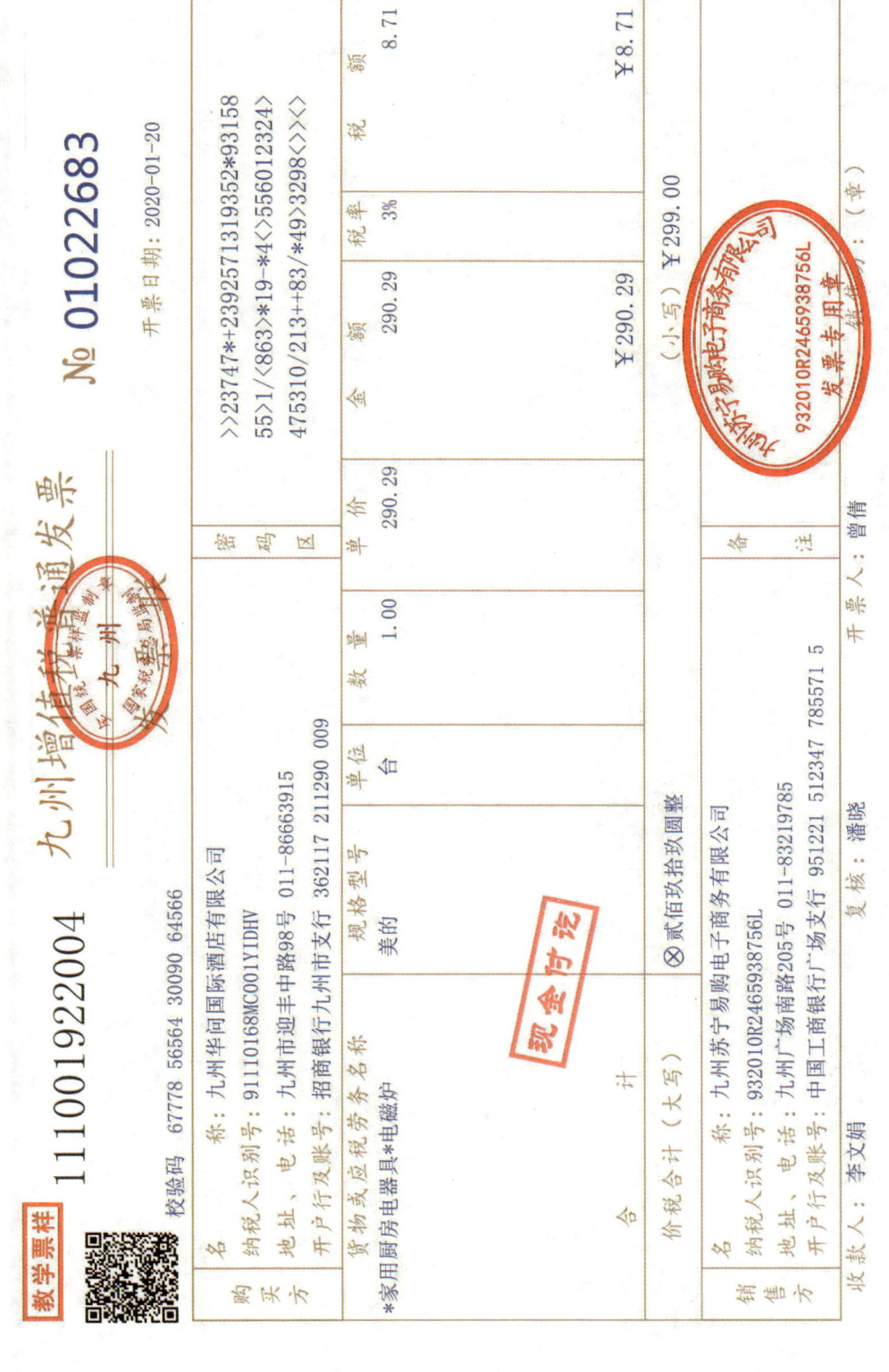

九州增值税普通发票

No 02140541

开票日期：2020-01-20

校验码：57668 56564 34590 61220

购买方	名称：九州华问国际酒店有限公司
	纳税人识别号：91110168MC001YIDHV
	地址、电话：九州市迎丰中路98号 011-86663915
	开户行及账号：招商银行九州市支行 362117 211290 009

密码区：
>>14564*+21725713174441*93148
76>1/<863>*19-*4<>885013424>
686231/541++73/*49>3298<><>

货物或应税劳务名称	规格型号	单位	数量	单价	金额	税率	税额
*劳务*维修费			1.00	407.77	407.77	3%	12.23
合　　计					￥407.77		￥12.23

价税合计（大写）　⊗ 肆佰贰拾圆整　　（小写）￥420.00

销售方	名称：安信维修部
	纳税人识别号：91104026H00328576K
	地址、电话：九州广场南路113号 011-68211123
	开户行及账号：中信银行恒茂分理处 742111 101826 820742 2

备注：樊莉

收款人：涂雅慧　　复核：谢子瑜　　开票人：樊莉

九州增值税普通发票

No. 04157982

开票日期：2020-01-27

校验码：97576 56764 36690 67056

购买方	名称：九州华闰国际酒店有限公司 纳税人识别号：91110168MC001YIDHV 地址、电话：九州市迎丰中路98号 011-86663915 开户行及账号：招商银行九州市支行 362117 211290 009

教学票样

| 密码区 | >>15564*+21725713I7441*93148
76>1/<863>*19-*4<>885013424>
686231/541++82/*49>3298<><> |

货物或应税劳务名称	规格型号	单位	数量	单价	金额	税率	税额
*鉴证咨询服务*咨询费			1.00	2,912.62	2,912.62	3%	87.38
合计					￥2,912.62		￥87.38

价税合计（大写） ⊗叁仟圆整   （小写）￥3,000.00

销售方	名称：九州京师律师事务所 纳税人识别号：936000N1D1267595B 地址、电话：九州市解放西路666号 011-50959668 开户行及账号：招商银行九州市支行 362117 814654 3868

收款人：付晓菲　　复核：王斯明　　开票人：李明　　销售方：（章）

（京师律师事务所发票专用章 936000N1D1267595B）

九州增值税普通发票

校验码 55126 51764 32290 11567

No 03116224

开票日期：2020-01-27

购买方	名称：九州华间国际酒店有限公司 纳税人识别号：91110168MC001Y1DHV 地址、电话：九州市迎丰中路98号 011-86663915 开户行及账号：招商银行九州市支行 362117 211290 009

密码区：
>>14564*+23925718194441*93148
76>1/<863>*19-*4<>885013424>
686121/672++73/*24>5178<>><>

货物或应税劳务*餐费名称	规格型号	单位	数量	单价	金额	税率	税额
*餐饮服务*餐费			1.00	3,398.06	3,398.06	3%	101.94
合计					￥3,398.06		￥101.94

价税合计（大写）⊗叁仟伍佰圆整　（小写）￥3,500.00

销售方	名称：华鑫餐饮服务管理公司 纳税人识别号：93601815M1000012E9 地址、电话：九州市沿江北大道39号 011-89897878 开户行及账号：中国工商银行沿江支行 150011 885523 789922 1

收款人：熊李栋　复核：曹世川　开票人：夏宝仪

九州增值税普通发票

发票代码：11001972002
发票号码：No 02125576
开票日期：2020-01-31
校验码：57688 45167 76553 63567

购买方
- 名称：九州华润国际酒店有限公司
- 纳税人识别号：91110168MC001Y1DHV
- 地址、电话：九州市迎丰中路98号 011-86663915
- 开户行及账号：招商银行九州市支行 362117 211290 009

密码区：
```
>>31564*+2172571317441*93148
76>1/<863>*19-*4<>*85013424>
686231/541++76/*49>3298<>><>
```

货物或应税劳务名称	规格型号	单位	数量	单价	金额	税率	税额
*生活服务*洗涤费			1.00	19,695.15	19,695.15	3%	590.85
合计					¥19,695.15		¥590.85

价税合计（大写）：⊗ 贰万零贰佰捌拾陆圆整　　（小写）¥20,286.00

销售方
- 名称：九州玉洁洗涤有限公司
- 纳税人识别号：9390RW1219685694XG
- 地址、电话：九州市咸宁路232号 011-83569498
- 开户行及账号：中国建设银行咸宁路支行 440325 465322 154455 41

备注：谢枫

收款人：李娜　复核：于佳鑫　开票人：于佳鑫

九州增值税普通发票

发票代码：111001972001
发票号码：No. 04137082
开票日期：2020-01-31
校验码：57689 87463 14311 54326

购买方	名称：九州华间国际酒店有限公司 纳税人识别号：91110168MC001YIDHV 地址、电话：九州市迎丰中路98号 011-86663915 开户行及账号：招商银行九州市支行 362117 211290 009

密码区：
>>84561*+2172571317441*93148
76>1/<863>*19-*4<>345013424>
686231/541+82/*49>1278<>><>

货物或应税劳务名称	规格型号	单位	数量	单价	金额	税率	税额
*生活服务*清洗费			1.00	4,466.02	4,466.02	3%	133.98
合计					¥4,466.02		¥133.98

价税合计（大写）：⊗肆仟陆佰圆整　　（小写）¥4,600.00

销售方	名称：奥康餐具清洁有限公司 纳税人识别号：93601065065361 8KSV 地址、电话：九州市广场南路838号 011-83149608 开户行及账号：招商银行广场支行 360121 346290 078

备注：蔡思佳

收款人：吴梅　　复核：朱晨晨　　开票人：蔡思佳　　销售方：（章）

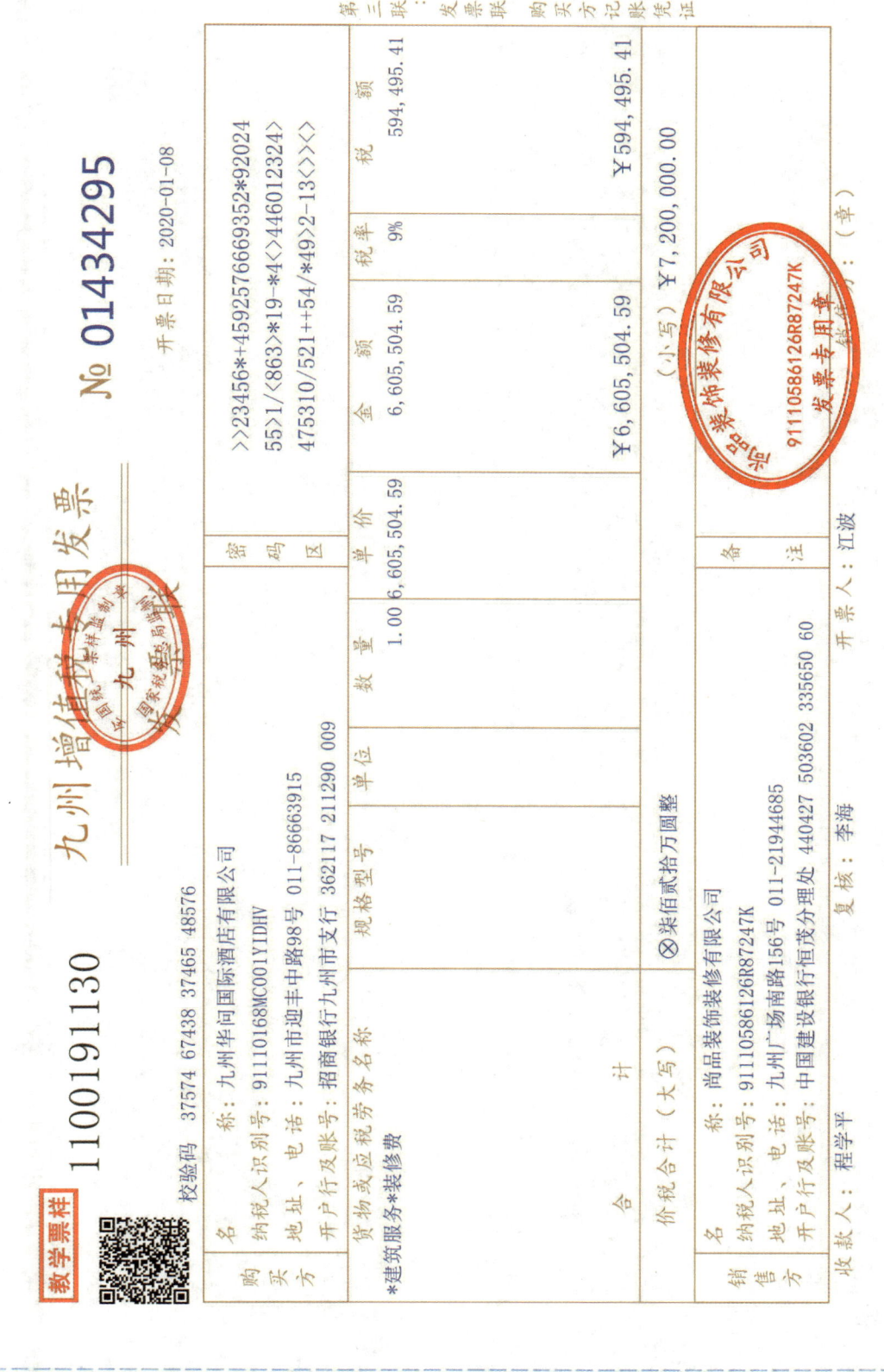

九州增值税专用发票

No 01434295

开票日期：2020-01-08

校验码：37574 67438 37465 48576

购买方	名称：九州华间国际酒店有限公司
	纳税人识别号：9110168MC001Y1DHV
	地址、电话：九州市迎丰中路98号 011-86663915
	开户行及账号：招商银行九州市支行 362117 211290 009

密码区：
>>23456*+4592576669352*92024
55>1/<863>*19-*4<>446012324>
47531O/521++54/*49>2-13<>><>

货物或应税劳务、服务名称	规格型号	单位	数量	单价	金额	税率	税额
*建筑服务*装修费			1.00	6,605,504.59	6,605,504.59	9%	594,495.41
合计					¥6,605,504.59		¥594,495.41

价税合计（大写）：⊗柒佰贰拾万圆整　　（小写）¥7,200,000.00

销售方	名称：尚品装饰装修有限公司
	纳税人识别号：91110586126R87247K
	地址、电话：九州广场南路156号 011-21944685
	开户行及账号：中国建设银行恒茂分理处 440427 503602 335650 60

备注：江波

收款人：程学平　　复核：李海　　开票人：江波　　销售方：（章）

九州增值税专用发票

No 04216287

开票日期：2020-01-08

校验码：47294 67354 53465 42347

购买方	名称：九州华闰国际酒店有限公司
	纳税人识别号：91110168MC001Y1DHV
	地址、电话：九州市迎丰中路98号 011-86663915
	开户行及账号：招商银行九州市支行 362117 211290 009

密码区：
>>37675*+23925712193352*93158
55>1/<863>*19−*4<>446012324>
475310/521++54/*49>8342<>><>

货物或应税劳务名称	规格型号	单位	数量	单价	金额	税率	税额
*制冷空调设备*工作台		组	2.00	900.89	1,801.77	13%	234.23
*食品制造机械*双头炉灶		台	1.00	3,362.83	3,362.83	13%	437.17
*食品制造机械*蒸柜	六门	台	1.00	1,194.69	1,194.69	13%	155.31
*制冷空调设备*冰箱	纳柏顿RT980-A	台	1.00	4,132.74	4,132.74	13%	537.26
*通用设备*消毒柜		台	1.00	2,023.89	2,023.89	13%	263.11
合　计					￥12,515.92		￥1,627.08

价税合计（大写）　⊗壹万肆仟壹佰肆拾叁圆整　（小写）￥14,143.00

销售方	名称：九州中港厨具有限公司
	纳税人识别号：91130710477983412E
	地址、电话：九州市昌东二路19-20号 011-87768759
	开户行及账号：中国建设银行昌东城一品支行 660326 503602 114651 8

备注：李艳

收款人：欧阳青蕾　复核：程成橙　开票人：程成橙

九州增值税专用发票

No. 04216287

校验码: 47294 67354 53465 42347
开票日期: 2020-01-08

购买方	名 称: 九州华闰国际酒店有限公司
	纳税人识别号: 91110168MC001Y1DHV
	地 址、电 话: 九州市迎丰中路98号 011-86663915
	开户行及账号: 招商银行九州市支行 362117 211290 009

密码区:
>>37675*+23925712193523*93158
55>1/<863>*19-*4<>446012324>
475310/521++54/*49>8342<>><>

货物或应税劳务名称	规格型号	单位	数量	单价	金额	税率	税额
*制冷空调设备*工作台		组	2.00	900.89	1,801.77	13%	234.23
*食品制造机械*双头炉灶		台	1.00	3,362.83	3,362.83	13%	437.17
*食品制造机械*蒸柜	六门	台	1.00	1,194.69	1,194.69	13%	155.31
*制冷空调设备*冰箱	纳柏顿RT980-A	台	1.00	4,132.74	4,132.74	13%	537.26
*通用设备*消毒柜		台	1.00	2,023.89	2,023.89	13%	263.11
合 计					￥12,515.92		￥1,627.08

价税合计（大写）: ⊗壹万肆仟壹佰肆拾叁圆整　（小写）￥14,143.00

销售方	名 称: 九州中港厨具有限公司
	纳税人识别号: 91130710477983412E
	地 址、电 话: 九州昌东二路19-20号 011-87768759
	开户行及账号: 中国建设银行昌东城一品支行 660326 503602 114651 8

备注: 李艳

收款人: 欧阳青菁　复核: 程成澄　开票人: 李艳

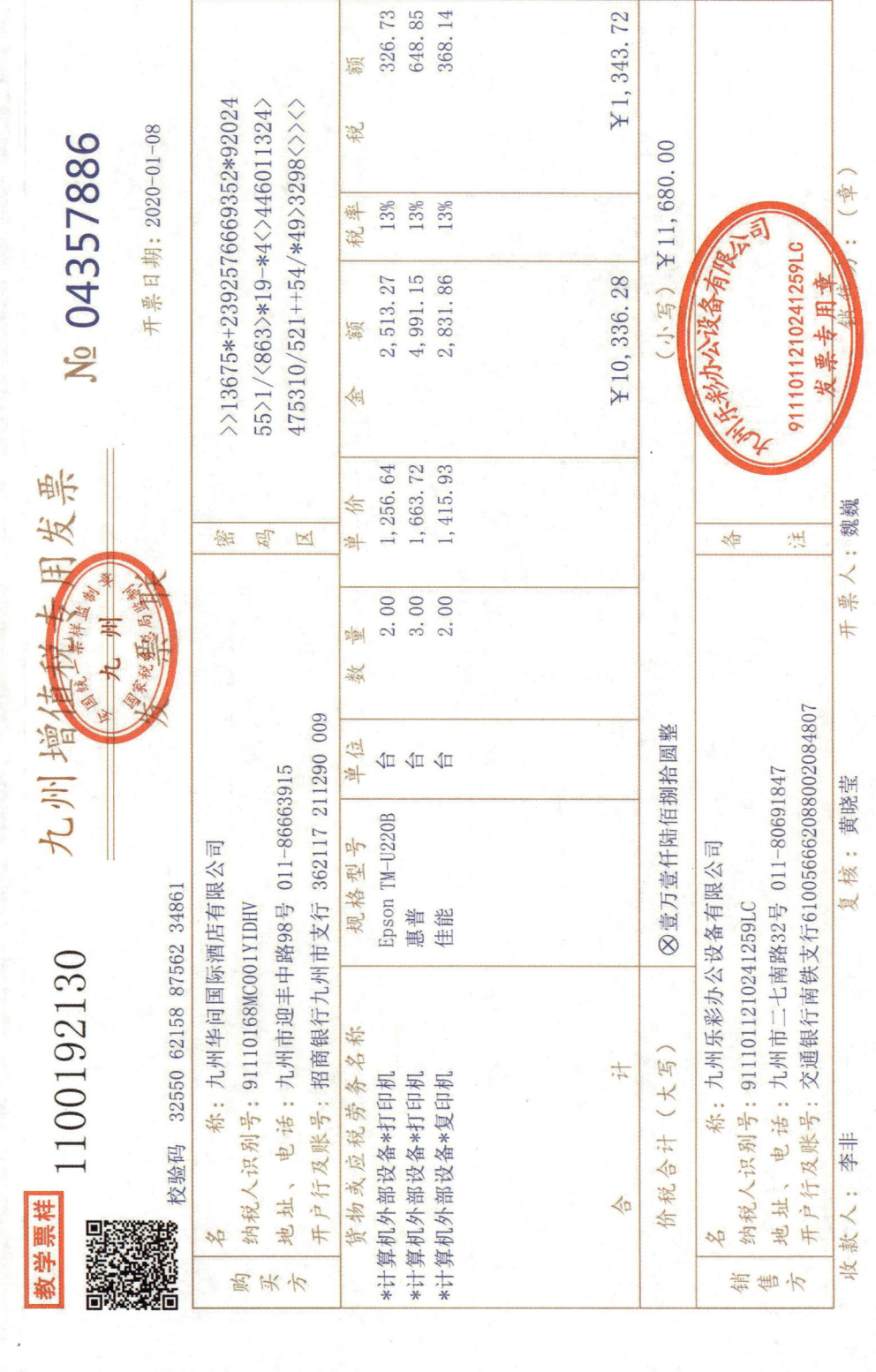

九州增值税专用发票

No 04357886

开票日期: 2020-01-08

校验码: 32550 62158 87562 34861

购买方		
名称:	九州华河国际酒店有限公司	
纳税人识别号:	91110168MC001YIDHV	
地址、电话:	九州市迎丰中路98号 011-86663915	
开户行及账号:	招商银行九州市支行 362117 211290 009	

密码区:
```
>>13675*+2392576669352*92024
55>1/<863>*19-*4<>446011324
475310/521++54/*49>3298<><>
```

货物或应税劳务名称	规格型号	单位	数量	单价	金额	税率	税额
*计算机外部设备*打印机	Epson TM-U220B	台	2.00	1,256.64	2,513.27	13%	326.73
*计算机外部设备*打印机	惠普	台	3.00	1,663.72	4,991.15	13%	648.85
*计算机外部设备*复印机	佳能	台	2.00	1,415.93	2,831.86	13%	368.14
合 计					¥10,336.28		¥1,343.72

价税合计 (大写): ⊗壹万壹仟陆佰捌圆整 (小写) ¥11,680.00

销售方	
名称:	九州乐彩办公设备有限公司
纳税人识别号:	91110112102412259LC
地址、电话:	九州市二七南路32号 011-80691847
开户行及账号:	交通银行南铁支行6100566620880020848007

备注: 魏巍

收款人: 李菲　复核: 黄晓莹　开票人: 黄晓莹

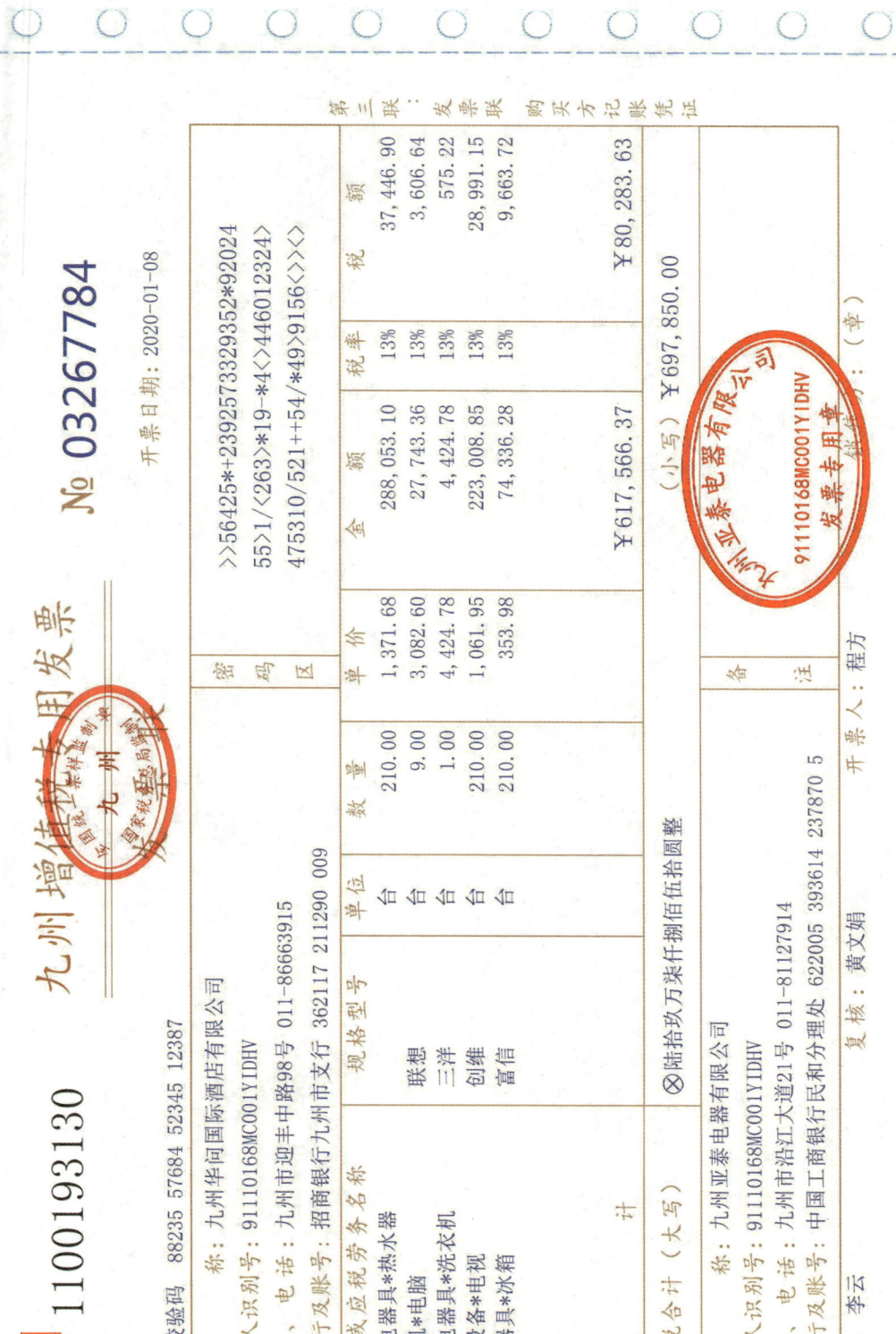

九州增值税专用发票

No 03267784

开票日期：2020-01-08

校验码：88235 57684 52345 12387

购买方	名称：	九州华闰国际酒店有限公司
	纳税人识别号：	91110168MC001Y1DHV
	地址、电话：	九州市迎丰中路98号 011-8663915
	开户行及账号：	招商银行九州市支行 362117 211290 009

密码区：
>>56425*+2392573329352*92024
55>1/<263>*19-*4<>446012324>
475310/521++54/*49>9156<>><>

货物或应税劳务名称	规格型号	单位	数量	单价	金额	税率	税额
*家用清洁电器具*热水器	联想	台	210.00	1,371.68	288,053.10	13%	37,446.90
*电子计算机*电脑	三洋	台	9.00	3,082.60	27,743.36	13%	3,606.64
*家用清洁电器具*洗衣机	创维	台	1.00	4,424.78	4,424.78	13%	575.22
*家用音频设备*电视		台	210.00	1,061.95	223,008.85	13%	28,991.15
*家用制冷器具*冰箱	富信	台	210.00	353.98	74,336.28	13%	9,663.72
合　计					¥617,566.37		¥80,283.63

价税合计（大写）　⊗陆拾玖万柒仟捌佰伍拾圆整　（小写）¥697,850.00

销售方	名称：	九州亚泰电器有限公司
	纳税人识别号：	91110168MC001Y1DHV
	地址、电话：	九州市沿江大道21号 011-81127914
	开户行及账号：	中国工商银行民和分理处 622005 393614 237870 5

备注：

收款人：李云　复核：黄文娟　开票人：程方　销售方：（章）

教学票样

1100193130

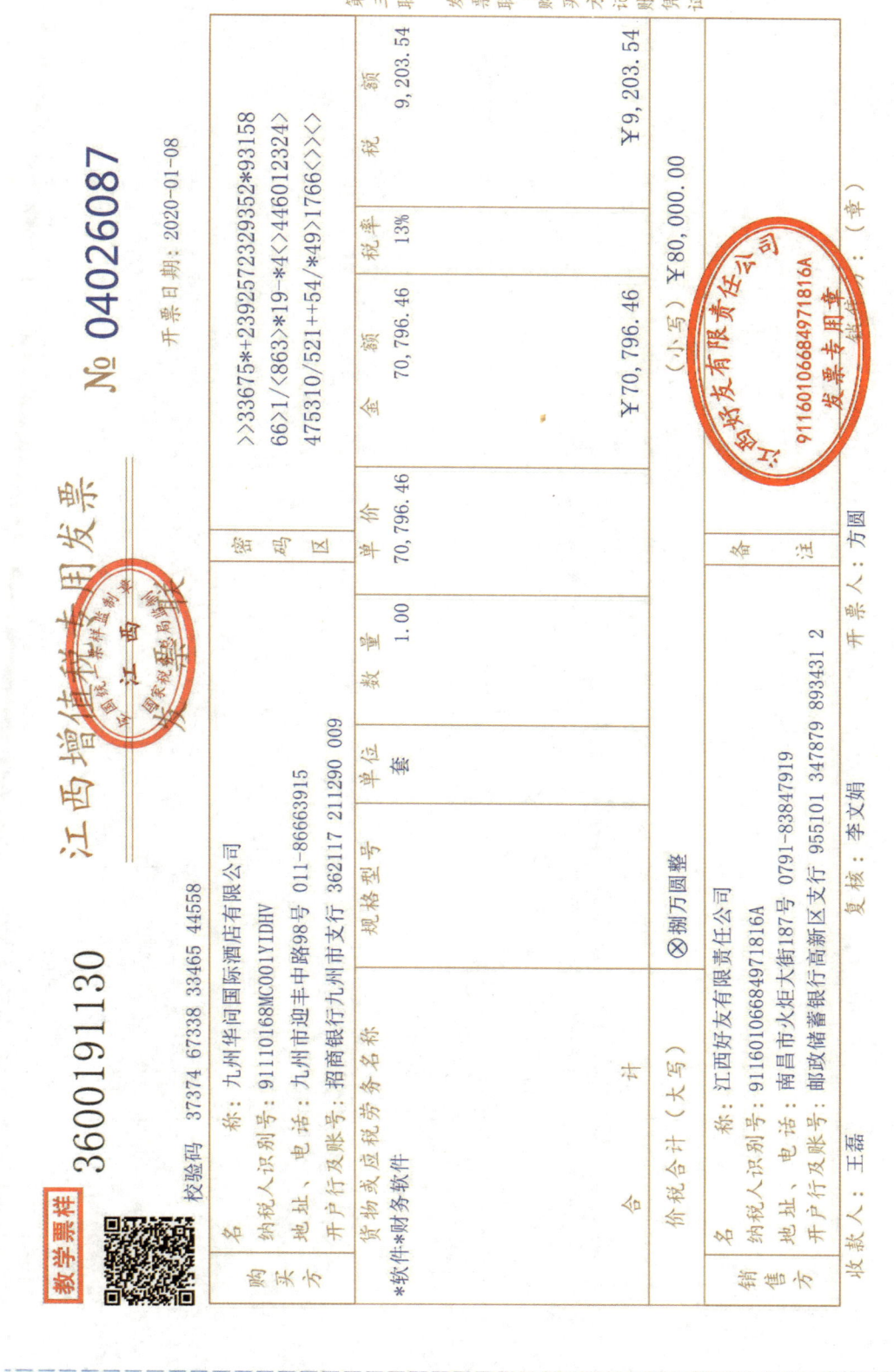

江西增值税专用发票

No 04026087

开票日期：2020-01-08

校验码：37374 67338 33465 44558

购买方	名称：九州华间国际酒店有限公司
	纳税人识别号：91110168MC001YIDHV
	地址、电话：九州市迎丰中路98号 011-86663915
	开户行及账号：招商银行九州市支行 362117 211290 009

密码区：
```
>>33675*+23925723293529*93158
66>1/<863>*19-*4<>446012324>
475310/521++54/*49>1766<>><>
```

货物或应税劳务名称	规格型号	单位	数量	单价	金额	税率	税额
*软件*财务软件		套	1.00	70,796.46	70,796.46	13%	9,203.54
合计					￥70,796.46		￥9,203.54

价税合计（大写）：⊗捌万圆整　　（小写）￥80,000.00

销售方	名称：江西好友有限责任公司
	纳税人识别号：91160106684971816A
	地址、电话：南昌市火炬大街187号 0791-83847919
	开户行及账号：邮政储蓄银行高新区支行 955101 347879 893431 2

备注：方圆

收款人：王磊　　复核：李文娟　　开票人：（卒）

九州增值税专用发票

No 03210389

开票日期：2020-01-08

购买方	名　称：九州华闰国际酒店有限公司 纳税人识别号：91110168MC001YIDHV 地　址、电　话：九州市迎丰中路98号 011-86663915 开户行及账号：招商银行九州市支行 362117 211290 009				密码区	>>17675*+23925789@352*93158 55>1/<863>*19-*4<>556012324> 475310/521++54/*49>1198<>><>
货物或应税劳务名称	规格型号	单位	数量	单价	金额	税率	税额
（详见销货清单）					1,367,716.81	13%	177,803.19
合　计					￥1,367,716.81		￥177,803.19
价税合计（大写）	⊗壹佰伍拾肆万伍仟伍佰贰拾圆整				（小写）￥1,545,520.00		
销售方	名　称：九州宜嘉家具有限公司 纳税人识别号：91120169581728727K 地　址、电　话：九州市解放西路888号 011-87815218 开户行及账号：中国工商银行站前路支行 622005 283614 587337 8				备注	汪慧

校验码：25432 57684 52345 23452

收款人：曾倩　　复核：王晓云　　开票人：汪慧　　销售方：（章）

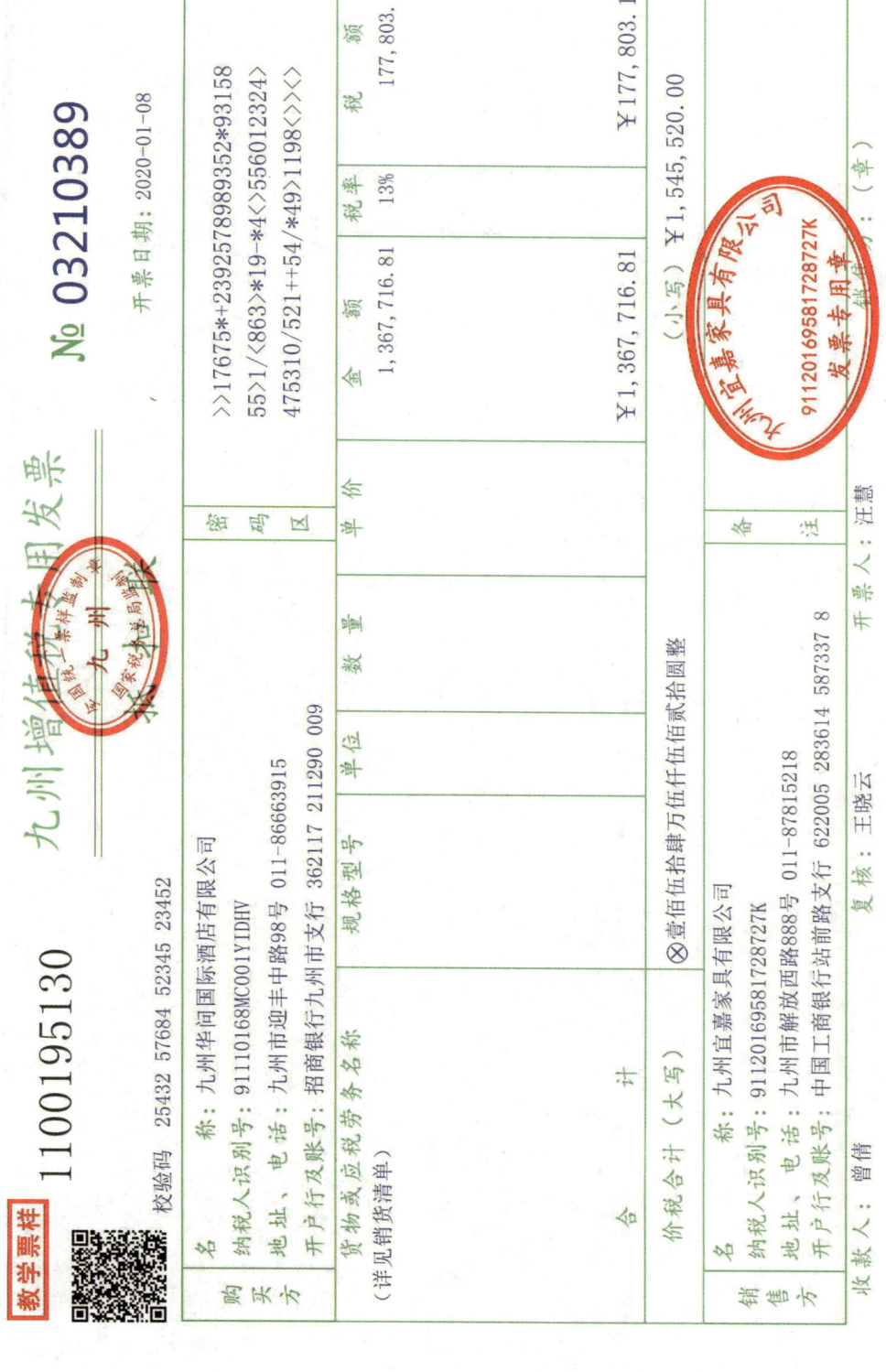

九州增值税专用发票

No 02155685

开票日期：2020-01-08

校验码：23456 12345 83465 48766

购买方	名称：九州华间国际酒店有限公司 纳税人识别号：91110168MC001Y1DHV 地址、电话：九州市迎丰中路98号 011-86663915 开户行及账号：招商银行九州市支行 362117 211290 009	密码区	>>23456*+4592577895352*92024 55>1/<863>*19-*4<>446012324> 475310/521++54/*49>1375<><>

货物或应税劳务名称	规格型号	单位	数量	单价	金额	税率	税额
*交通运输设备*帕萨特	280TST DSG尊荣版	辆	1.00	191,964.49	191,965.49	13%	24,955.51
*交通运输设备*别克GL8商务车	3.0XT 旗舰版	辆	1.00	415,044.25	415,044.25	13%	53,955.75
合计					¥607,009.74		¥78,911.26

价税合计（大写）：⊗陆拾捌万伍仟玖佰贰拾壹圆整　　（小写）¥685,921.00

销售方	名称：九州瑞丰汽车销售有限公司 纳税人识别号：93601057595187SV3K 地址、电话：九州市丰和南大道589号汽车城 011-88351414 开户行及账号：九州银行高新区支行 657181 001603 1123	备注	

收款人：李丽　　复核：黄晓娟　　开票人：程宏

九州增值税专用发票

No 02155685

开票日期：2020-01-08

校验码 23456 12345 83465 48766

购买方	名　称：九州华问国际酒店有限公司 纳税人识别号：91110168MC001Y1DHV 地　址、电　话：九州市迎丰中路98号 011-86663915 开户行及账号：招商银行九州市支行 362117 211290 009			

密码区：
```
>>23456*+4592577895352*92024
55>1/<863>*19-*4<>446012324>
475310/521++54/*49>1375<>><>
```

货物或应税劳务名称	规格型号	单位	数量	单价	金额	税率	税额
*交通运输设备*响萨特	280TST DSG尊荣版	辆	1.00	191,964.49	191,965.49	13%	24,955.51
*交通运输设备*别克GL8商务车	3.0XT 旗舰版	辆	1.00	415,044.25	415,044.25	13%	53,955.75
合　计					￥607,009.74		￥78,911.26

价税合计（大写）　⊗陆拾捌万伍仟玖佰贰拾壹圆整　　（小写）￥685,921.00

销售方	名　称：九州瑞丰汽车销售有限公司 纳税人识别号：93601057S951875V3K 地　址、电　话：九州市丰和南大道589号汽车城 011-88351414 开户行及账号：九州银行高新区支行 657181 001603 1123

备注：程宏

收款人：李丽　　复核：黄晓娟　　开票人：黄晓娟　　销售方：（章）

九州增值税专用发票

No 03107198

开票日期：2020-01-08

校验码：12758 57684 52345 21345

购买方	名称：九州华间国际酒店有限公司
	纳税人识别号：91110168MC001YIDHV
	地址、电话：九州市迎丰中路98号 011-86663915
	开户行及账号：招商银行九州市支行 362117 211290 009

密码区：
>>37675*+239257112935 2*93158
55>1/<863>*19-*4<>4460123824
475310/521++54/*49>3345<><>

货物或应税劳务、服务名称	规格型号	单位	数量	单价	金额	税率	税额
*制冷空调设备*中央空调		套	1.00	362,831.86	362,831.86	13%	47,168.14
*风机风扇*排烟工程		套	1.00	88,495.58	88,495.58	13%	11,504.42
合　计					￥451,327.44		￥58,672.56

价税合计（大写）：⊗伍拾壹万圆整　（小写）￥510,000.00

销售方	名称：科美威环保机电设备有限公司
	纳税人识别号：91160100685958 37H
	地址、电话：九州市桃花路321号 011-87964567
	开户行及账号：中国银行朝阳支行 628479 683478 759737

备注：熊艳

收款人：方茵　复核：李子豪　开票人：熊艳

九州增值税专用发票

No 03107198

开票日期：2020-01-08

校验码：12758 57684 52345 21345

购买方	名　称：九州华闰国际酒店有限公司 纳税人识别号：91110168MC001Y1DHV 地　址、电　话：九州市迎丰中路98号 011-86663915 开户行及账号：招商银行九州市支行 362117 211290 009

密码区：
```
>>37675*+2392571129352*93158
55>1<863>*19-*4<>4460123824
475310/521+54/*49>3345<><>
```

货物或应税劳务名称	规格型号	单位	数量	单价	金额	税率	税额
*制冷空调设备*中央空调		套	1.00	362,831.86	362,831.86	13%	47,168.14
*风机风扇*排烟工程		套	1.00	88,495.58	88,495.58	13%	11,504.42
合　计					￥451,327.44		￥58,672.56

价税合计（大写）　⊗伍拾壹万圆整　　（小写）￥510,000.00

销售方	名　称：科美威环保机电设备有限公司 纳税人识别号：91160100685955837H 地　址、电　话：九州市桃花路321号 011-87964567 开户行及账号：中国银行朝阳支行 628479 683478 759737

收款人：方苘　　复核：李子豪　　开票人：熊艳

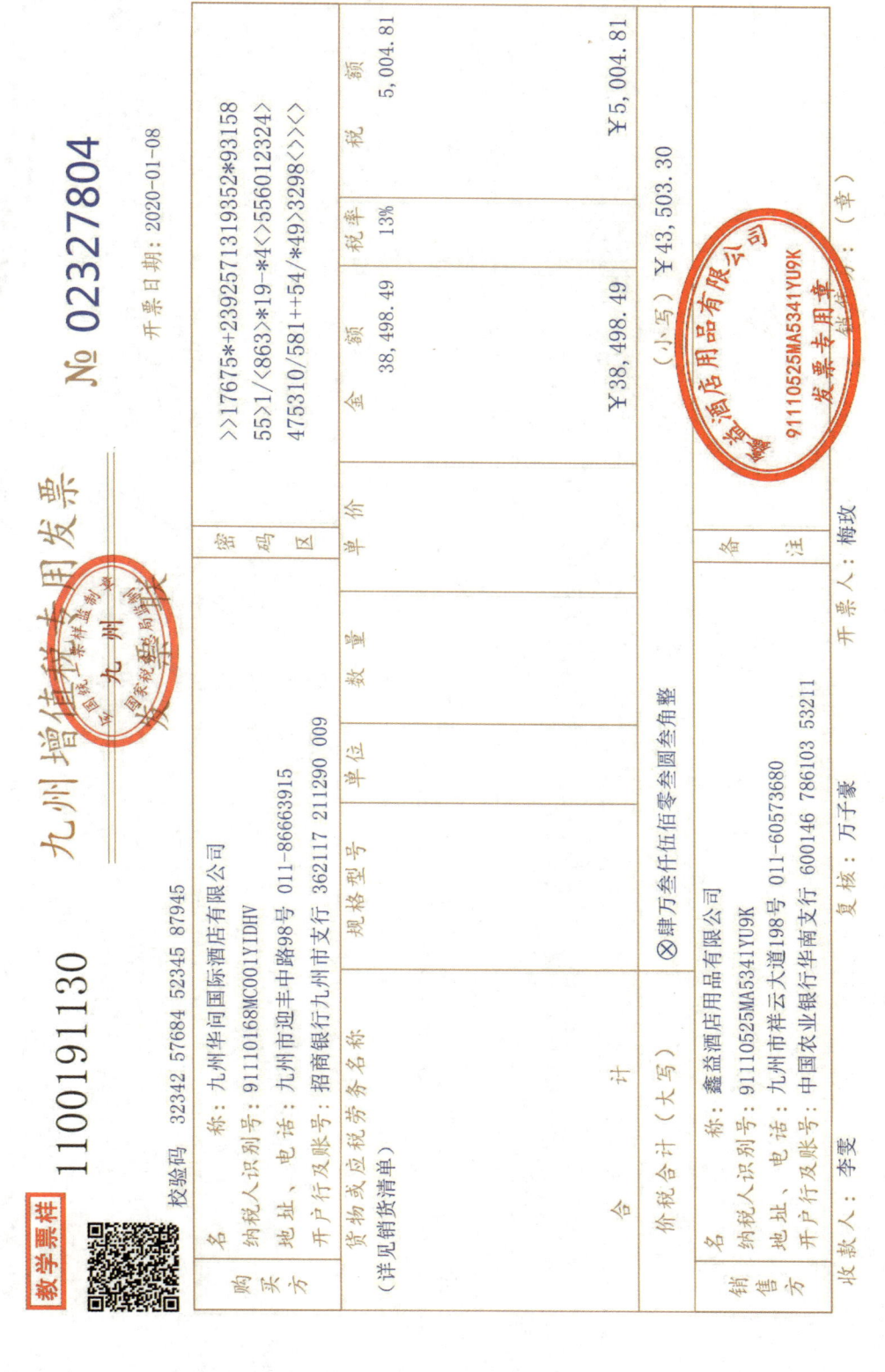

九州增值税专用发票

No 02327804

开票日期：2020-01-08

校验码：32342 57684 52345 87945

购买方	名称：九州华间国际酒店有限公司
	纳税人识别号：91110168MC001Y1DHV
	地址、电话：九州市迎丰中路98号 011-86663915
	开户行及账号：招商银行九州市支行 362117 211290 009

密码区：
>>17675*+2392571319352*93158
55>1/<863>*19-*4<>556012324>
475310/581++54/*49>3298<>><>

货物或应税劳务名称	规格型号	单位	数量	单价	金额	税率	税额
（详见销货清单）					38,498.49	13%	5,004.81
合计					￥38,498.49		￥5,004.81

价税合计（大写）：⊗肆万叁仟伍佰零叁圆叁角整　　（小写）￥43,503.30

销售方	名称：鑫盛酒店用品有限公司
	纳税人识别号：91110525MA5341YU9K
	地址、电话：九州市祥云大道198号 011-60573680
	开户行及账号：中国农业银行华南支行 600146 786103 53211

备注：梅改

收款人：李雯　　复核：万子豪　　开票人：梅改　　销售方：（章）

九州增值税普通发票

校验码 13429 64312 58490 32558

No 01021842

开票日期：2020-01-13

| 购买方 | 名　称：九州华阅国际酒店有限公司
纳税人识别号：91110168MC001YIDHV
地　址、电　话：九州市迎丰中路98号 011-86663915
开户行及账号：招商银行九州市支行 362117 211290 009 | 密码区 | >>12675*+459257252935*92024
55>1/<863>*19-*4<>446012324>
475310/521++54/*49>3-98<>><> |

货物或应税劳务名称	规格型号	单位	数量	单价	金额	税率	税额
*自来水*水费		吨	2485.70	1.33	3,306.19	13%	429.81
合　计					¥3,306.19		¥429.81

价税合计（大写）　⊗叁仟柒佰叁拾陆圆整　（小写）¥3,736.00

| 销售方 | 名　称：九州水业集团有限责任公司
纳税人识别号：96010000077316855Q
地　址、电　话：九州市灌婴路99号 011-83422108
开户行及账号：招商银行九州市支行 150100 102630 001028 5 | 备注 |

收款人：程学东　　复核：周方方　　开票人：钱小样　　销售方：（章）

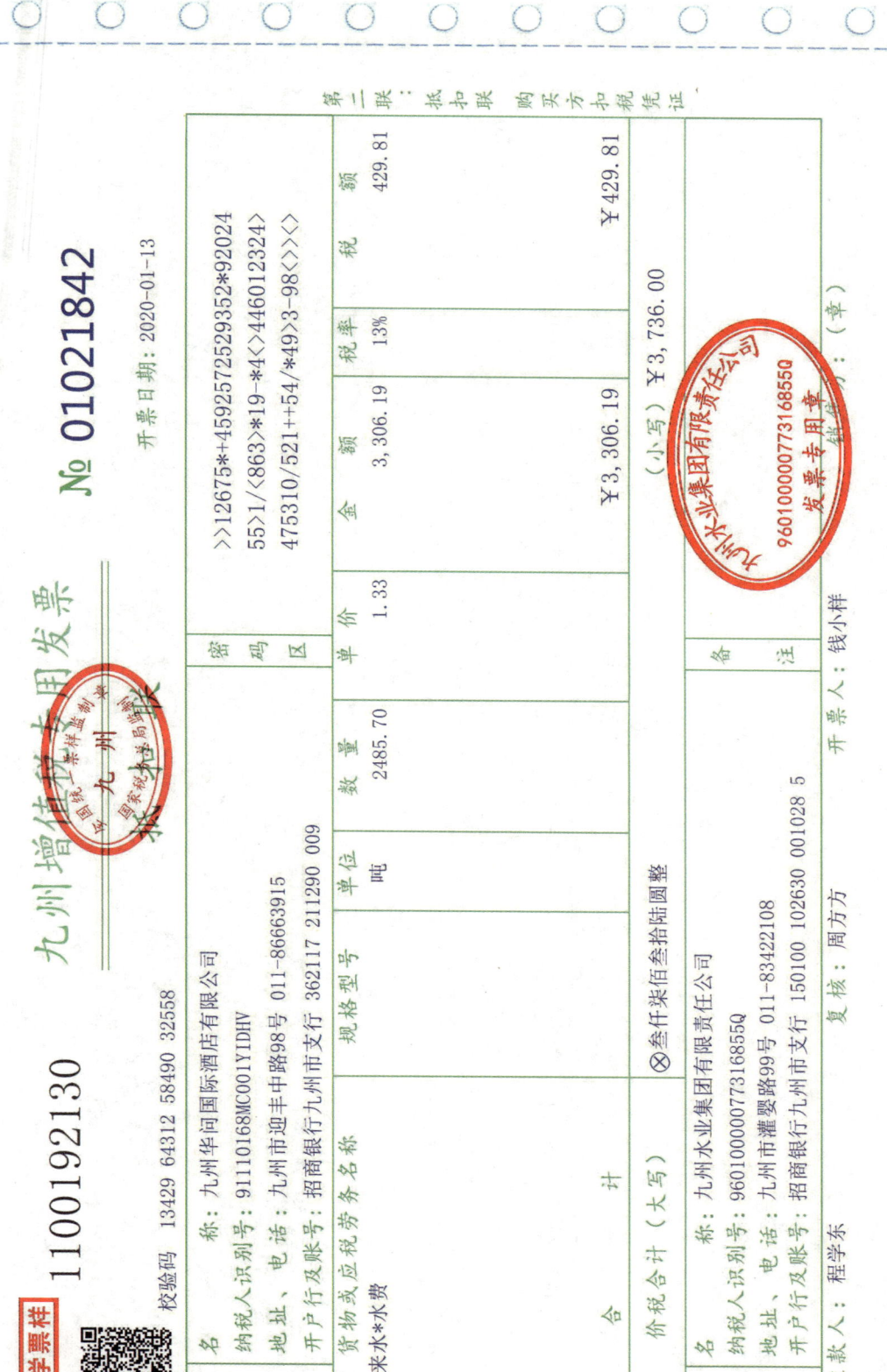

九州增值税专用发票

校验码: 52251 78956 32546 11287
No 01321814
开票日期: 2020-01-13

购买方	名称: 九州华阿国际酒店有限公司
	纳税人识别号: 91110168MC001YIDHV
	地址、电话: 九州市迎丰中路98号 011-86663915
	开户行及账号: 招商银行九州市支行 362117 211290 009

密码区:
```
>>71675*+2392571239352*93158
55>1/<213>*19-*4<>556012324>
475320/581++54/*49>1178<>><>
```

货物或应税劳务名称	规格型号	单位	数量	单价	金额	税率	税额
*供电*电费		KW/h	17241.38	1.02	17,522.12	13%	2,277.88
合　计					￥17,522.12		￥2,277.88

价税合计（大写）: ⊗ 壹万玖仟捌佰圆整　（小写）￥19,800.00

销售方	名称: 国家电网九州供电总公司
	纳税人识别号: 9601100008930155S1A
	地址、电话: 九州市丰和大道2号 011-81058866
	开户行及账号: 招商银行九州市支行 150100 111930 008101 2

备注: 李开忠

收款人: 孙凯　复核: 周子瑜　开票人: 李开忠

九州增值税专用发票

No 01321814

开票日期：2020-01-13

校验码：52251 78956 32546 11287

购买方	名称：九州华闻国际酒店有限公司
	纳税人识别号：91110168MC001YIDHV
	地址、电话：九州市迎丰中路98号 011-86663915
	开户行及账号：招商银行九州市支行 362117 211290 009

密码区：
>>71675*+2392571239352*93158
55>1/<213>*19-*4<>556012324>
475320/581++54/*49>1178<><>

货物或应税劳务服务名称	规格型号	单位	数量	单价	金额	税率	税额
*供电*电费		KW/h	17241.38	1.02	17,522.12	13%	2,277.88
合　计					￥17,522.12		￥2,277.88

价税合计（大写）　⊗壹万玖仟捌佰圆整　　（小写）￥19,800.00

销售方	名称：国家电网九州供电总公司
	纳税人识别号：96011000089301551A
	地址、电话：九州市丰和中大道2号 011-81058866
	开户行及账号：招商银行九州市支行 150100 111930 008101 2

收款人：孙凯　　复核：周子瑜　　开票人：李开芯

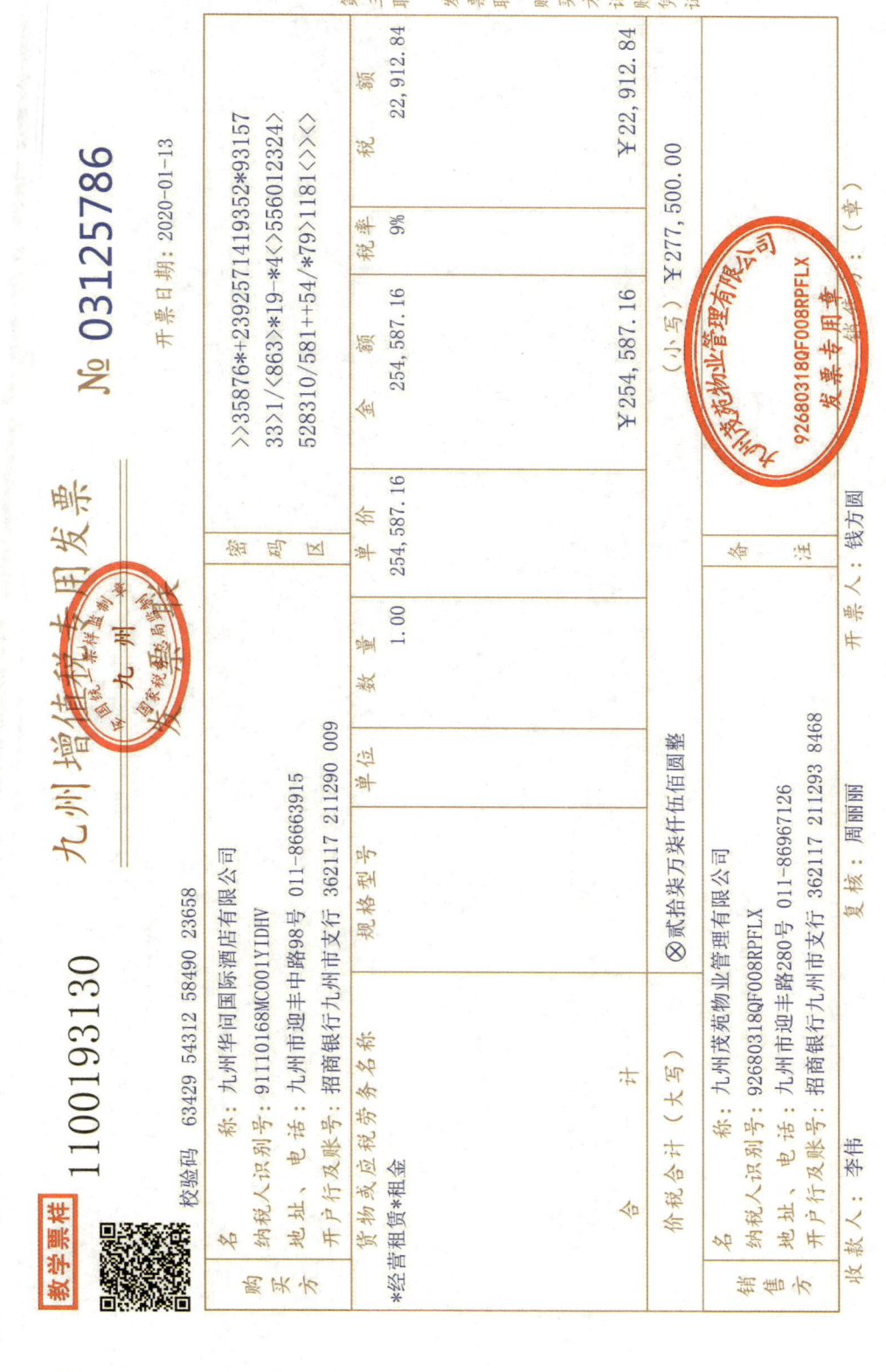

九州增值税专用发票

No 03125786

开票日期：2020-01-13

校验码：63429 54312 58490 23658

购买方	名　称：	九州华间国际酒店有限公司
	纳税人识别号：	91110168MC001Y1DHV
	地址、电话：	九州市迎丰中路98号 011-86663915
	开户行及账号：	招商银行九州市支行 362117 211290 009

密码区：
```
>>35876*+23925714193527*93157
33>1/<863>*19-*4<>556012324>
528310/581++54/*79>1181<>><>
```

货物或应税劳务名称	规格型号	单位	数量	单价	金额	税率	税额
*经营租赁*租金			1.00	254,587.16	254,587.16	9%	22,912.84
合　计					¥254,587.16		¥22,912.84

价税合计（大写）　⊗贰拾柒万柒仟伍佰圆整　（小写）¥277,500.00

销售方	名　称：	九州茂苑物业管理有限公司
	纳税人识别号：	926803180QF008RPFLX
	地址、电话：	九州市迎丰路280号 011-86967126
	开户行及账号：	招商银行九州市支行 362117 211293 8468

备注：钱方圆

开票人：周丽丽　　复核：李伟　　收款人：

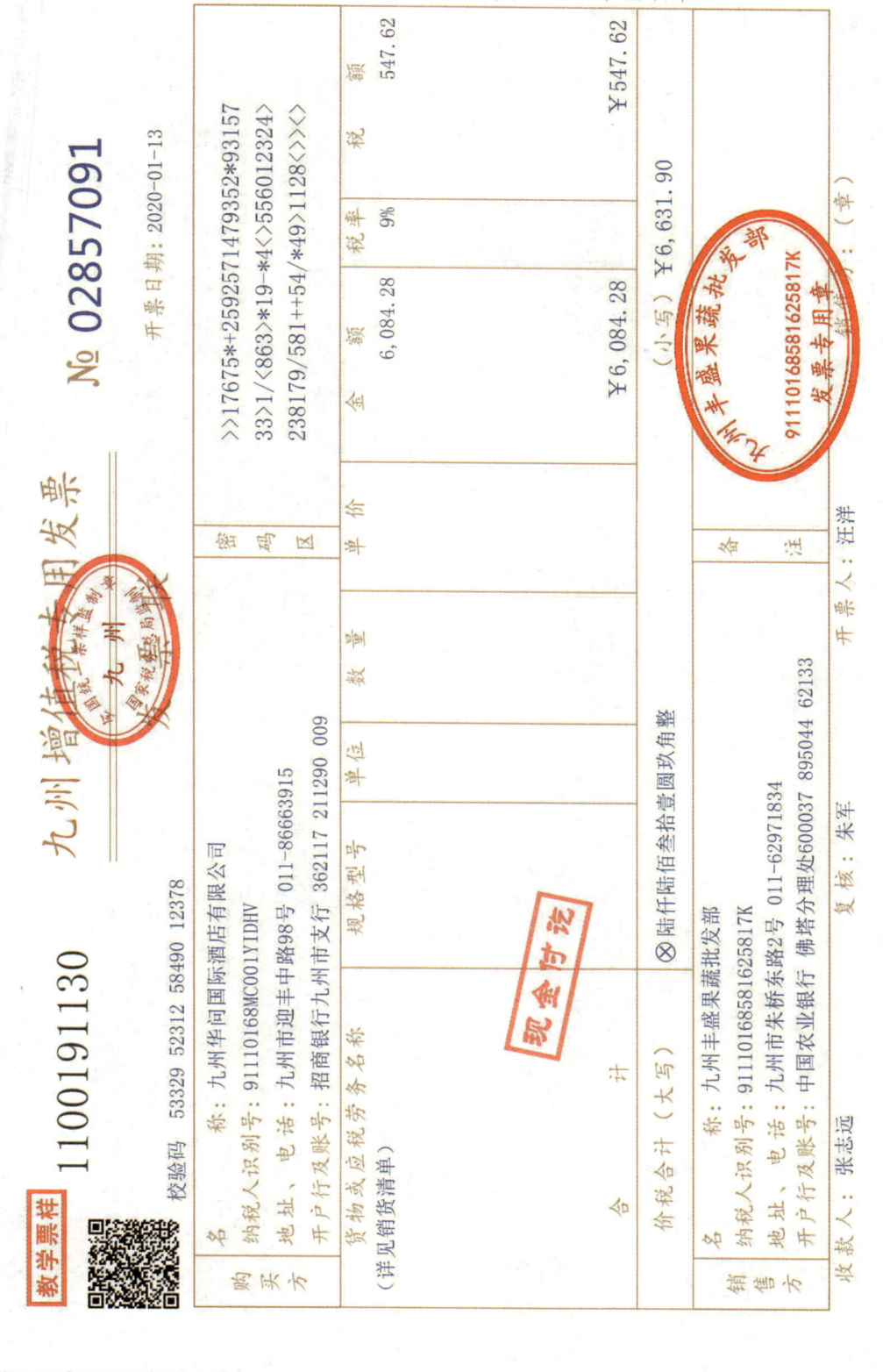

九州增值税专用发票

校验码 53329 52312 58490 12378

No 1100191130

No 02857091

开票日期：2020-01-13

购买方	名称：	九州华问国际酒店有限公司
	纳税人识别号：	91110168MC001YIDHV
	地址、电话：	九州市迎丰中路98号 011-86663915
	开户行及账号：	招商银行九州市支行 362117 211290 009

货物或应税劳务名称	规格型号	单位	数量	单价	金额	税率	税额
（详见销货清单）					6,084.28	9%	547.62
合　计					￥6,084.28		￥547.62

密码区：
\>>17675*+25925714793 52*93157
33>1/<863>*19-*4<>556012324>
238179/581++54/*49)1128<>><>

价税合计（大写） ⊗陆仟陆佰叁拾壹圆玖角整　　（小写）￥6,631.90

销售方	名称：	九州丰盛果蔬批发部
	纳税人识别号：	91110168581625817K
	地址、电话：	九州市朱桥东路2号 011-62971834
	开户行及账号：	中国农业银行佛塔分理处 600037 895044 62133

备注：汪洋

收款人：张志远　　复核：朱军　　开票人：朱军　　销售方：（章）

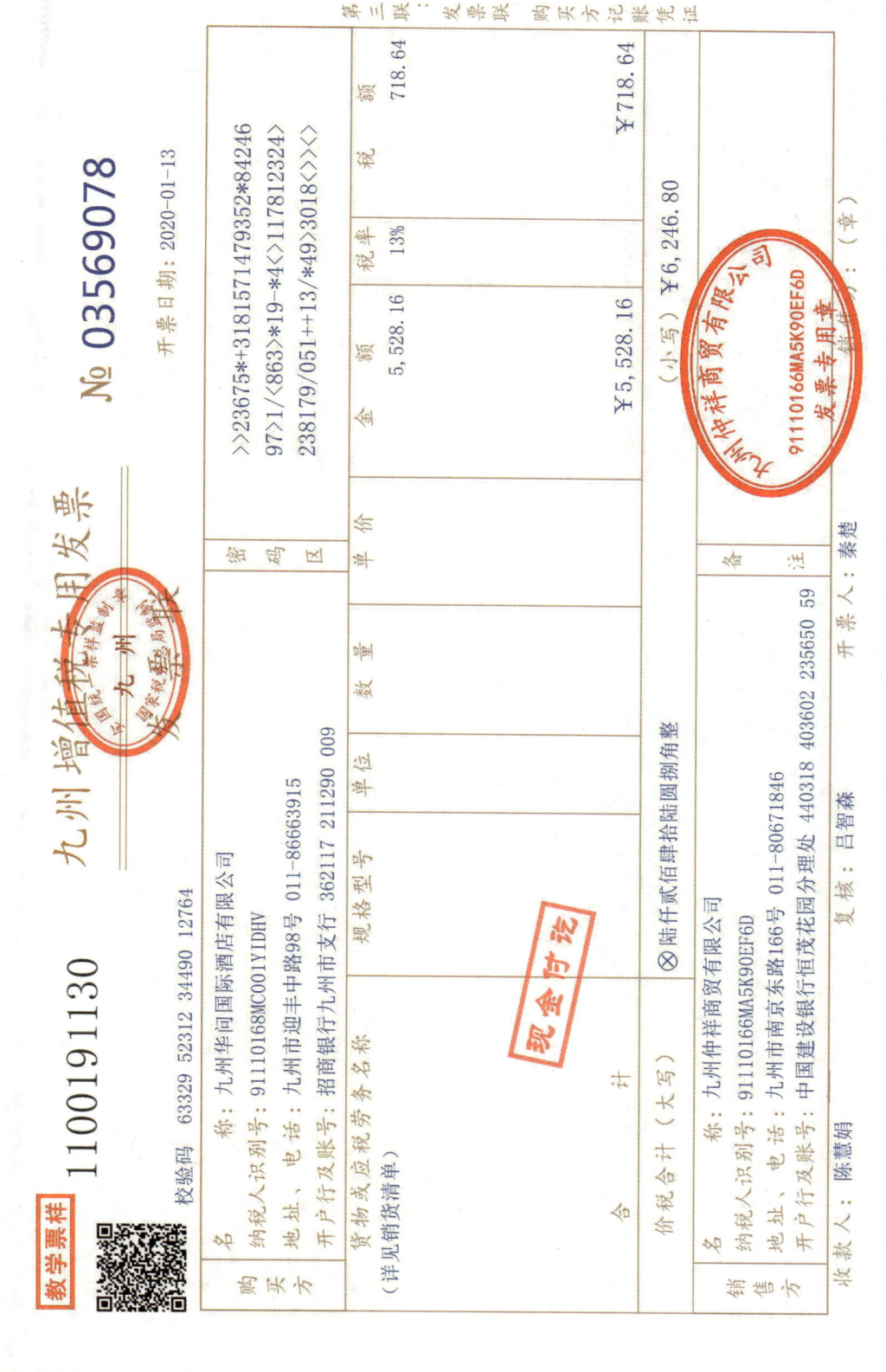

九州增值税专用发票

No 03569078

开票日期: 2020-01-13

校验码: 63329 52312 34490 12764

购买方	名 称: 九州华间国际酒店有限公司	
	纳税人识别号: 91110168MC001YIDHV	
	地 址、电 话: 九州市迎丰中路98号 011-86663915	
	开户行及账号: 招商银行九州市支行 362117 211290 009	

货物或应税劳务名称	规格型号	单位	数量	单价	金额	税率	税额
(详见销货清单)					5,528.16	13%	718.64
合 计					¥5,528.16		¥718.64

价税合计 (大写): ⊗陆仟贰佰肆拾陆圆捌角整   (小写) ¥6,246.80

销售方	名 称: 九州仲祥商贸有限公司	
	纳税人识别号: 91110166MA5K90EF6D	
	地 址、电 话: 九州市南京东路166号 011-80671846	
	开户行及账号: 中国建设银行恒茂花园分理处 440318 403602 235650 59	

密码区: >>23675*+318157147935 2*84246
97>1/<863>*19-*4<>117812324>
238179/051++13/*49>3018<>><>

备注: 素楚

收款人: 陈慧娟   复核: 吕智淼   开票人: 素楚   销售方: (章)

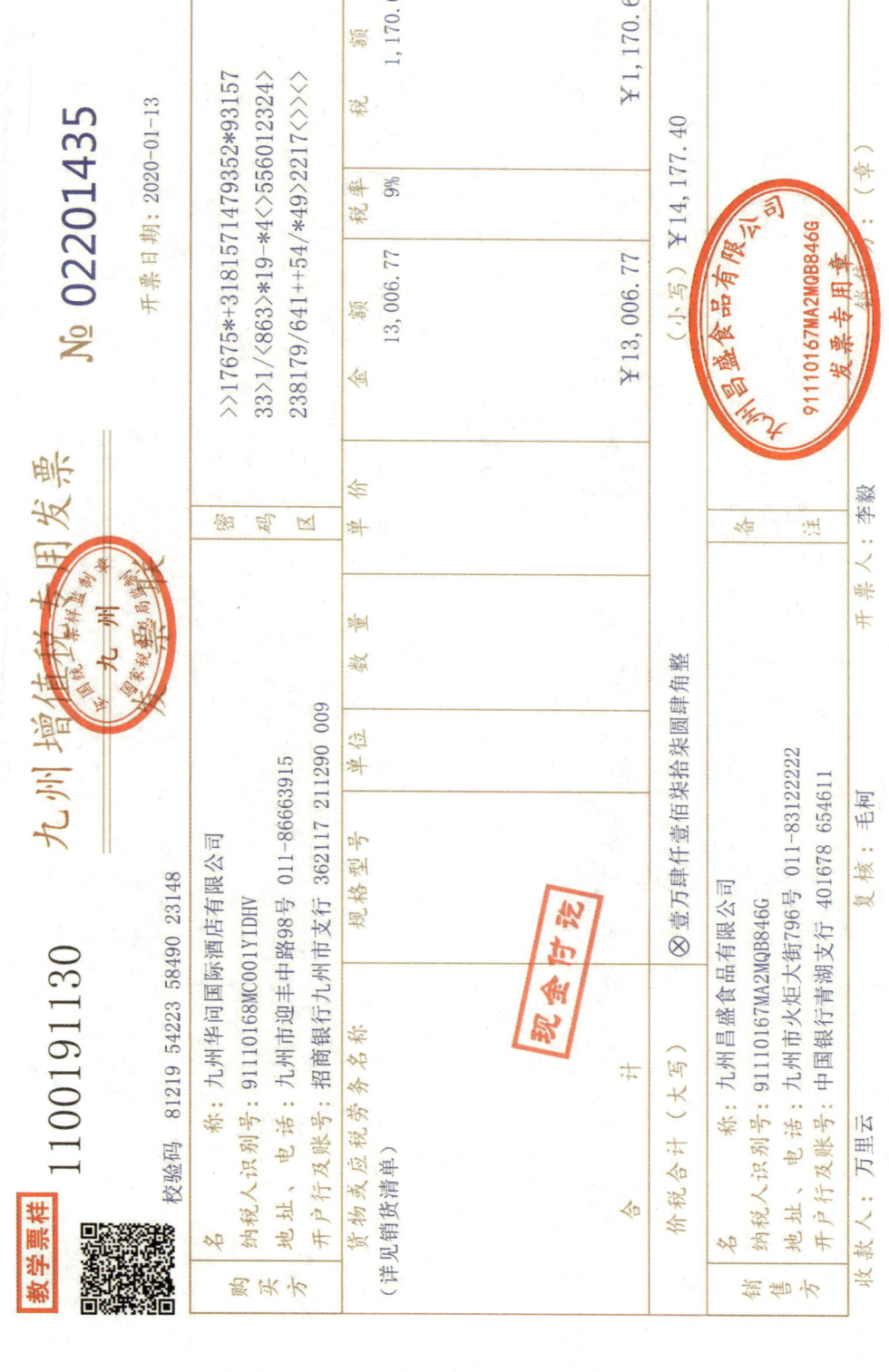

九州增值税专用发票

No 02201435

开票日期：2020-01-13

校验码：81219 54223 58490 23148

购买方	名　称：九州华润国际酒店有限公司 纳税人识别号：91110168MC001YIDHV 地址、电话：九州市迎丰中路98号 011-86663915 开户行及账号：招商银行九州市支行 362117 211290 009				
密码区	>>17675*+318157147935293157 33>1/<863>*19-*4<>556012324> 238179/641++54/*49>2217<>><>				

货物或应税劳务名称	规格型号	单位	数量	单价	金额	税率	税额
货物或应税劳务名称（详见销货清单）					13,006.77	9%	1,170.63
合　计					￥13,006.77		￥1,170.63

价税合计（大写） ⊗壹万肆仟壹佰柒拾柒圆肆角整　　（小写）￥14,177.40

销售方	名　称：九州昌盛食品有限公司 纳税人识别号：91110167MA2MQB846G 地址、电话：九州市火炬大街796号 011-83122222 开户行及账号：中国银行青湖支行 401678 654611	备注	91110167MA2MQB846G 发票专用章

收款人：万里云　　复核：毛珂　　开票人：李毅

九州增值税专用发票

校验码 51329 52312 58490 62378

No 04158117

开票日期：2020-01-13

	名　称：	九州华阿国际酒店有限公司		密	>>41675*+23925712193521*93157
购买方	纳税人识别号：	91110168MC001YIDHV		码	33>1/<863>*19-*4<>2216012324
	地　址、电　话：	九州市迎丰中路98号 011-86663915		区	>283197/581++54/*27>1128<>><
	开户行及账号：	招商银行九州市支行 362117 211290 009			

货物或应税劳务名称	规格型号	单位	数量	单价	金额	税率	税额
（详见销货清单）					6,243.21	9%	561.89

| 合　计 | | | | | ￥6,243.21 | | ￥561.89 |

价税合计（大写）　⊗陆仟捌佰零伍圆壹角整　（小写）￥6,805.10

	名　称：	九州永盛水产有限公司	
销售方	纳税人识别号：	91110168MA6R87FE5K	备
	地　址、电　话：	九州市鑫维大道99号 011-20502923	注
	开户行及账号：	交通银行小蓝开发区支行 310066 663099 113201 696	

收款人：张莉　　复核：周秀禾　　开票人：于宁　　销售方：（章）

现金付讫

九州增值税专用发票

No 04158117

开票日期: 2020-01-13

校验码: 51329 52312 58490 62378

购买方	名称: 九州华润国际酒店有限公司
	纳税人识别号: 91110168MC001Y1DHV
	地址、电话: 九州市迎丰中路98号 011-86663915
	开户行及账号: 招商银行九州市支行 362117 211290 009

密码区:
>>41675*+23925712193 52*93157
33>1/<863>*19-*4<>2216012324
>283197/581++54/*27>1128<>><

货物或应税劳务名称	规格型号	单位	数量	单价	金额	税率	税额
货物或销货清单（详见销货清单）					6,243.21	9%	561.89
合 计					¥6,243.21		¥561.89

价税合计（大写）⊗陆仟捌佰零伍圆壹角整 （小写）¥6,805.10

销售方	名称: 九州永盛水产有限公司
	纳税人识别号: 91110168MA6R87FE5K
	地址、电话: 九州市鑫维大道99号 011-20502923
	开户行及账号: 交通银行小蓝开发区支行 310066 663099 113201 696

备注: （章）

收款人: 张莉　复核: 周秀禾　开票人: 于宇

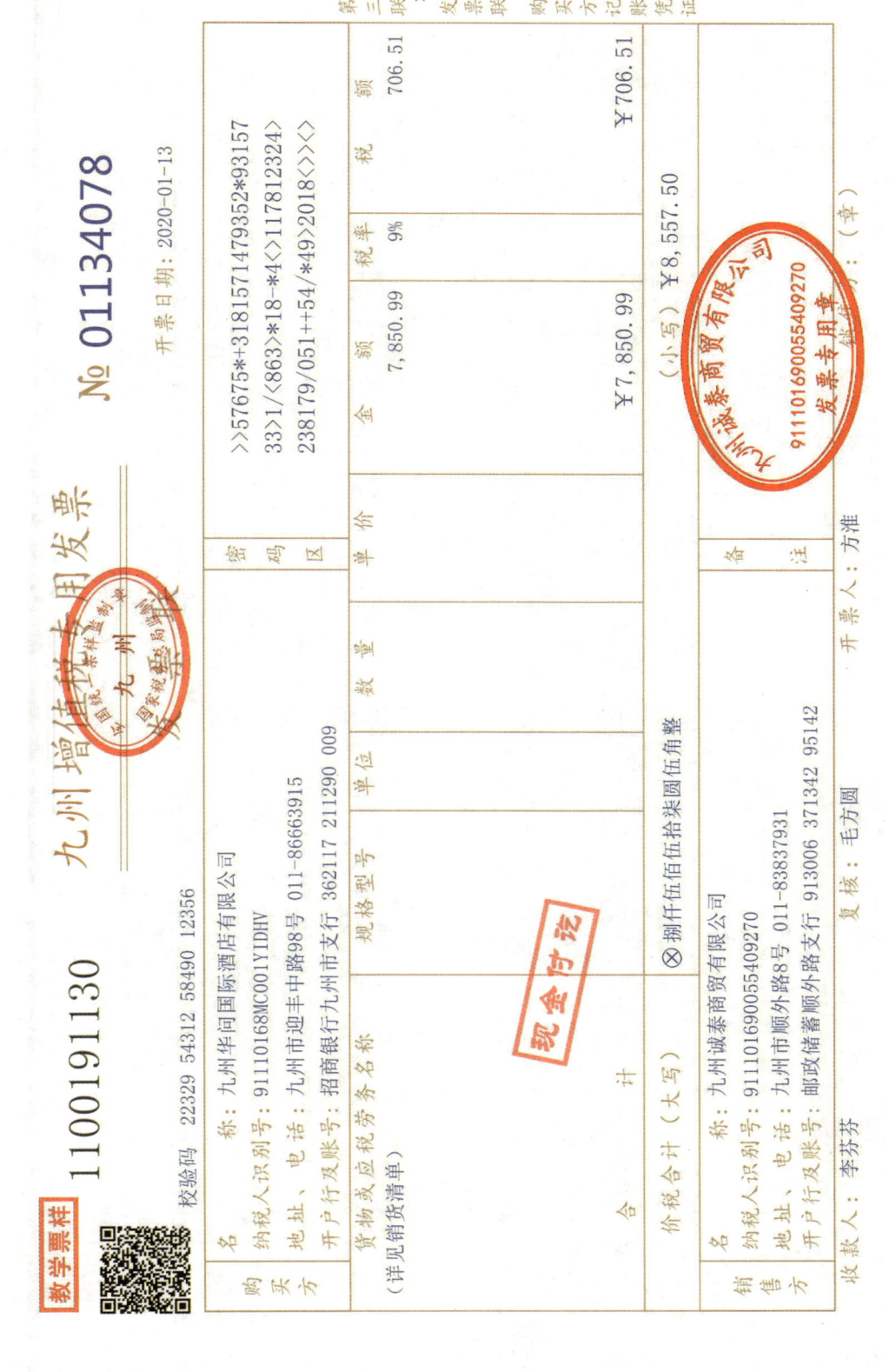

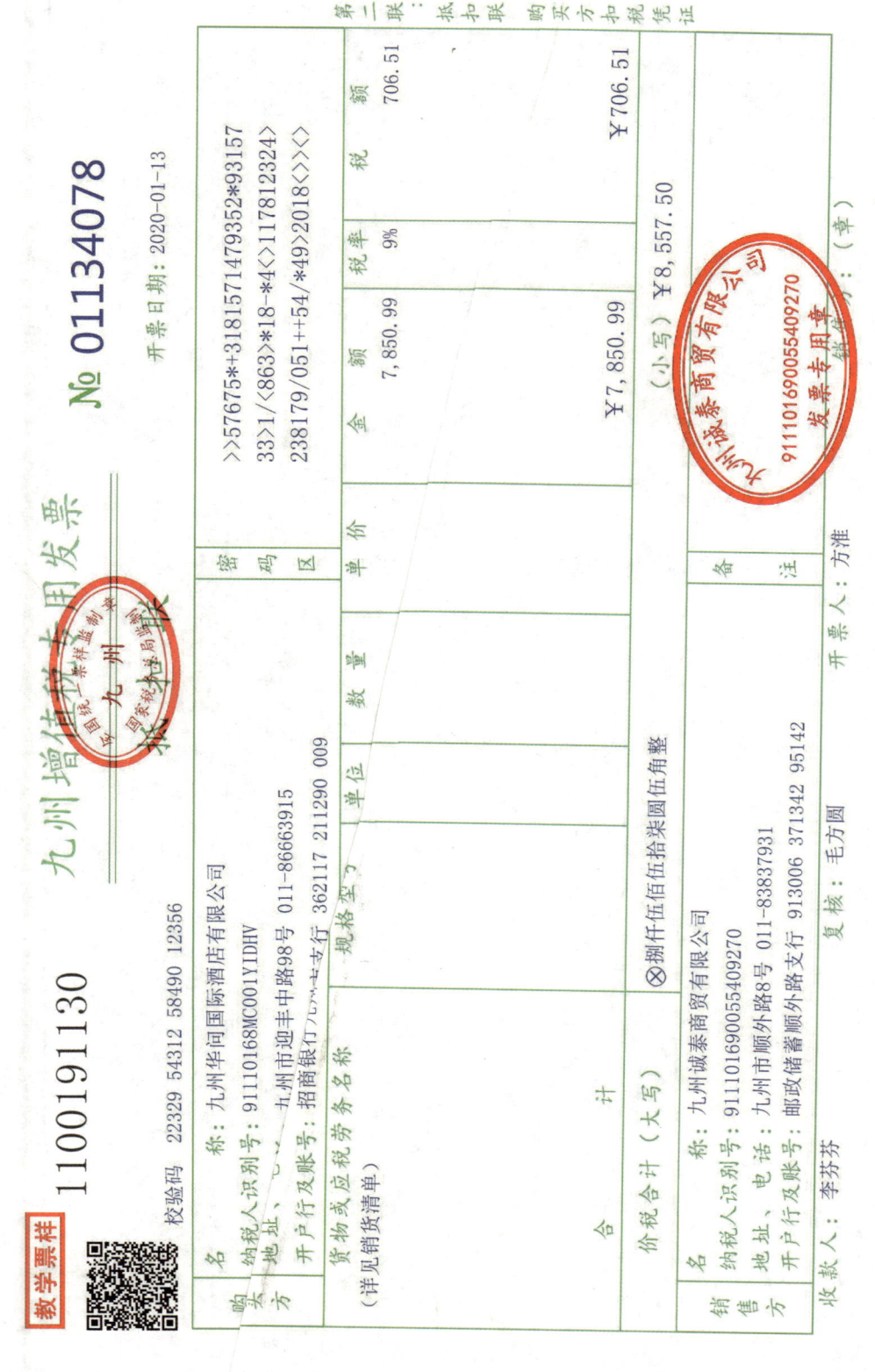

九州增值税专用发票

No 02100013

开票日期：2020-01-13

购买方	名　称：	北京易彩旅行社				
	纳税人识别号：	91112722000058036				
	地　址、电　话：	⋯⋯市东城区安定门东大街58号 010-61972414				
	开户行及账号：	中国工商银行⋯⋯支行 601026 010655 080230 1				

密码区：
>>2134/13785789352*9202455
>1/<863>*2319-*4<>44601232 4>
475310/312++54/*49>6-27<>><>

货物或应税劳务 服务名称	规格型号	单位	数量	单价	金额	税率	税额
*住宿服务*房费					22,981.13	6%	1,378.87
合　计					￥22,981.13		￥1,378.87

价税合计（大写）　⊗ 贰万肆仟叁佰陆拾圆整　　（小写）￥24,360.00

销售方	名　称：	九州华问国际酒店有限公司
	纳税人识别号：	91110168MC001YIDHV
	地　址、电　话：	九州市迎丰中路98号 011-86663915
	开户行及账号：	招商银行九州市支行 362117 211290 009

收款人：陈晓东　　复核：陈美娇　　开票人：李义　　销售方：(章)

九州增值税专用发票

No 02100014

开票日期：2020-01-20

购买方	名称：北京易彩旅行社 纳税人识别号：91112722000058703 6 地址、电话：北京市东城区安定门东大街58号 010-61972414 开户行及账号：中国工商银行安定门支行 601026 010655 080230 1	密码区：>>1378/13785789Y9352*9202455 >1/<863>*19-*4<>44601215 1>47 5310/312+54/*49>126-14<>> <>

货物或应税劳务名称	规格型号	单位	数量	单价	金额	税率	税额
*住宿服务*房费			1.00	74,943.40	74,943.40	6%	4,496.60
合计					¥74,943.40		¥4,496.60

价税合计（大写）⊗柒万玖仟肆佰肆拾圆整　　（小写）¥79,440.00

销售方	名称：九州华间国际酒店有限公司 纳税人识别号：91110168MC001Y1DHV 地址、电话：九州市迎丰中路98号 011-86663915 开户行及账号：招商银行九州市支行 362117 211290 009	备注

收款人：付云　　复核：陈美娇　　开票人：李义　　销售方：（章）

九州增值税专用发票

No 02100015

开票日期：2020-01-20

校验码：82300 56934 30090 14562

购买方	名　称：	九州泰豪贸易有限公司			
	纳税人识别号：	91112137401089701 8			
	地　址、电　话：	九州市朝阳区朝阳门内大街123号 011-62334712			
	开户行及账号：	中国工商银行朝阳门支行 622201 231584 755321 4			

密码区：
>>1138/12685789735 2*9202455
>1/<863>*19-*4<>44601 2324>98
7310/312++54/*49>6 2-171<>><>

货物或应税劳务名称	规格型号	单位	数量	单价	金额	税率	税额
*住宿服务*房费			1.00	2,830.19	2,830.19	6%	169.81
合　计					￥2,830.19		￥169.81

价税合计（大写）： ⊗叁仟圆整　　（小写）￥3,000.00

销售方	名　称：	九州华问国际酒店有限公司
	纳税人识别号：	91110168MC001Y1DHV
	地　址、电　话：	九州市迎丰中路98号 011-8666391 5
	开户行及账号：	招商银行九州市支行 362117 211290 009

备注：

收款人：付云　　复核：陈美娇　　开票人：李义　　销售方：（章）

九州增值税专用发票

No 02857097

校验码 88340 56934 77125 15678

开票日期：2020-01-20

购买方	名称：九州华问国际酒店有限公司
	纳税人识别号：91110168MC001YIDHV
	地址、电话：九州市迎丰中路98号 011-86663915
	开户行及账号：招商银行九州市支行 362117 211290 009

密码区：
>>17675*+25925714793352*93157
33>1/<863>*19-*4<>556012324>
23879/581++54/*49>2218<>><>

货物或应税劳务名称	规格型号	单位	数量	单价	金额	税率	税额
（详见销货清单）					5,306.85	9%	477.62
合　计					￥5,306.85		￥477.62

价税合计（大写）　⊗伍仟柒佰捌拾肆圆肆角柒分　（小写）￥5,784.47

销售方	名称：九州丰盛果蔬批发部
	纳税人识别号：91110168581625817K
	地址、电话：九州市禾桥东路2号 011-62971834
	开户行及账号：中国农业银行佛塔分理处 600037 895044 62133

备注：汪洋

收款人：张志远　复核：朱军　开票人：朱军

九州增值税专用发票

No 02857097

校验码 88340 56934 77125 15678

开票日期：2020-01-20

购买方	名称：九州华问国际酒店有限公司 纳税人识别号：91110168MC001YIDHV 地址、电话：九州市迎丰中路98号 011-86663915 开户行及账号：招商银行九州市支行 362117 211290 009					

密码区：
>>17675*+25925714 79352*93157
33>1/<863>*19-*4<>556012324>
238179/581++54/*49*2218<><>

货物或应税劳务名称	规格型号	单位	数量	单价	金额	税率	税额
（详见销货清单）					5,306.85	9%	477.62
合计					¥5,306.85		¥477.62

价税合计（大写） ⊗伍仟柒佰捌拾肆圆肆角柒分   （小写）¥5,784.47

销售方	名称：九州丰盛果蔬批发部 纳税人识别号：91110168581625817K 地址、电话：九州市朱桥东路2号 011-62971834 开户行及账号：中国农业银行佛塔分理处 600037 895044 62133

备注：汪洋

收款人：张志远　复核：朱军　开票人：朱军　销售方：（章）

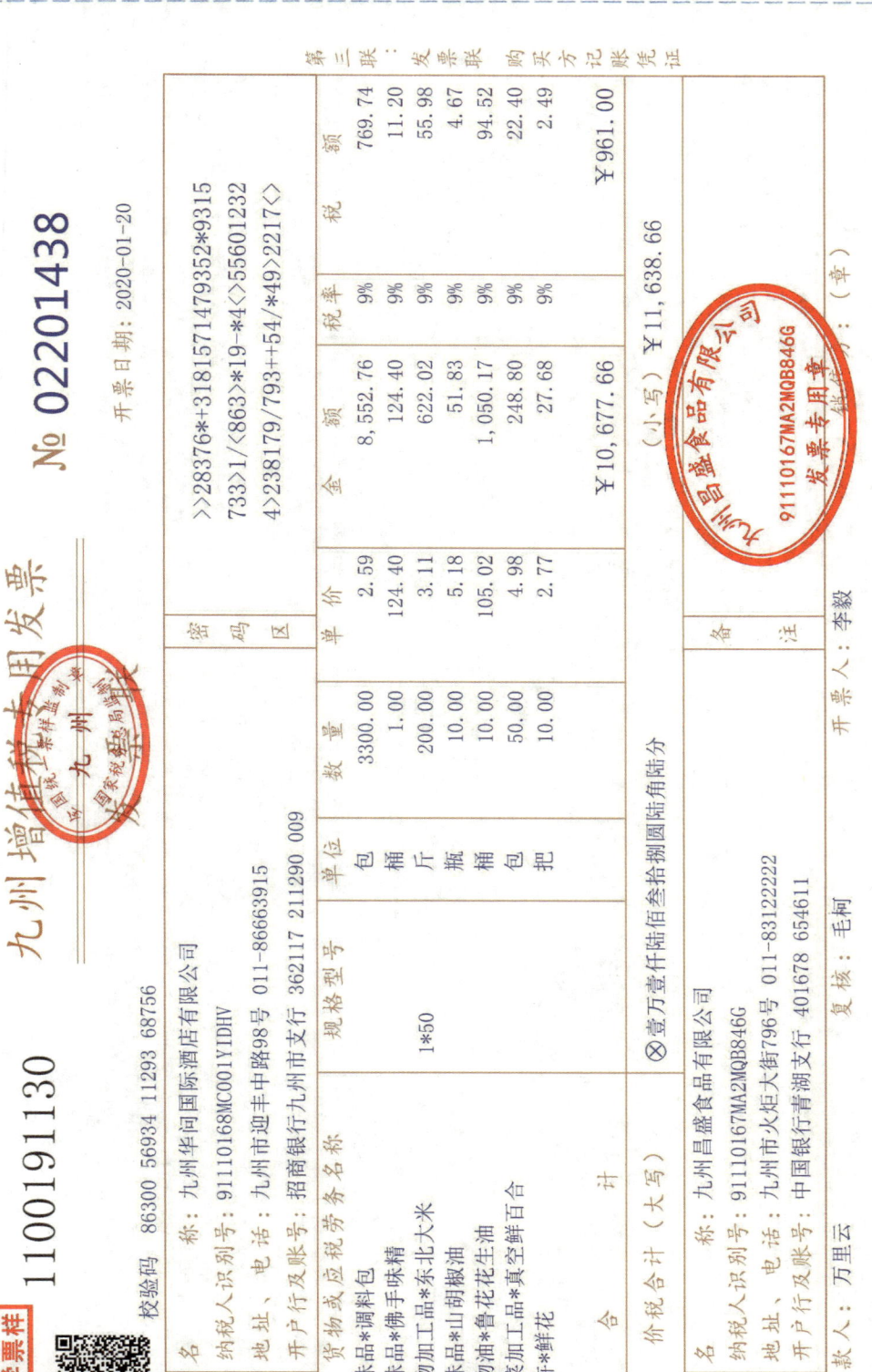

九州增值税专用发票

No 02201438

开票日期: 2020-01-20

购买方	名称: 九州华间国际酒店有限公司
	纳税人识别号: 91110168MC001Y1DHV
	地址、电话: 九州市迎丰中路98号 011-86663915
	开户行及账号: 招商银行九州市支行 362117 211290 009

密码区:
>>28376*+318157147*9352*9315
7333 1/<863>*19−*4<>5560 1232
4>238179/793++54/*49>2217<>

货物或应税劳务名称	规格型号	单位	数量	单价	金额	税率	税额
*调味品*调料包		包	3300.00	2.59	8,552.76	9%	769.74
*调味品*佛手味精	1*50	桶	1.00	124.40	124.40	9%	11.20
*谷物加工品*东北大米		斤	200.00	3.11	622.02	9%	55.98
*调味品*山胡椒油		瓶	10.00	5.18	51.83	9%	4.67
*植物油*鲁花花生油		桶	10.00	105.02	1,050.17	9%	94.52
*蔬菜加工品*真空鲜百合		包	50.00	4.98	248.80	9%	22.40
*花卉*鲜花		把	10.00	2.77	27.68	9%	2.49
合计					¥10,677.66		¥961.00

价税合计（大写）: ⊗壹万壹仟陆佰叁拾捌圆陆角陆分　（小写）¥11,638.66

销售方	名称: 九州昌盛食品有限公司
	纳税人识别号: 91110167MA2MQB846G
	地址、电话: 九州市火炬大街796号 011-83122222
	开户行及账号: 中国银行青湖支行 401678 654611

备注

收款人: 万里云　复核: 毛柯　开票人: 李毅　销售方: (章)

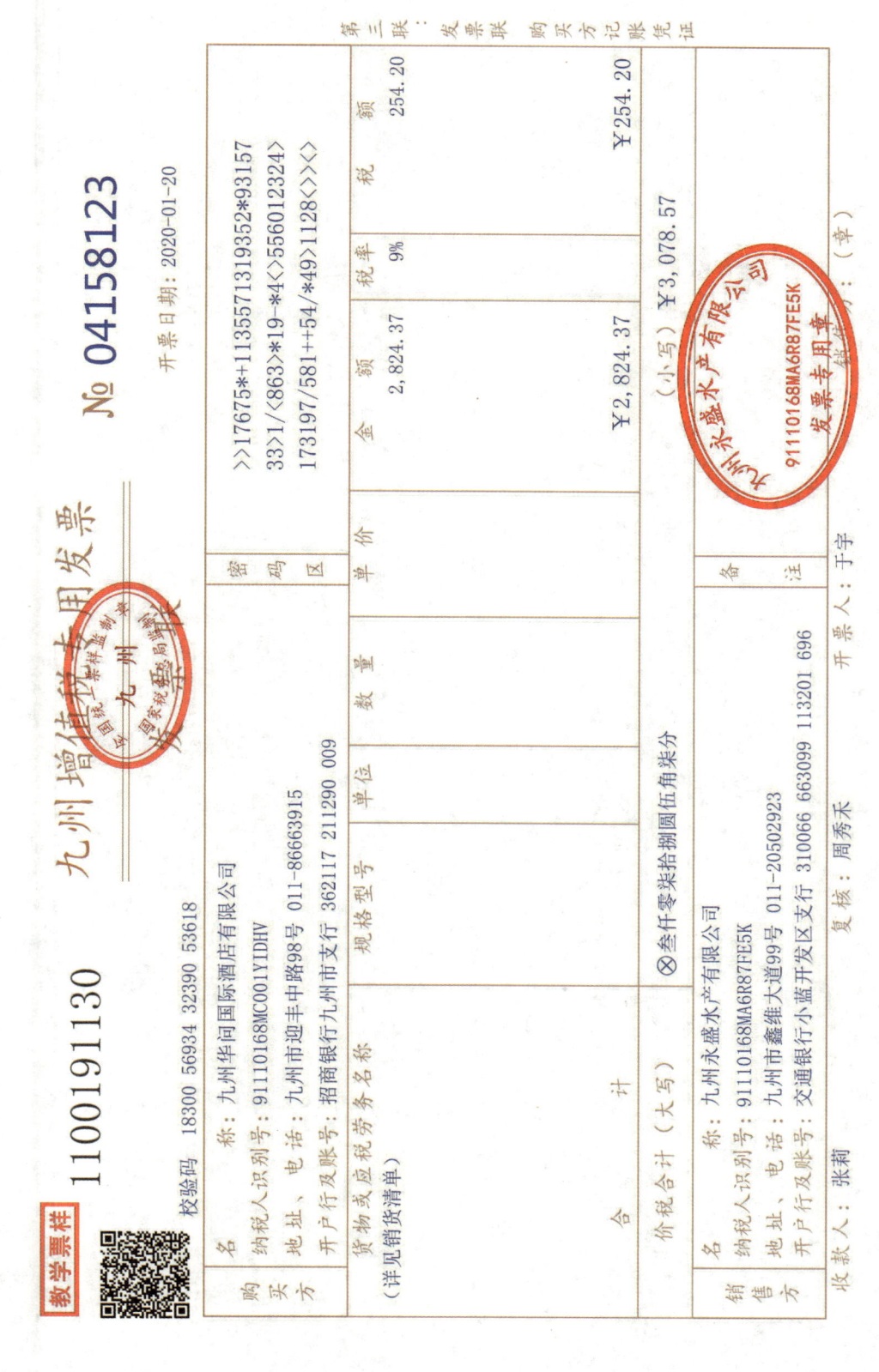

九州增值税专用发票

No 04158123

校验码 18300 56934 32390 53618
开票日期：2020-01-20

购买方	名称：九州华闰国际酒店有限公司
	纳税人识别号：91110168MC001Y1DHV
	地址、电话：九州市迎丰中路98号 011-8666915
	开户行及账号：招商银行九州市支行 362117 211290 009

密码区：
>>17675*+11355713193527*93157
33>1/<863>*19-*4<>556012324>
173197/581++54/*49>1128<>><>

货物或应税劳务名称	规格型号	单位	数量	单价	金额	税率	税额
（详见销货清单）					2,824.37	9%	254.20
合计					￥2,824.37		￥254.20

价税合计（大写）： ⊗叁仟零柒拾捌圆伍角贰分　（小写）￥3,078.57

销售方	名称：九州永盛水产有限公司
	纳税人识别号：91110168MA6R87FE5K
	地址、电话：九州市鑫维大道99号 011-20502923
	开户行及账号：交通银行小蓝开发区支行 310066 663099 113201 696

收款人：张莉　复核：周秀禾　开票人：于宁

九州增值税专用发票

发票代码: 1100191130
No 01134088
开票日期: 2020-01-20
校验码: 75300 56934 36691 23567

购买方	名称: 九州华间国际酒店有限公司 纳税人识别号: 91110168MC001YIDHV 地址、电话: 九州市迎丰中路98号 011-86663915 开户行及账号: 招商银行九州市支行 362117 211290 009

密码区:
```
>>23115*+23815714785232*93157
33>1/<863>*19-*4<>117812324>
238179/051++54/*19>3018<>><>
```

货物或应税劳务名称	规格型号	单位	数量	单价	金额	税率	税额
(详见销货清单)					6,925.67	9%	623.30
合计					¥6,925.67		¥623.30

价税合计(大写): ⊗柒仟伍佰肆拾捌圆玖角柒分　　(小写) ¥7,548.97

销售方	名称: 九州诚泰商贸有限公司 纳税人识别号: 91110169005409270 地址、电话: 九州市顺外路8号 011-83837931 开户行及账号: 邮政储蓄顺外路支行 913006 371342 95142

备注: 方准

收款人: 李芬芬　　**复核:** 毛方圆　　**开票人:** 李芬芬

九州增值税专用发票

No 01134088

开票日期：2020-01-20

校验码 75300 56934 36691 23567

购买方	名称：九州华闰国际酒店有限公司
	纳税人识别号：911101681MC001YIDHV
	地址、电话：九州市迎丰中路98号 011-86663915
	开户行及账号：招商银行九州市支行 362117 211290 009

货物或应税劳务名称	规格型号	单位	数量	单价	金额	税率	税额
（详见销货清单）					6,925.67	9%	623.30
合 计					￥6,925.67		￥623.30

价税合计（大写） ⊗柒仟伍佰肆拾捌圆玖角柒分　（小写）￥7,548.97

销售方	名称：九州诚泰商贸有限公司
	纳税人识别号：91110169005409270
	地址、电话：九州市顺外路8号 011-83837931
	开户行及账号：邮政储蓄顺外路支行 913006 371342 95142

备注：方淮

收款人：李芬芬　　复核：毛方圆　　开票人：毛方圆

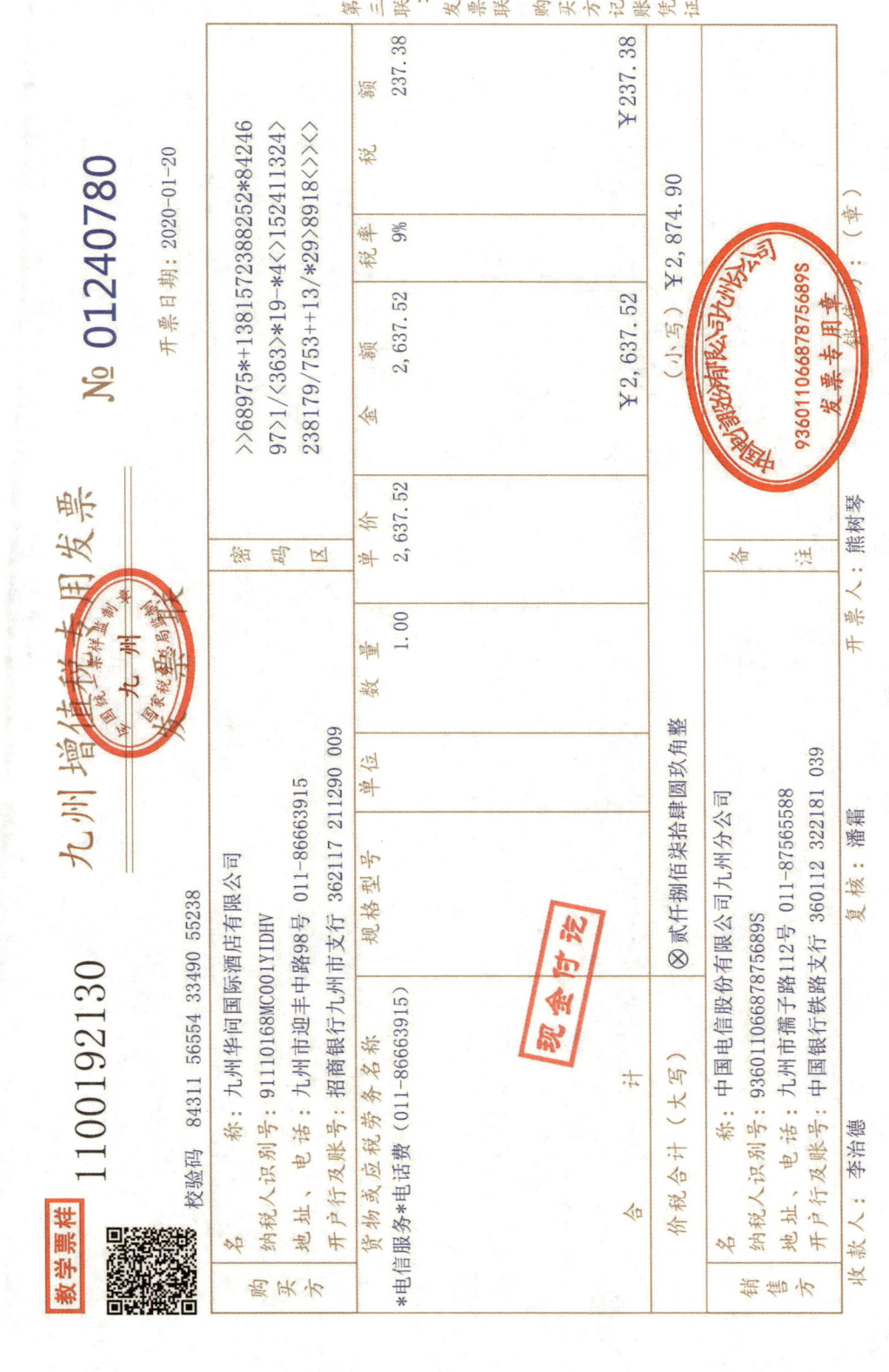

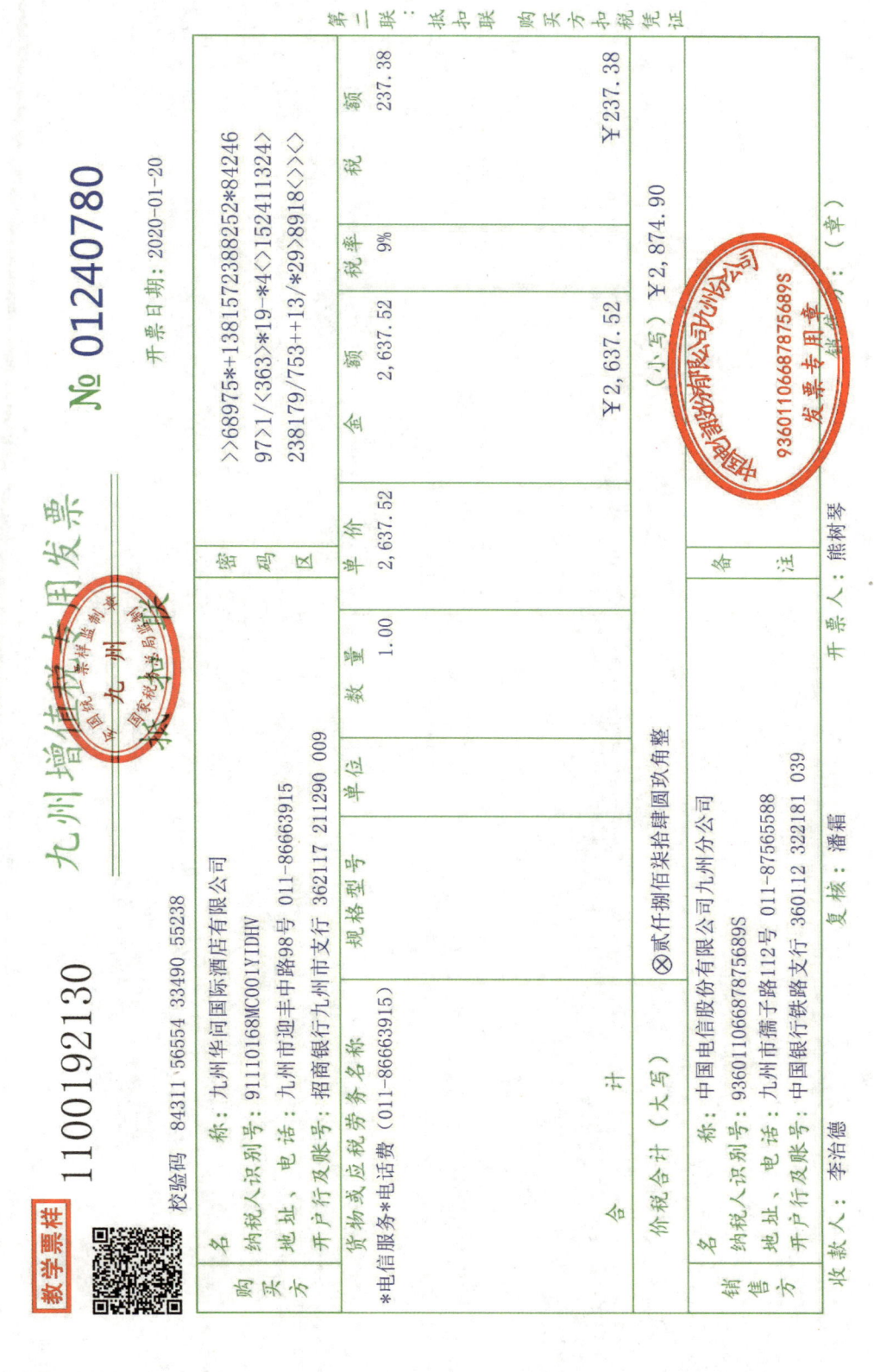

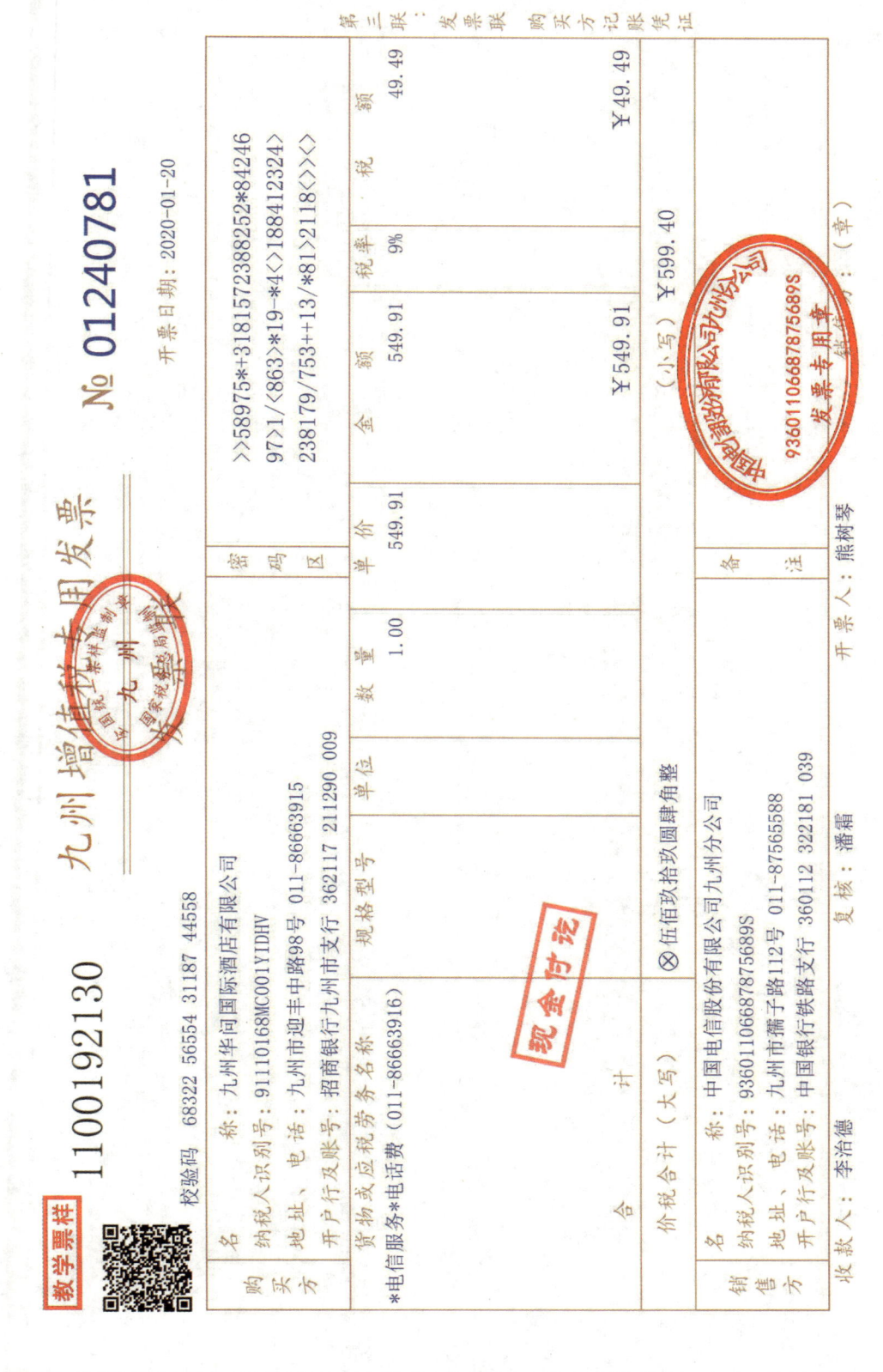

九州增值税专用发票

No 01240781

开票日期：2020-01-20

校验码：68322 56554 31187 44558

购买方	名称：九州华闰国际酒店有限公司 纳税人识别号：91110168MC001YIDHV 地址、电话：九州市迎丰中路98号 011-86663915 开户行及账号：招商银行九州市支行 362117 211290 009

密码区：
```
>>58975*+31815723882252*84246
97>1/<863>*19-*4<>188412324>
238179/753++13/*81>2118<>><>
```

货物或应税劳务名称	规格型号	单位	数量	单价	金额	税率	税额
*电信服务*电话费 (011-86663916)			1.00	549.91	549.91	9%	49.49
合　计					￥549.91		￥49.49

价税合计（大写）：⊗伍佰玖拾玖圆肆角整　　（小写）￥599.40

销售方	名称：中国电信股份有限公司九州分公司 纳税人识别号：93601106687875689S 地址、电话：九州市孺子路112号 011-87565588 开户行及账号：中国银行铁路支行 360112 322181 039

备注：熊树琴

收款人：李冶德　　复核：潘霜　　开票人：熊树琴

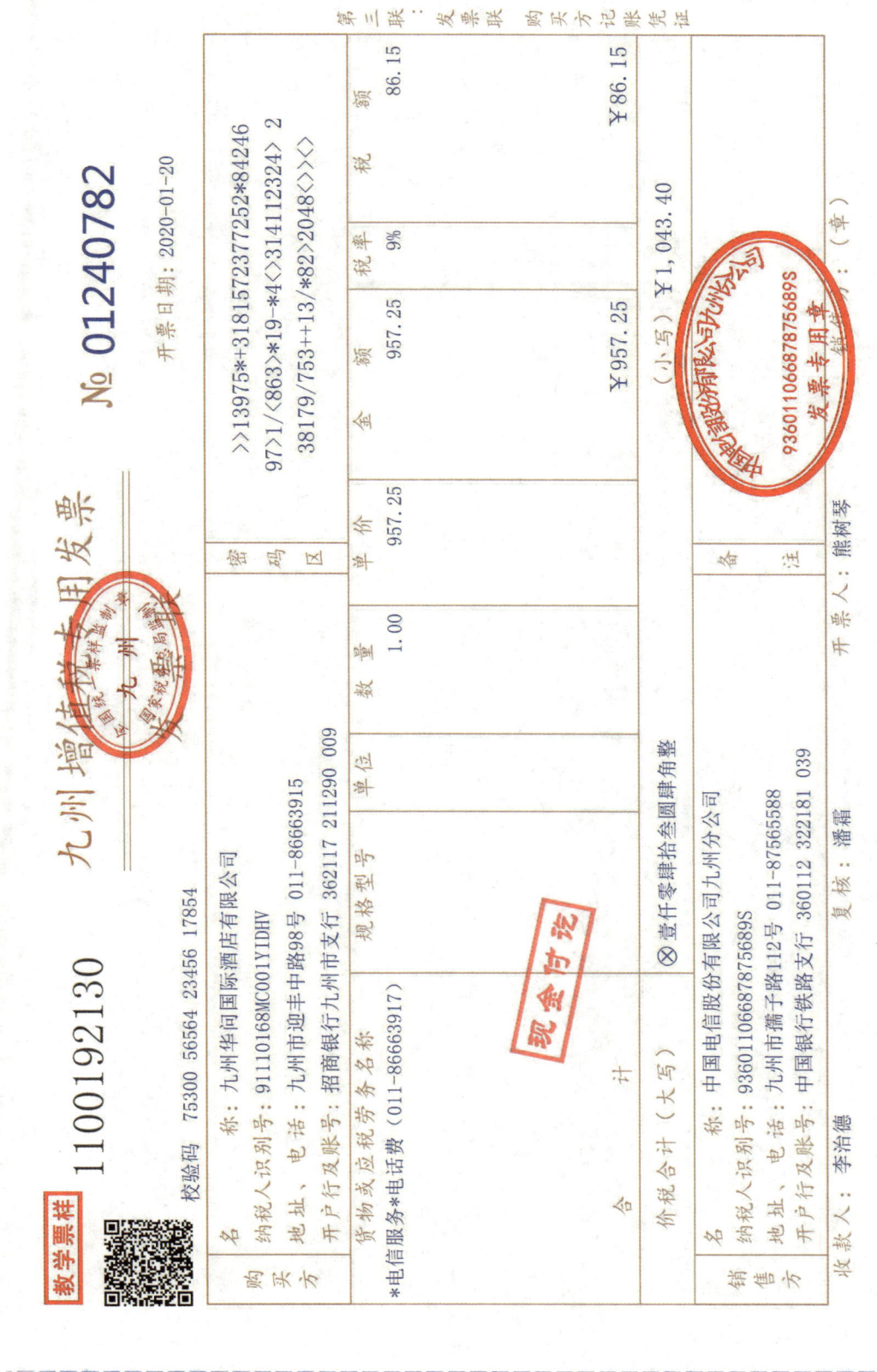

九州增值税专用发票

No 01240782

开票日期：2020-01-20

校验码：75300 56564 23456 17854

购买方	名称：九州华闰国际酒店有限公司
	纳税人识别号：91110168MC001YIDHV
	地址、电话：九州市迎丰中路98号 011-86663915
	开户行及账号：招商银行九州市支行 362117 211290 009

密码区：
```
>>13975*+318157237252*84246
97>1/<863>*19-*4<>314112324> 2
38179/753++13/*82>2048<><>
```

货物或应税劳务名称	规格型号	单位	数量	单价	金额	税率	税额
*电信服务*电话费（011-86663917）			1.00	957.25	957.25	9%	86.15
合 计					￥957.25		￥86.15

价税合计（大写）：⊗壹仟零肆拾叁圆肆角整　（小写）￥1,043.40

销售方	名称：中国电信股份有限公司九州分公司
	纳税人识别号：93601106687875689S
	地址、电话：九州市孺子路112号 011-87565588
	开户行及账号：中国银行铁路支行 360112 322181 039

收款人：李治德　复核：潘霜　开票人：熊树琴　销售方：（章）

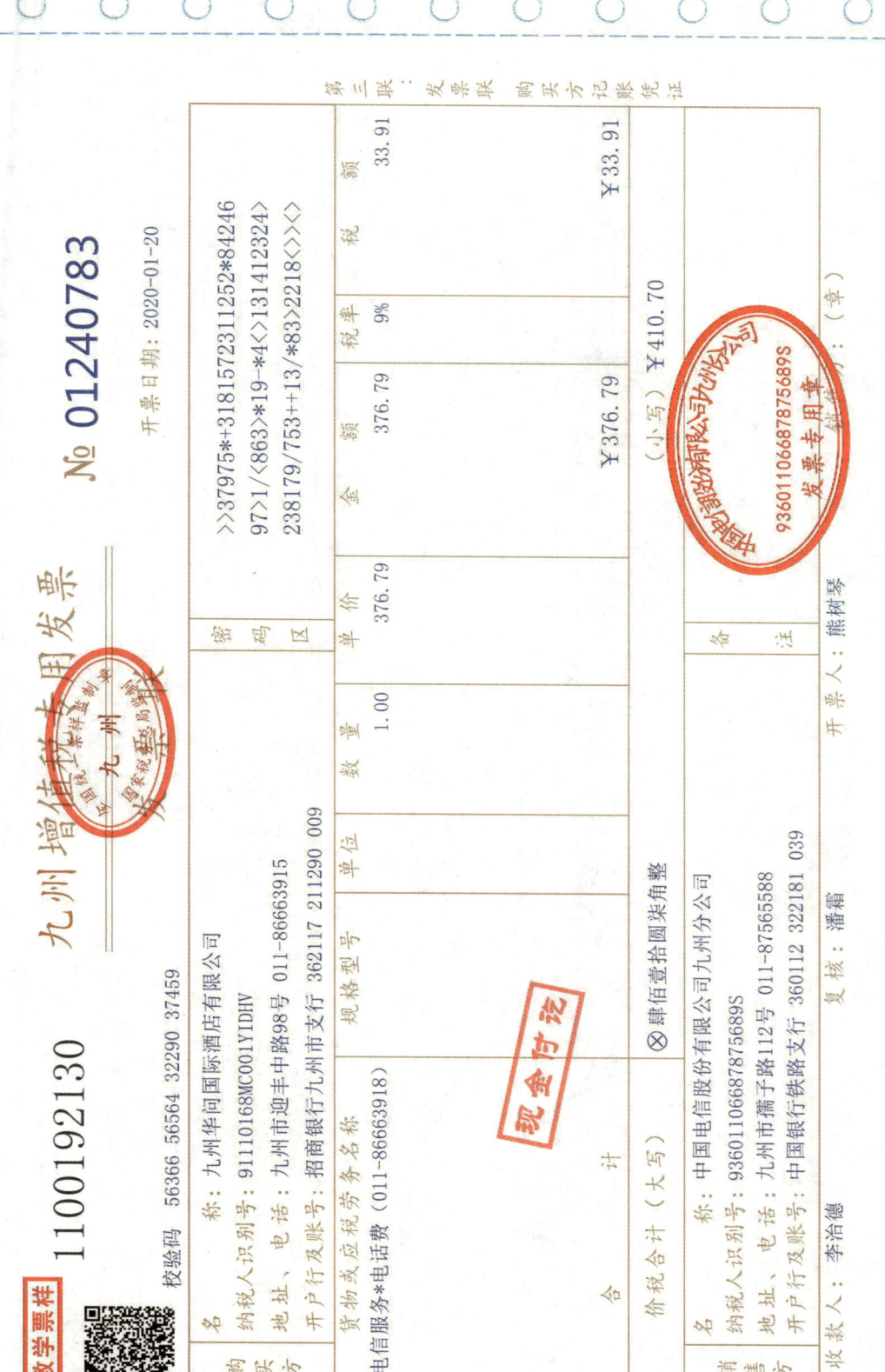

九州增值税专用发票

No 01240783

校验码 56366 55564 32290 37459

开票日期：2020-01-20

购买方	名称：九州华间国际酒店有限公司 纳税人识别号：91110168MC001Y1DHV 地址、电话：九州市迎丰中路98号 011-86663915 开户行及账号：招商银行九州市支行 362117 211290 009	

密码区：
>>37975*+31815723112525*84246
97>1/<863>*19-*4<>131412324>
238179/753++13/*83*2218<>><>

货物或应税劳务名称	规格型号	单位	数量	单价	金额	税率	税额
*电信服务*电话费（011-86663918）			1.00	376.79	376.79	9%	33.91
合　计					￥376.79		￥33.91

价税合计（大写）　⊗ 肆佰壹拾圆柒角整　　（小写）￥410.70

销售方	名称：中国电信股份有限公司九州分公司 纳税人识别号：9360110668875689S 地址、电话：九州市孺子路112号 011-87565588 开户行及账号：中国银行铁路支行 360112 322181 039	备注：熊树琴

收款人：李治德　　复核：潘霜　　开票人：熊树琴

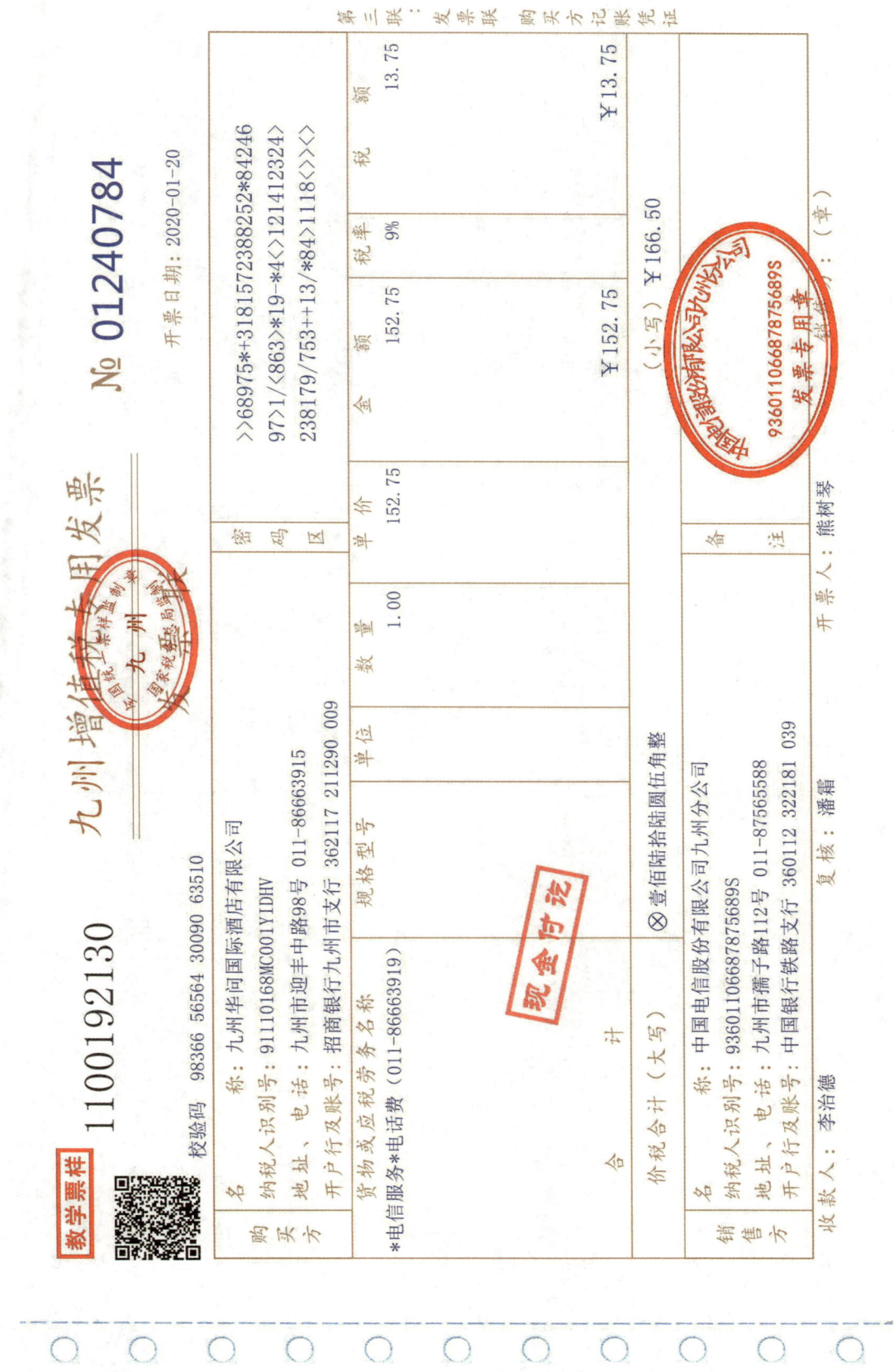

九州增值税专用发票

校验码 98366 56564 30090 63510

No 01240784

开票日期：2020-01-20

购买方	名　称：九州华润国际酒店有限公司 纳税人识别号：91110168MC001YIDHV 地　址、电　话：九州市迎丰中路98号 011-86663915 开户行及账号：招商银行九州市支行 362117 211290 009	

密码区:
>>68975*+31815723882 52*84246
97>1/<863>*19-*4<>121412324>
238179/753++13/*84>1118<>><>

货物或应税劳务名称	规格型号	单位	数量	单价	金额	税率	税额
*电信服务*电话费（011-86663919）			1.00	152.75	152.75	9%	13.75
价税合计（大写）	⊗壹佰陆拾陆圆伍角整				（小写）¥166.50		¥13.75

销售方	名　称：中国电信股份有限公司九州分公司 纳税人识别号：93601106687 5689S 地　址、电　话：九州市孺子路112号 011-87565588 开户行及账号：中国银行铁路支行 360112 322181 039

备注：熊树琴

收款人：李治德　复核：潘霜　开票人：熊树琴　销售方：（章）

九州增值税专用发票

No 01120987

开票日期：2020-01-20

校验码	93478 52534 30090 65888	

密码区：
>>21975*+31815714793352*84246
97>1/<863>*19-*4<>171812324>
238179/753++13/*49>3418<>><>

购买方	名　称：九州华问国际酒店有限公司 纳税人识别号：91110168MC001YIDHV 地　址、电　话：九州市迎丰中路98号 011-86663915 开户行及账号：招商银行九州市支行 362117 211290 009	

货物或应税劳务名称	规格型号	单位	数量	单价	金额	税率	税额
（详见销货清单）					40,823.01	13%	5,306.99
合　计					￥40,823.01		￥5,306.99

价税合计（大写）：⊗肆万陆仟壹佰叁拾圆整　（小写）￥46,130.00

销售方	名　称：福泰日用瓷器有限公司 纳税人识别号：93605026000375Y4K 地　址、电　话：九州市柳泉路107号 011-81535368 开户行及账号：中国工商银行柳泉分理处 422005 391515 867183 2	备注：潘萌

收款人：朱妍　　复核：段宏　　开票人：潘萌

九州增值税专用发票

No 01120987

校验码 93478 52534 30090 65888

开票日期：2020-01-20

购买方	名　称：	九州华阿国际酒店有限公司
	纳税人识别号：	91110168MC001Y1DHV
	地　址、电　话：	九州市迎丰中路98号 011-86663915
	开户行及账号：	招商银行九州市支行 362117 211290 009

密码区：
>>21975*+31857147935 2*84246
97>1/<863>*19-*4<>171812324>
238179/753++13/*49>3418<>><>

货物或应税劳务名称	规格型号	单位	数量	单价	金额	税率	税额
（详见销货清单）					40,823.01	13%	5,306.99
合　计					￥40,823.01		￥5,306.99

价税合计（大写）　⊗肆万陆仟壹佰叁拾圆整　　（小写）￥46,130.00

销售方	名　称：	福泰日用瓷器有限公司
	纳税人识别号：	936050260003375Y4K
	地　址、电　话：	九州市柳泉路107号 011-81535368
	开户行及账号：	中国工商银行柳泉分理处 422005 391515 867183 2

备注：潘萌

收款人：朱妍　　复核：段宏　　开票人：潘萌　　销售方：（章）

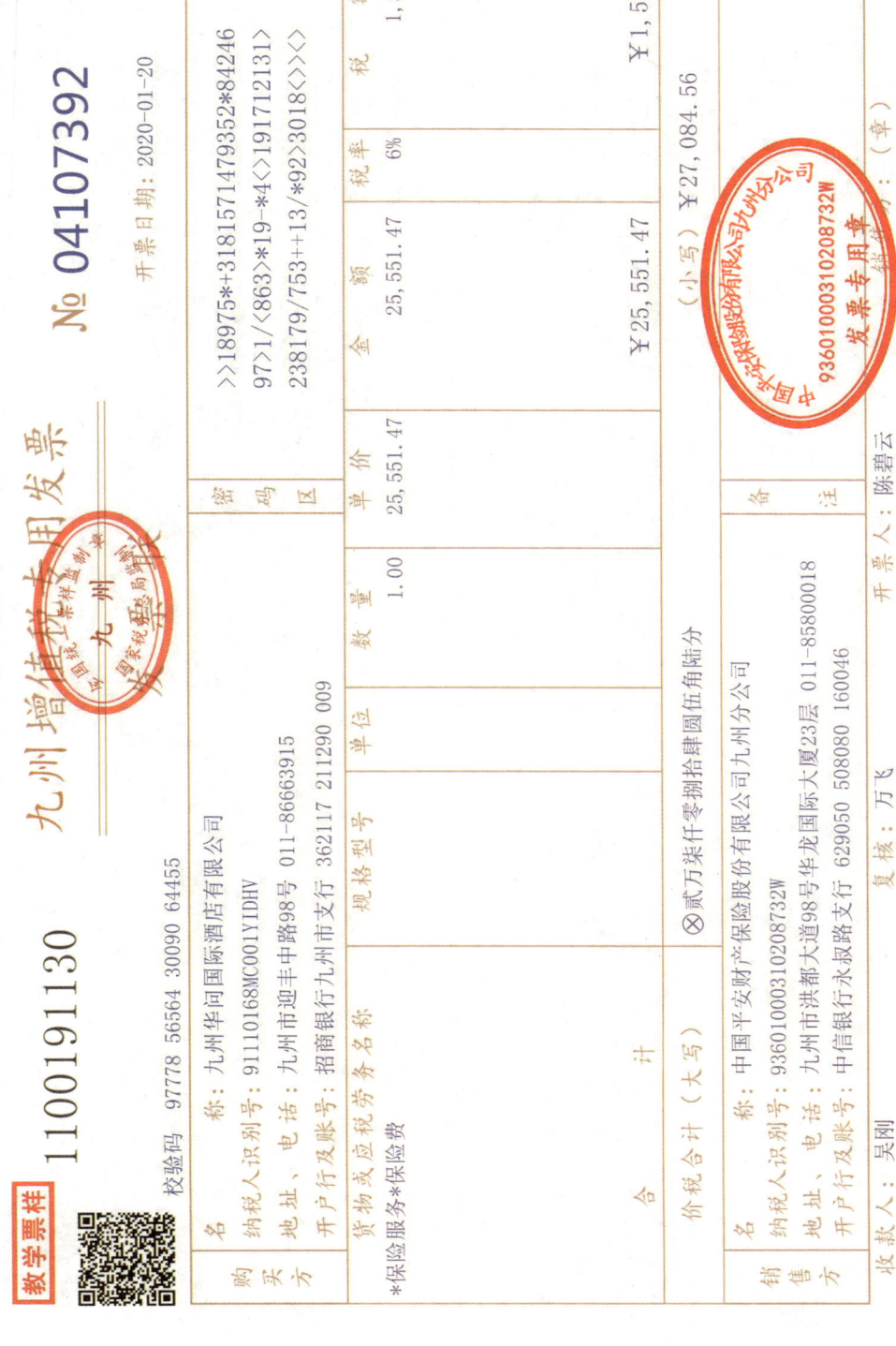

九州增值税专用发票

No 04107392

开票日期:2020-01-20

校验码: 97778 56564 30090 64455

购买方	名　称:	九州华间国际酒店有限公司
	纳税人识别号:	91110168MC001YIDHV
	地　址、电　话:	九州市迎丰中路98号 011-86663915
	开户行及账号:	招商银行九州市支行 362117 211290 009

密码区:
>>18975*+31815714793528*84246
97>1/<863>*19-*4<>191712131>
238179/753++13/*92>3018<>><>

货物服务*保险服务名称	规格型号	单位	数量	单价	金额	税率	税额
*保险服务*保险费			1.00	25,551.47	25,551.47	6%	1,533.09
合　计					￥25,551.47		￥1,533.09

价税合计(大写): ⊗贰万柒仟零捌拾肆圆伍角陆分　　(小写) ￥27,084.56

销售方	名　称:	中国平安财产保险股份有限公司九州分公司
	纳税人识别号:	93601000310208732W
	地　址、电　话:	九州市洪都大道98号华龙国际大厦23层 011-85800018
	开户行及账号:	中信银行永叔路支行 629050 508080 160046

备注: 陈碧云

收款人: 吴刚　　复核: 万飞　　开票人: 万飞

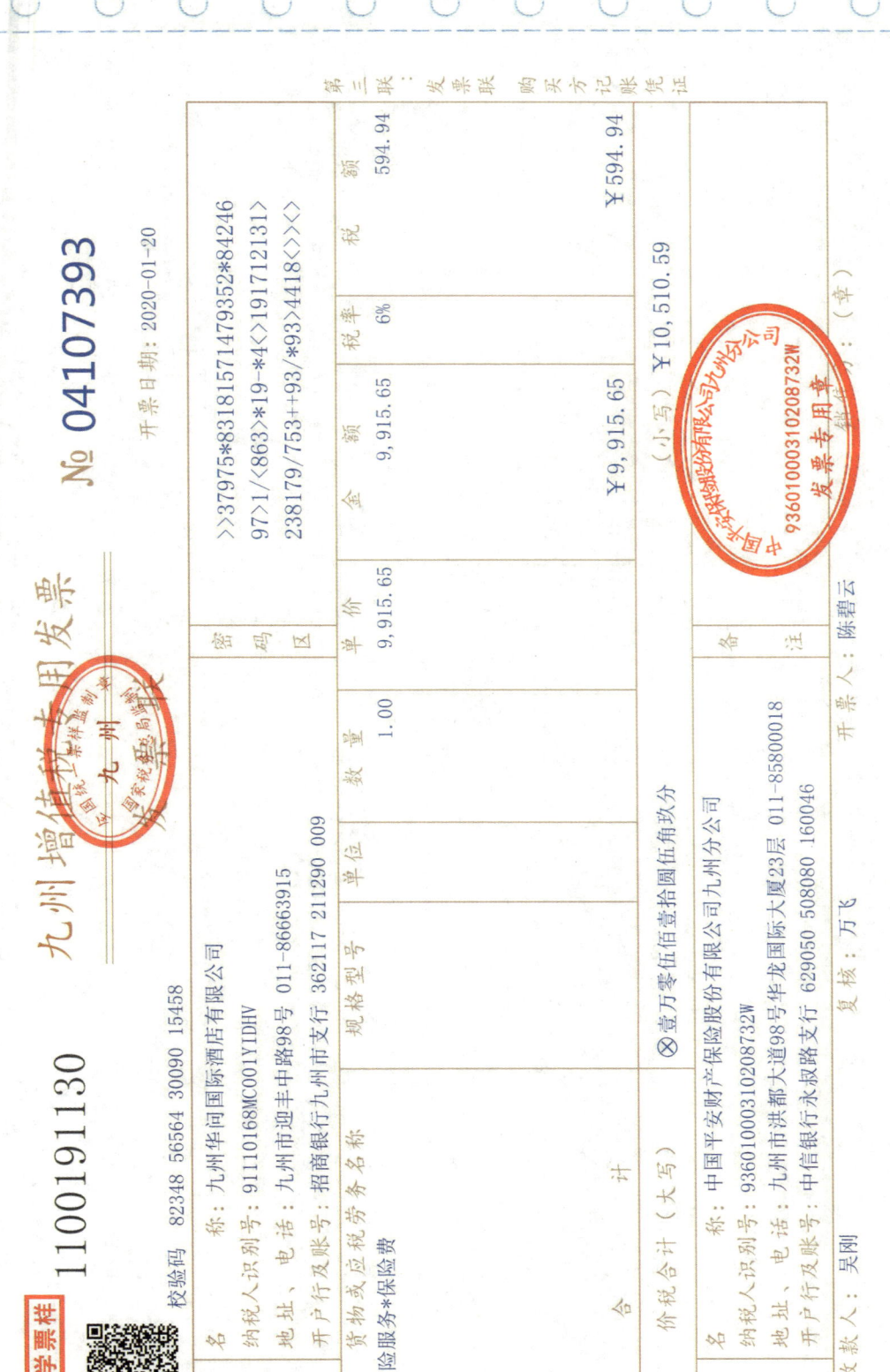

九州增值税专用发票

No 04107393

开票日期：2020-01-20

校验码：82348 56564 30090 15458

购买方	名称：	九州华间国际酒店有限公司
	纳税人识别号：	91110168MC001Y1DHV
	地址、电话：	九州市迎丰中路98号 011-86663915
	开户行及账号：	招商银行九州市支行 362117 211290 009

密码区：
>>37975*8318157147935284246
97>1/<863>*19-*4<>191712131>
238179/753++93*93>4418<>><>

货物或应税劳务名称	规格型号	单位	数量	单价	金额	税率	税额
*保险服务*保险费			1.00	9,915.65	9,915.65	6%	594.94
合　计					￥9,915.65		￥594.94

价税合计（大写）　⊗壹万零伍佰壹拾圆伍角玖分　（小写）￥10,510.59

销售方	名称：	中国平安财产保险股份有限公司九州分公司
	纳税人识别号：	93601000310208732W
	地址、电话：	九州市洪都大道98号华龙国际大厦23层 011-85800018
	开户行及账号：	中信银行永叔路支行 629050 508080 160046

备注：陈碧云

收款人：吴刚　复核：万飞　开票人：万飞

九州增值税专用发票

发票代码：1100191130
No 02100017
开票日期：2020-01-27

校验码：97558 56564 30090 60678

购买方	名称：光明科技有限公司	
	纳税人识别号：91360400852080627	
	地址、电话：九州市南湖支路16号景丰大厦 011-60573679	
	开户行及账号：九州银行滨江支行 622307 720100 017585 9	

密码区：
>>1378/137234897352*920245 5
>1/<863>*19-*4<>53601215 1>47
5310/312++54/*49>631-17<>><>

货物或应税劳务名称	规格型号	单位	数量	单价	金额	税率	税额
*餐饮服务*餐饮费			1.00	3,051.89	3,051.89	6%	183.11
*生活服务*茶拿服务费			1.00	1,660.38	1,660.38	6%	99.62
合计					￥4,712.27		￥282.73

价税合计（大写）：⊗肆仟玖佰玖拾伍圆整　　（小写）￥4,995.00

销售方	名称：九州华问国际酒店有限公司	
	纳税人识别号：91110168MC001Y1DHV	
	地址、电话：九州市迎丰中路98号 011-86663915	
	开户行及账号：招商银行九州市支行 362117 211290 009	

收款人：付云　　复核：陈美娇　　开票人：李义　　销售方：（章）

九州增值税专用发票

No 02100016

开票日期：2020-01-23

校验码：58300 56934 32291 85360

购买方	名　称：北京易彩旅行社
	纳税人识别号：911127220000587036
	地　址、电　话：北京市东城区安定门东大街58号 010-61972414
	开户行及账号：中国工商银行安定门支行 601026 010655 080230 1

密码区：
>>5378/13712196 7 9352*9202488
>1/<863>*19-*4<>44601 2151>47
5310/312++54/*49>234-14<>><>

货物或应税劳务名称	规格型号	单位	数量	单价	金额	税率	税额
*住宿服务*房费			1.00	50,875.47	50,875.47	6%	3,052.53
合　计					¥50,875.47		¥3,052.53

价税合计（大写）　⊗伍万叁仟玖佰贰拾捌整　　（小写）¥53,928.00

销售方	名　称：九州华问国际酒店有限公司
	纳税人识别号：91110168MC001Y1DHV
	地　址、电　话：九州市迎丰中路98号 011-86663915
	开户行及账号：招商银行九州九州支行 362117 211290 009

收款人：付云　　复核：陈美娇　　开票人：李义　　销售方：（章）

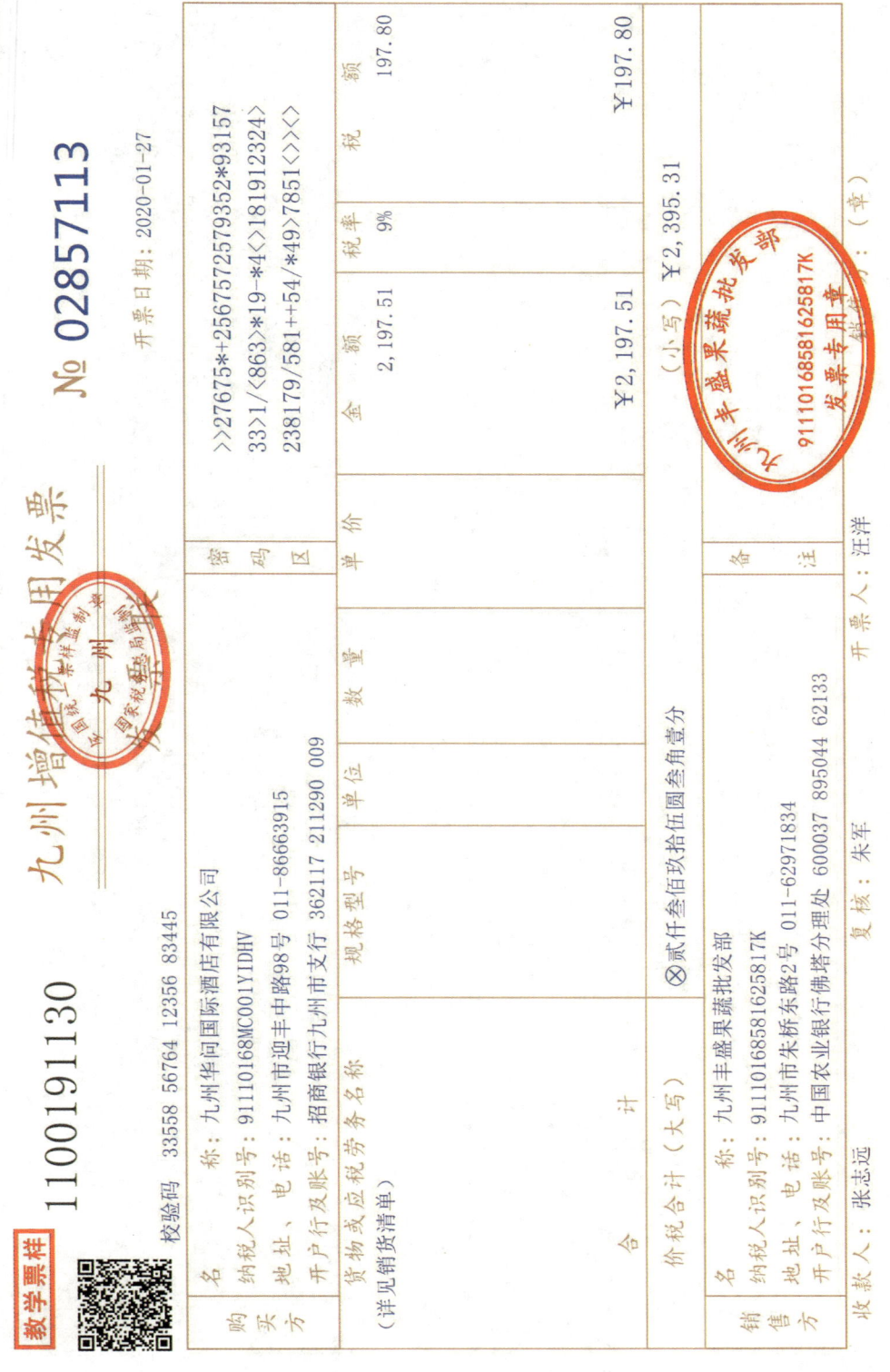

九州增值税专用发票

No 02857113

开票日期：2020-01-27

购买方	名称：	九州华间国际酒店有限公司			
	纳税人识别号：	91110168MC001YIDHV			
	地址、电话：	九州市迎丰中路98号 011-86663915			
	开户行及账号：	招商银行九州市支行 362117 211290 009			

密码区：
>>27675*+25675725793 52*93157
33>1/<863>*19-*4<>181912324>
238179/581++54/*49>7851<>><>

货物或应税劳务名称	规格型号	单位	数量	单价	金额	税率	税额
（详见销货清单）					2,197.51	9%	197.80
合计					¥2,197.51		¥197.80

价税合计（大写）：⊗ 贰仟叁佰玖拾伍圆叁角壹分　　（小写）¥2,395.31

销售方	名称：	九州丰盛果蔬批发部
	纳税人识别号：	91110168581625817K
	地址、电话：	九州市禾桥东路2号 011-62971834
	开户行及账号：	中国农业银行佛塔分理处 600037 895044 62133

备注：汪洋

收款人：张志远　　复核：朱军　　开票人：朱军　　销售方：（章）

校验码 33558 56764 12356 83445

1100191130

九州增值税专用发票

No 02201465

开票日期：2020-01-27

校验码：34562 56564 32190 11879

密码区：
```
>>21376*+31415714785 2*93157
33>1/<863>*19-*4<>23601 8524>
238179/793++54/*65>5517<><>
```

购买方
- 名　称：九州华问国际酒店有限公司
- 纳税人识别号：91110168MC001YIDHV
- 地址、电话：九州市迎丰中路98号 011-86663915
- 开户行及账号：招商银行九州市支行 362117 211290 009

货物或应税劳务名称	规格型号	单位	数量	单价	金额	税率	税额
*调味品*调料包		包	3800.00	2.59	9,848.62	9%	886.38
*调味品*15kg海天酱油		桶	3.00	99.52	298.57	9%	26.87
*谷物加工品*东北大米		斤	200.00	3.11	622.02	9%	55.98
*水产加工品*碎干贝		斤	1.00	114.04	114.04	9%	10.26
*蔬菜加工品*真空鲜百合		包	1.00	4.98	49.76	9%	4.48
*中草药品*海马		斤	1.00	984.86	984.86	9%	88.64
合　计					￥11,917.87		￥1,072.61

价税合计（大写）：⊗壹万贰仟玖佰玖拾圆肆角捌分　（小写）￥12,990.48

销售方
- 名　称：九州昌盛食品有限公司
- 纳税人识别号：91110167MA2MQB846G
- 地址、电话：九州市火炬大街796号 011-83122222
- 开户行及账号：中国银行青湖支行 401678 654611

备注：

收款人：万里云　　复核：毛阿　　开票人：李敏

九州增值税专用发票

No 02201465

开票日期：2020-01-27

校验码: 34562 56564 32190 11879

购买方	名称:	九州华间国际酒店有限公司
	纳税人识别号:	91110168MC001Y1DHV
	地址、电话:	九州市迎丰中路98号 011-86663915
	开户行及账号:	招商银行九州市支行 362117 211290 009

密码区:
>>21376*3141571478352*93157
33>1/<863>*19-*4<>236018524>
238179/793++54/*65>5517<>><>

货物或应税劳务名称	规格型号	单位	数量	单价	金额	税率	税额
*调味品*调料包		包	3800.00	2.59	9,848.62	9%	886.38
*调味品*15kg海天酱油		桶	3.00	99.52	298.57	9%	26.87
*谷物加工品*东北大米		斤	200.00	3.11	622.02	9%	55.98
*水产品*碎干贝		斤	1.00	114.04	114.04	9%	10.26
*蔬菜加工品*真空鲜百合		包	10.00	4.98	49.76	9%	4.48
*中草药品*海马		斤	1.00	984.86	984.86	9%	88.64
合计					¥11,917.87		¥1,072.61

价税合计（大写）：⊗壹万贰仟玖佰玖拾圆肆角捌分　　（小写）¥12,990.48

销售方	名称:	九州昌盛食品有限公司
	纳税人识别号:	91110167MA2MQB846G
	地址、电话:	九州市火炬大街796号 011-83122222
	开户行及账号:	中国银行青湖支行 401678 654611

收款人：万里云　　复核：毛柯　　开票人：李数

九州增值税专用发票

No 04158134

开票日期：2020-01-27

校验码 85118 56764 84890 67855

购买方	名称：	九州华问国际酒店有限公司
	纳税人识别号：	91110168MC001YIDHV
	地址、电话：	九州市迎丰中路98号 011-86663915
	开户行及账号：	招商银行九州市支行 362117 211290 009

密码区:
>>17675**113557166352*93157
33>1/<863>*19-*4<>556012324>
173197/581++34/*49>1128<>><>

货物或应税劳务名称	规格型号	单位	数量	单价	金额	税率	税额
*海水产品*2S北极贝		盒	1.00	176.24	176.24	9%	15.86
*海水产品*三文鱼		斤	6.00	35.25	211.48	9%	19.04
*海水产品*中鲜鱿		斤	2.00	26.95	53.91	9%	4.85
*海水产品*大红蟹		斤	10.00	36.28	362.84	9%	32.66
*海水产品*桂鱼		斤	8.80	34.21	301.06	9%	27.09
*淡水产品*鲈鱼		斤	23.50	10.37	243.62	9%	21.93
*淡水产品*水鱼		斤	10.00	20.73	207.34	9%	18.66
*淡水产品*鱼头王		斤	15.00	7.26	108.84	9%	9.81
合计					￥1,665.33		￥149.90

价税合计（大写） ⊗壹仟捌佰壹拾伍圆贰角叁分   （小写）￥1,815.23

销售方	名称：	九州永盛水产有限公司
	纳税人识别号：	91110168MA6R87FE5K
	地址、电话：	九州市鑫维大道99号 011-20502923
	开户行及账号：	交通银行小蓝开发区支行 310066 663099 113201 696

收款人：张莉 复核：周秀禾 开票人：于宇

九州增值税专用发票

No 04158134

开票日期：2020-01-27

校验码： 85118 56764 84890 67855

购买方	名　称：	九州华闫国际酒店有限公司
	纳税人识别号：	91110168MC001YIDHV
	地　址、电　话：	九州市迎丰中路98号 011-86663915
	开户行及账号：	招商银行九州市支行 362117 211290 009

密码区：
>>17675*+11355716693521*93157
33>1/<863>*19-*4<>556012324>
173197/581++34/*49)1128<>><>

货物或应税劳务名称	规格型号	单位	数量	单价	金额	税率	税额
*海水产品*2S北极贝		盒	1.00	176.24	176.24	9%	15.86
*海水产品*三文鱼		斤	6.00	35.25	211.48	9%	19.04
*海水产品*中鲜鱿		斤	2.00	26.95	53.91	9%	4.85
*海水产品*大红蟹		斤	10.00	36.28	362.84	9%	32.66
*海水产品*桂鱼		斤	8.80	34.21	301.06	9%	27.09
*淡水产品*鲈鱼		斤	23.50	10.37	243.62	9%	21.93
*淡水产品*水鱼		斤	10.00	20.73	207.34	9%	18.66
*淡水产品*鱼头王		斤	15.00	7.26	108.84	9%	9.81
合　计					￥1,665.33		￥149.90

价税合计（大写）： ⊗壹仟捌佰壹拾伍圆贰角叁分　　（小写）￥1,815.23

销售方	名　称：	九州永盛水产有限公司
	纳税人识别号：	91110168MA6R87FE5K
	地　址、电　话：	九州市鑫维大道99号 011-20502923
	开户行及账号：	交通银行小蓝开发区支行 310066 663099 113201 696

收款人：张莉　　复核：周秀禾　　开票人：于宇

九州增值税专用发票

No 01134115

开票日期：2020-01-27

购买方	名称：	九州华闰国际酒店有限公司			
	纳税人识别号：	91110168MC001YIDHV			
	地址、电话：	九州市迎丰中路98号 011-86663915			
	开户行及账号：	招商银行九州市支行 362117 211290 009			

密码区：
>>27675*+31815714979352*93157
33>1/<863>*19-*4<>117812324>
238179/051++54/*15>3018<>><>

货物或应税劳务名称	规格型号	单位	数量	单价	金额	税率	税额
（详见销货清单）					5,515.77	9%	496.39
合　计					¥5,515.77		¥496.39

价税合计（大写） ⊗陆仟零壹拾贰圆壹角陆分　　（小写）¥6,012.16

销售方	名称：	九州诚泰商贸有限公司
	纳税人识别号：	91110169005409270
	地址、电话：	九州市顺外路8号 011-83837931
	开户行及账号：	邮政储蓄顺外路支行 913006 371342 95142

收款人：李芬芬　　复核：毛方圆　　开票人：李芬芬　　销售方：（章）

九州增值税专用发票

第二联 抵扣联 购买方扣税凭证

No 01134115

开票日期：2020-01-27

购买方	名　称：	九州华问国际酒店有限公司	密码区	>>27675*+31815714 7935 2*93157 33>1/<863>*19-*4<>117812324> 238179/051++54/*15>3018<>><>	
	纳税人识别号：	91110168MC001YIDHV			
	地　址、电　话：	九州市迎丰中路98号 011-86663915			
	开户行及账号：	招商银行九州市支行 362117 211290 009			

货物或应税劳务名称	规格型号	单位	数量	单价	金额	税率	税额
（详见销货清单）					5,515.77	9%	496.39
合　计					¥5,515.77		¥496.39

价税合计（大写）　⊗陆仟零拾贰圆壹角陆分　　　（小写）¥6,012.16

销售方	名　称：	九州诚泰商贸有限公司
	纳税人识别号：	91110169005540 9270
	地　址、电　话：	九州市顺外路8号 011-83837931
	开户行及账号：	邮政储蓄顺外路支行 913006 371342 95142

收款人：李芬芬　　复核：毛方圆　　开票人：李芬芬　　销售方：（章）

校验码 62558 56764 23390 58667

发票代码 1100191130

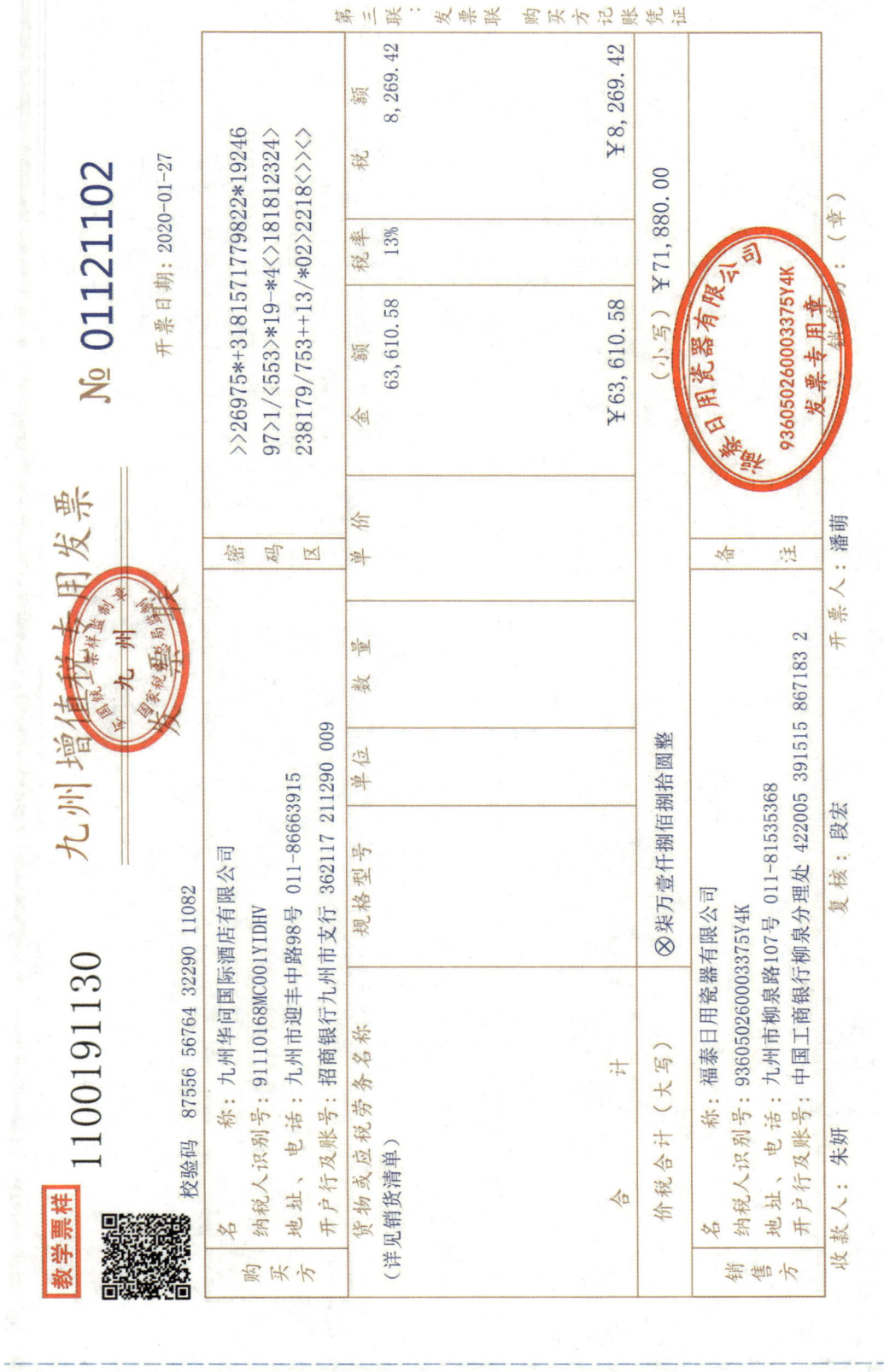

九州增值税专用发票

No 01121102

开票日期：2020-01-27

校验码：87556 56764 32290 11082

购买方	名　称：	九州华河国际酒店有限公司
	纳税人识别号：	91110168MC001Y1DHV
	地　址、电　话：	九州市迎丰中路98号 011-86663915
	开户行及账号：	招商银行九州市支行 362117 211290 009

密码区：
>>2697S*+31815717798224*19246
97>1/<553>*19-*4<>181812324>
238179/753++13/*02>2218<><>

货物或应税劳务名称	规格型号	单位	数量	单价	金额	税率	税额
（详见销货清单）					63,610.58	13%	8,269.42
合　计					￥63,610.58		￥8,269.42

价税合计（大写）　⊗柒万壹仟捌佰捌拾圆整　　（小写）￥71,880.00

销售方	名　称：	福泰日用瓷器有限公司
	纳税人识别号：	936050260003375Y4K
	地　址、电　话：	九州市柳泉路107号 011-81535368
	开户行及账号：	中国工商银行柳泉分理处 422005 391515 867183 2

备注：潘萌

收款人：朱妍　　复核：段宏　　开票人：潘萌

九州增值税专用发票

No 02857124

开票日期：2020-01-31

校验码：85338 45167 51883 87234

购买方	名称：九州华间国际酒店有限公司 纳税人识别号：91110168MC001YIDHV 地址、电话：九州市迎丰中路98号 011-8663915 开户行及账号：招商银行九州市支行 362117 211290 009

密码区	>>27675*+25925714×9352*93157 33>1/<863>*19-*4<>556012324> 238179/581++54/*24>2218<><>

货物或应税劳务名称	规格型号	单位	数量	单价	金额	税率	税额
(详见销货清单)					1,315.41	9%	118.40
合 计					¥1,315.41		¥118.40

价税合计（大写）：⊗壹仟肆佰叁拾叁圆捌角壹分　　（小写）¥1,433.81

销售方	名称：九州丰盛果蔬批发部 纳税人识别号：91110168581625817K 地址、电话：九州市未桥东路2号 011-62971834 开户行及账号：中国农业银行佛塔分理处 600037 895044 62133

备注：汪洋

收款人：朱军　　复核：朱军　　开票人：张志远

（发票专用章：九州丰盛果蔬批发部 91110168581625817K）

九州增值税专用发票

No 02857124

开票日期：2020-01-31

校验码：85338 45167 51883 87234

发票代码：1100191130

教学票样

购买方	名　称：	九州华闰国际酒店有限公司
	纳税人识别号：	91110168MC001YIDHV
	地　址、电　话：	九州市迎丰中路98号 011-86663915
	开户行及账号：	招商银行九州市支行 362117 211290 009

密码区：
>>27675*+25925714*79352*93157
33>1/<863>*19-*4<>556012324>
238179/581++54/*24>2218<>><>

货物或应税劳务名称	规格型号	单位	数量	单价	金额	税率	税额
（详见销货清单）					1,315.41	9%	118.40
合　计					￥1,315.41		￥118.40

价税合计（大写）　⊗壹仟肆佰叁拾叁圆捌角壹分　（小写）￥1,433.81

销售方	名　称：	九州丰盛果蔬批发部
	纳税人识别号：	91110168581625817K
	地　址、电　话：	九州市朱桥东路2号 011-62971834
	开户行及账号：	中国农业银行佛塔分理处 600037 895044 62133

备注：汪洋

收款人：张志远　复核：朱军　开票人：朱军　销售方：（章）

九州增值税专用发票

No 03569099

开票日期：2020-01-31

校验码：52338 45167 76553 73408

购买方	名　称：九州华问国际酒店有限公司
	纳税人识别号：91110168MC001YIDHV
	地址、电话：九州市迎丰中路98号 011-86663915
	开户行及账号：招商银行九州市支行 362117 211290 009

密码区：
>>34675*+31815714793S2*84246
97>1/<863>*19-*4<>117812324>
238179/051++13/*99>2311<>><>

货物或应税劳务名称	规格型号	单位	数量	单价	金额	税率	税额
货物销货清单（详见销货清单）					3,518.91	13%	457.45
合　计					¥3,518.91		¥457.45

价税合计（大写）　⊗叁仟玖佰柒拾陆圆叁角陆分　（小写）¥3,976.36

销售方	名　称：九州伸祥商贸有限公司
	纳税人识别号：91110166MA5K90EF6D
	地址、电话：九州市南京东路166号 011-80671846
	开户行及账号：中国建设银行恒茂花园分理处 440318 403602 235650 59

备注：秦楚

收款人：陈慧娟　　复核：吕智森　　开票人：吕智森

销售方：（章）九州伸祥商贸有限公司 91110166MA5K90EF6D 发票专用章

九州增值税专用发票

No 03569099

开票日期：2020-01-31

校验码：52338 45167 76553 73408

购买方	名称：	九州华闰国际酒店有限公司
	纳税人识别号：	91110168MC001YIDHV
	地址、电话：	九州市迎丰中路98号 011-86663915
	开户行及账号：	招商银行九州市支行 362117 211290 009

密码区：
>>34675*+31815714479352*84246
97>1/<863>*19-*4<>117812324>
238179/051++13/*99>2311<>><>

货物或应税劳务名称	规格型号	单位	数量	单价	金额	税率	税额
(详见销货清单)					3,518.91	13%	457.45
合计					¥3,518.91		¥457.45

价税合计（大写）：⊗叁仟玖佰柒拾陆圆叁角陆分　　（小写）¥3,976.36

销售方	名称：	九州仲祥商贸有限公司
	纳税人识别号：	91110166MA5K90EF6D
	地址、电话：	九州市南京东路166号 011-80671846
	开户行及账号：	中国建设银行恒茂花园分理处 440318 403602 235650 59

备注：素楚

收款人：陈慧娟　复核：吕智森　开票人：吕智森　销售方：（章）

九州增值税专用发票

No 02201479

开票日期：2020-01-31

校验码：56738 42167 76553 76536

购买方	名　称：九州华间国际酒店有限公司 纳税人识别号：91110168MC001YIDHV 地　址、电　话：九州市迎丰中路98号 011-86663915 开户行及账号：招商银行九州市支行 362117 211290 009					
货物或应税劳务名称	规格型号	单位	数量	单价	金额	税率	税额
(详见销货清单)					6,322.80	9%	569.07
合　计					￥6,322.80		￥569.07
价税合计（大写）	⊗陆仟捌佰玖拾壹圆捌角柒分				（小写）￥6,891.87		
销售方	名　称：九州昌盛食品有限公司 纳税人识别号：91110167MA2MQB846G 地　址、电　话：九州市火炬大街796号 011-83122222 开户行及账号：中国银行青湖支行 401678 654611				备注		

密码区：
>>21376*+31815714793352*93157
33>1/<863>*19-*4<>556012324>
238179/793++54/*79>2217<><>

收款人：万里云　　复核：毛柯　　开票人：李毅

九州增值税专用发票

No 02201479

开票日期：2020-01-31

购买方	名称：	九州华问国际酒店有限公司				
	纳税人识别号：	91110168MC001YIDHV				
	地址、电话：	九州市迎丰中路98号 011-86663915				
	开户行及账号：	招商银行九州市支行 362117 211290 009				

校验码 56738 42167 76553 76536

密码区：
>>21376*+31815714 7935 2*93157
33>1/<863>*19-*4<>556012324>
238179/793++54/*79*2217<>><>

货物或应税劳务名称	规格型号	单位	数量	单价	金额	税率	税额
（详见销货清单）					6,322.80	9%	569.07
价税合计（大写）	⊗陆仟捌佰玖拾壹圆捌角柒分			（小写）￥6,891.87			
合　计					￥6,322.80		￥569.07

销售方	名称：	九州昌盛食品有限公司
	纳税人识别号：	91110167MA2MQB846G
	地址、电话：	九州市火炬大街796号 011-83122222
	开户行及账号：	中国银行青湖支行 401678 654611

收款人：万里云　　复核：毛柯　　开票人：李毅

九州增值税普通发票

No 04158147

开票日期：2020-01-31

校验码：52338 45167 65123 99182

购买方	名称：九州华间国际酒店有限公司
	纳税人识别号：91110168MC001YIDHV
	地址、电话：九州市迎丰中路98号 011-86663915
	开户行及账号：招商银行九州市支行 362117 211290 009

密码区：
>>17675*+113557131932*93157
33>1/<863>*19-*4<>556012324>
173197/581++34/*47>1128<><>

货物或应税劳务名称	规格型号	单位	数量	单价	金额	税率	税额
*水产品加工品*16-20青虾仁（全干）		斤	3.00	18.66	55.98	9%	5.04
*水产品加工品*31-40青虾仁		斤	3.00	22.81	68.42	9%	6.16
*海水产品*多宝鱼		斤	5.00	37.32	186.61	9%	16.79
*淡水产品*鲈鱼		斤	12.80	10.37	132.70	9%	11.94
*淡水产品*水鱼		斤	5.00	20.73	103.67	9%	9.33
*淡水产品*鱼头王		斤	10.00	7.26	72.57	9%	6.53
合计					￥619.95		￥55.79

价税合计（大写）：⊗陆佰柒拾伍圆柒角肆分　（小写）￥675.74

销售方	名称：九州永盛水产有限公司
	纳税人识别号：91110168MA6R87FE5K
	地址、电话：九州市鑫维大道99号 011-20502923
	开户行及账号：交通银行小盛开发区支行 310066 663099 113201 696

收款人：张莉　　复核：周秀禾　　开票人：于宇　　销售方：（章）

九州增值税专用发票

No 04158147

开票日期：2020-01-31

校验码：52338 45167 65123 99182

购买方	名称：	九州华间国际酒店有限公司					
	纳税人识别号：	91110168MC001Y1DHV					
	地址、电话：	九州市迎丰中路98号 011-86663915					
	开户行及账号：	招商银行九州市支行 362117 211290 009					

密码区：
```
>>17675*+11355713193*9157
33>1/<863>*19-*4<>556012324>
173197/581+*34/*47>1128<>><>
```

货物或应税劳务名称	规格型号	单位	数量	单价	金额	税率	税额
*水产加工品*16-20青虾仁（全干）		斤	3.00	18.66	55.98	9%	5.04
*水产加工品*31-40青虾仁		斤	3.00	22.81	68.42	9%	6.16
*海水产品*多宝鱼		斤	5.00	37.32	186.61	9%	16.79
*淡水产品*鲈鱼		斤	12.80	10.37	132.70	9%	11.94
*淡水产品*水鱼		斤	5.00	20.73	103.67	9%	9.33
*淡水产品*鱼头王		斤	10.00	7.26	72.57	9%	6.53
合　计					￥619.95		￥55.79

价税合计（大写）　⊗陆佰柒拾伍圆柒角肆分　（小写）￥675.74

销售方	名称：	九州永盛水产有限公司	备注
	纳税人识别号：	91110168MA6R87FE5K	
	地址、电话：	九州市鑫维大道99号 011-20502923	
	开户行及账号：	交通银行小蓝开发区支行 310066 663099 113201 696	

收款人：张莉　　复核：周秀禾　　开票人：于宇　　销售方：（章）

九州增值税专用发票

No 01134127

开票日期：2020-01-31

校验码 68738 45167 12456 23535

购买方	名称：	九州华间国际酒店有限公司
	纳税人识别号：	91110168MC001Y1DHV
	地址、电话：	九州市迎丰中路98号 011-86663915
	开户行及账号：	招商银行九州市支行 362117 211290 009

密码区：
>>13478*+3181571479352*93157
33>1/<863>*19-*4<>175812214>
238179/051++54/*27>2283<><>

货物或应税劳务名称	规格型号	单位	数量	单价	金额	税率	税额
（详见销货清单）					2,413.46	9%	217.18
合　计					￥2,413.46		￥217.18

价税合计（大写）　⊗贰仟陆佰叁拾圆陆角肆分　（小写）￥2,630.64

销售方	名称：	九州诚泰商贸有限公司
	纳税人识别号：	91110169005409270
	地址、电话：	九州市顺外路8号 011-83837931
	开户行及账号：	邮政储蓄顺外支行 913006 371342 95142

收款人：李芬芬　　复核：毛方圆　　开票人：毛方圆　　销售方：（章）

（教学票样）

九州增值税专用发票

No 01134127

开票日期：2020-01-31

校验码 68738 45167 12456 23535

购买方	名称：九州华间国际酒店有限公司 纳税人识别号：91110168MC001Y1DHV 地址、电话：九州市迎丰中路98号 011-86663915 开户行及账号：招商银行九州市支行 362117 211290 009			

密码区：
>>13478*+31815714*7935*2*93157
33>1/<863>*19-*4<>175812214>
238179/051++54/*27>2283<>><>

货物或应税劳务名称	规格型号	单位	数量	单价	金额	税率	税额
（详见销货清单）					2,413.46	9%	217.18
合计					￥2,413.46		￥217.18

价税合计（大写）⊗贰仟陆佰叁拾圆肆角分　　（小写）￥2,630.64

销售方	名称：九州诚泰商贸有限公司 纳税人识别号：91110169005409270 地址、电话：九州市顺外路8号 011-83837931 开户行及账号：邮政储蓄顺外路支行 913006 371342 95142

备注：方淮

收款人：李芬芬　　复核：毛方圆　　开票人：方淮　　销售方：（章）

上海增值税专用发票

No 14581128

开票日期：2020-01-31

校验码：62134 45167 11587 34582

购买方	名称：九州华问国际酒店有限公司
	纳税人识别号：91110168MC001YIDHV
	地址、电话：九州市迎丰中路98号 011-86663915
	开户行及账号：招商银行九州市支行 362117 211290 009

密码区：
>>11675*+31815783493521*84246
97>1/<863>*19-*4<>881912324>
238179/051++13/*99>6521<>><>

货物或应税劳务名称	规格型号	单位	数量	单价	金额	税率	税额
*生活服务*培训费			1.00	2,830.19	2,830.19	6%	169.81
合计					￥2,830.19		￥169.81

价税合计（大写）：⊗叁仟圆整　　（小写）￥3,000.00

销售方	名称：上海起点企业管理顾问有限公司
	纳税人识别号：91101102QD18905518G
	地址、电话：上海市徐汇区永康路281号 021-83421568
	开户行及账号：中国建设银行永康分理处 440110 834602 112650 89

备注：步聪

收款人：蒋瑶　　复核：凤翻翻　　开票人：凤翻翻

发票专用章：91101102QD18905518G

上海增值税专用发票

发票号码：3100191130
No 14581128
开票日期：2020-01-31

校验码：62134 45167 11587 34582

购买方	名称：九州华闰国际酒店有限公司
	纳税人识别号：91110168MC001YIDHV
	地址、电话：九州市迎丰中路98号 011-86663915
	开户行及账号：招商银行九州市支行 362117 211290 009

密码区：
>>11675*+31815783493528*84246
97>1/<863>*19-*4<>881912324>
238179/051++13/*99>6521<>><>

货物或应税劳务服务名称	规格型号	单位	数量	单价	金额	税率	税额
*生活服务*培训费			1.00	2,830.19	2,830.19	6%	169.81
合计					¥2,830.19		¥169.81

价税合计（大写）：⊗叁仟圆整　　（小写）¥3,000.00

销售方	名称：上海起点企业管理顾问有限公司
	纳税人识别号：91110102QD18905518G
	地址、电话：上海市徐汇区永康路281号 021-83421568
	开户行及账号：中国建设银行永康分理处 440110 834602 112650 89

备注：步聪

收款人：蒋瑶　　复核：凤翩翩　　开票人：凤翩翩　　销售方：（章）

增值税专用发票抵扣联封面
（电脑型）

企业名称：

所属时期　　　年　月　　第　　册　本期共　　册

本册抵扣联张数　　　张　　本册抵扣联税额　　　元
本册抵扣联张数　　　张　　本册抵扣联税额　　　元

企业填制人：　　　　　　　　税务机关审核人：

　　　　年　月　日　　　　　　　　　　年　月　日